兵道

这些军队如何改写历史

许 述 罗耳闻·著

中国出版集团 现代出版社

图书在版编目（CIP）数据

兵道：这些军队如何改写历史 / 许述，罗耳闻著．— 北京 ：现代出版社，2020.3

ISBN 978-7-5143-8294-5

Ⅰ．①兵… Ⅱ．①许… ②罗… Ⅲ．①军团—军事史—研究—世界 Ⅳ．①E19

中国版本图书馆 CIP 数据核字（2019）第 266869 号

兵道：这些军队如何改写历史

作　　者：许　述　罗耳闻
责任编辑：张　霆　谢　惠
出版发行：现代出版社
通信地址：北京市安定门外安华里 504 号
邮政编码：100011
电　　话：010-64267325　64245264（传真）
网　　址：www.1980xd.com
电子邮箱：xiandai@vip.sina.com
印　　刷：三河市宏盛印务有限公司

开　　本：710mm×1000mm　1/16
印　　张：20.25　　字　　数：285 千
版　　次：2020 年 3 月第 1 版　　印　　次：2020 年 3 月第 1 次印刷
书　　号：ISBN 978-7-5143-8294-5
定　　价：49.80 元

推荐序一

钢刀是怎样锻成的？

乔　良

比了解战争胜败更重要的，是了解什么原因导致了战争的胜败，而比了解战争胜败原因更重要的，是谁、用什么造成了战争的胜败。

这是我读《兵道》时的强烈感受。

初读之下，你会以为《兵道》是一部通俗版简明战争史。从中国的吴起，一直讲到蒋介石的“国军”；从波斯的大流士，一直讲到以色列的梅卡瓦。一场接一场的战争，一个又一个的战例，虽然并未跳出我有限的战史知识之外，但每场战事都被两位作者讲述得饶有兴味，让你不由得为作者化繁为简的能力击节。但一路读下来，你会发现，作者原本就不是要给你讲战史，更不是复述战史爱好者们早已耳熟能详的那些战争、战役、战斗的细末枝节，而是在探究那些改变了人类历史走向的战争、战役、战斗背后的动力和原因。

先看中国：

重用吴起的楚国和重用商鞅的秦国为什么会雄起？

漠北大捷为何会成为汉军由胜而败的转折点？

王安石的经济改革、军事改革为什么双双失利？

成吉思汗的蒙古铁骑靠什么所向披靡？

蒋介石为何学苏军、学德军、学美军一事无成？

再看世界：

大流士一世英名为何败在小小的希腊？

马略和恺撒，谁对罗马帝国更重要？

从剪胡子开始的改革，如何使俄国成为世界列强？

扶桑小国日本为什么能在十年内连续赢得日清、日俄两场战争？

苏联元帅创造的大纵深作战理论，如何成为德军闪电战的利器？

除了马汉，几乎没有重量级军事思家的美军，为什么拥有领先世界的军事理论？

没诞生过世界名将的以色列军，为何能打遍中东无敌手？

在作者一一为你揭示这些古往今来的历史——战史之谜时，作者的意图也渐渐清晰可辨：人类数千年文明史，翻过来看，就是一部铁与血的战争史。群雄逐鹿，此起彼伏。没有了战史篇章，人类历史真不知该怎样写。既如此，了解战争，了解那些隐藏在战争背后的秘密，特别是洞察那些隐藏在这些秘密背后的规律，对今人尤其是对正处在深度军改进程中的中国军队和军人，就显得格外重要。

但就像自古以来没有两盘完全相同的棋局一样，也从未有过两场完全相同的战局。战场千变万化，胜败转瞬易手。有人大胜，有人大败；有人惨胜，有人惨败，个中因由何在？胜负无定势，战史有定规。何规？沿袭旧习司者多败，求新变革者常胜。这就是说，唯求变者，才有机会操胜战之牛耳。

为什么说唯求变者才有机会获胜而不是必胜呢？因为求变固然重要，但仅仅有求变之愿、求变之心，则是远远不够的。何况求变还可能是假变、退变、形变而实不变呢？能把“变”转化为胜利者，必须是真变、深变、形神器俱变，不如此则不可能稳操胜券。

如何做到这一步？

一本《兵道》读下来，我的看法：无外乎“五善”，即一善使新器，二善创新制，三善立新规，四善用新理，五善拔新人。

善用新器。“工欲善其事，必先利其器。”战争中，总是先有新兵器，后有新战法，能在新兵器基础上创造新战法者胜。成吉思汗旋风横扫欧亚大陆，并非仅靠令人生畏的塞北雕弓和蒙古弯刀，更重要的是向中原汉人学会了使用火器并使之成为攻城略地的首选战法。德军用闪电战，先败英法，再败苏军，靠的是英国人发明的坦克和苏联人发明的大纵深作战理论。这两段历史告诉我们，发明利器固然重要，但善于把利器与新法结合运用到极致更重要。

善创新制。历史上那些成功的帝国，一定各有其成功的原因，但把它们放到一起比较，有没有共通之处？有，那就是不论内陆帝国还是草原帝国抑或海洋帝国，无一例外，在其草创之初或是中兴之时，都必须创立或革新跟自身实力及目标匹配的政治与军事相洽的体制。因为凡帝国必扩张，无扩张则无帝国，而所有帝国的扩张都是从创立新制开始。这意味着帝国的政制改革必然要有军制创新与之配套，甚至有些帝国的政制改革本身即是军制创新。例如，亚历山大的马其顿帝国，成吉思汗的蒙古帝国。这些国家，如果抽掉其军事体制，几乎无政制可言。其成功与衰败，也盖源于“其兴也勃，其亡也忽”的军事体制。这一点，没有比大秦帝国的崛起更有说服力的了。如果没有商鞅大刀阔斧地对秦制进行政改，同时亦推出一系列强军措施，既激励百姓又激励官兵，使“民乐战者为王”，从而为强秦打造出一支横扫六合的“锐士”之旅，那始皇帝一统中国是不可想象的。其实践充分验证了一个不是真理的真理：一切成功，都是制度改革的成功；一切胜利，都是制度创新的胜利。秦如此，罗马帝国、法兰西帝国、大英帝国、美国也莫不如此。哪个帝国不是向政制改革要效率，向军制创新要战斗力，然后才走上胜利扩张之路的？反过来说，哪一个帝国的衰败，不是在规制守旧、创新乏力之后发生的？由此可知，政制军制的改革与创新，对帝国命运的决定性作用不言而喻。

善立新规。虽说军事体制是军队的基石，其先进与否是战争胜败的重要因素，但光有一套看上去完备无缺的军制并不能保证军队一定打胜仗。原因何在？就在于制度是死的，人是活的。死的制度靠活的人去执行，则必然出现弹性，而这弹性其实是人性使然。正因如此，所有军事制度的制定，表面上都是针对不同事项做出的规定，如部队编制、指挥顺序、条令章程、法规纪律，但实质上只为一个目的，即如何把军人人性中的“优”释放到最大，“劣”压缩到最小，使一支军队能整齐划一到像一个人一样去行动。许多半吊子指挥官，以为靠一个“严”字，就可以做到这一点，这是对人性的误解，也是对制度法规的误解。要知道人性不能只用制度、法规去约束，更要靠制度、法规去激励。古今胜利之师，从来没有单凭军纪约束取胜的，一定有军功奖励体系与之匹配，所谓赏罚分明是也。改革家商鞅深谙个中堂奥。他在为秦军设计出一整套新军事体制后，为激励秦军上下有效地执行这一制度，又针对官兵个人制定出与新军事体制配套的新规，既有惩戒性的“连坐法”，更有以军功换爵级的奖励法，使“猛将必发于卒伍”的理念真正落到实处，才使秦军终成虎狼之师。类似规法，在古罗马军团和蒙古大军中也不鲜见，可算是古今治军的不二法门。因此，那些以为依靠制度就能治军打仗的人应细思之，也必须明白：军制，是针对军队的；军规，是针对军人的，二者相辅相成，却不可混为一谈。尤其是后者，罚，必不可少；赏，亦不可或缺。这才是治军之道。

善用新理。古人云，天不变，道亦不变。但如果天变了呢，道变不变？答案是，当然要变。战争波诡云谲，战场气象万千，作战样式因时、因地、因人、因技术等因素一变再变，必然导致作战理念不断创新。所以，以不变应万变的笃定，在战争中一钱不值。美国人莱特兄弟发明了飞机，却让意大利人杜黑提出了“空中制胜”论，又被日本人拿去成功偷袭了珍珠港；英国人发明了坦克，启发苏联元帅图哈切夫斯基创立大纵深作战理论，却被德国将军古德里安创造出“闪电战”的奇迹。这些事例都在告诉我们，原创发明固然重要，但比原创发明更重要的是如何把别人的原创发明和理论，迅速转化为自己成功的战争实践。这些事例也反过来告诉我们，对新技术的迟钝会导致对新理论的麻木，而对新理论的麻木必然导致与胜利擦肩而过、失之交臂。

善拔新人。“千里马常有，伯乐不常有”，故无伯乐便无千里马。一个国家要崛起，一支军队要争胜，即使新器、新制、新规、新理一应俱全，如无人可用，仍是白搭。汉武帝再英武，如无卫青、霍去病、李广利这些后生，断不可能远逐匈奴于北庭；拿破仑一世枭雄，如无达武、缪拉、拉纳、贝尔蒂埃等一众从平民中擢拔的元帅为其效命，绝不可能打赢除滑铁卢外的几乎所有战役；斯大林如果不从年轻将校中发现朱可夫、华西列夫斯基等一代新人，也不可能逆转败局，兵捣柏林。是故，看一个国家、一支军队是否真正求新、求变、求兴盛，归根结底不是看它是否使用了新器，创建了新制，制定了新规，引进了新理，关键要看它是否启用了能推进发挥新器、新制、新规、新理于极致的新人。如无此善，前述“四善”将乏善可陈。

这就是我读《兵道》的几点心得。我想，这也是《兵道》试图向读者传递的要意。

推荐序二

改者强，革者胜

余　戈

“改革”一词，看上去抽象，实际上形象。这里有个典故。战国时期，赵武灵王施行“胡服骑射”，因胡服一般取自动物毛发皮革，宽衣阔裤的赵国骑兵向胡人学习，从服装开始，“改”衣裳为“革”，遂有“改革”一词。

“改革”的英文是 reform，按照牛津词典解释，意为：to improve a system, an organization, a law, etc. by making changes to it. 显然，关键词是 change，通过 change 实现 reform。

军队为什么要改革？

不改革就要落后，落后就要挨打，挨打就可能灭亡。

中国王朝有一个普遍规律：开始气象更新，之后欣欣向荣，接着死水一潭，了不起回光返照中兴一下，最后堕落灭亡，改朝换代。这种“凸”字型路径，国家如此，军队也如此，且“生命周期”更短。以晚清为例：

1852 年，曾国藩在老家湖南办团练，湘军横空出世；1882 年，左宗棠率以湘军为主力的西征军平定新疆，湘军完成最后一次辉煌表演。

1862 年，李鸿章在家乡招募淮军，“青出于蓝而胜于蓝”，比老师曾国藩的湘军还猛；1894 年，甲午战争，淮军在陆战场一败涂地，淡出历史舞台。

1895 年，袁世凯在天津小站编练新军；1928 年，北洋军阀被消灭。

…………

看出来没?

这些军队从兴起到衰败，从朝气蓬勃到暮气沉沉，从生到灭，差不多以30年为周期。

为什么会这样?

一者，不打仗，军队失去目标和动力；二者，在打仗，但战斗力原地踏步，没有质的提高；三者，改革从“喷泉”到“死水”，“其兴也勃，其亡也忽”，没能建立常态纠错机制，不能做到常改常新。

1864年，湘军镇压完太平天国后自废武功，成为另一种意义上的“太平军”，在安乐椅上一躺就是近20年。这点时间，足以消磨一支军队的朝气和斗志。

淮军出道比湘军晚10年，仅2年就发展到与湘军老大哥平起平坐的位置。但淮军不打仗的时间更长——30年，成了一只“纸老虎”，其后在甲午战争中被日军无情戳破。

袁世凯的军队横空出世之时，何等生猛！这支军队倒是断断续续在打仗，但袁世凯的对手基本都不如自己，新建的陆军没多大长进。蒋介石北伐成功后，先是面对实力不如自己的红军，军队长进不大；随后面对比自己强得多的日军，又主要靠外援，军事实力虽有所提高，但只在“点”上进步（所谓美式装备“五大主力”），没在“面”上开花，无法阻挡暮气侵蚀。

有的军队明明外强中干，为什么可以在外界眼里保持“强大”幻象？因为不打仗，纸糊的老虎碰不到战争的尖刺，未被戳穿。想起一个“脑筋急转弯”：一艘船怎样才能永不沉没？答案是三个字——“不下水”。曾以“裱糊匠”自嘲的李鸿章深谙此理，甲午战争前主张“避战”，坚持“猛虎在山之势”，威慑就够了。可惜，不咬人的老虎，能威慑谁?

中国有两句老话，一句是“天行健，君子以自强不息”；一句是“流水不腐，户枢不蠹”。一支军队要保持活力，不能长久泡在和平蜜罐里，而要向强者学习，在实战中不断提高自己，在知识爆炸的信息时代更是如此。

习近平同志曾深刻指出："在这场世界新军事革命的大潮中，谁思想保守、固步自封，谁就会错失宝贵机遇，陷于战略被动。"[①] 在全面深化改革的语境里，《兵道》一书的出版具有特殊意义。治军需要"资政"之书，对此作者虽未明言，读者捧卷在手却能感到一颗拳拳之心。否则，在流行从历史资料中扒快餐的时下，有几人能聚焦这一厚重主题，以不亚于做博士论文的投入来写一本聚焦历史上军队改革转型的普及读本呢？

本书作者选取古今中外最具有代表性的21次军事改革，以改革家为经，以改革为纬，对改革家的性格、经历、优缺、结局等进行了生动描写和解析，对"为什么要改，改了什么，改得怎么样"进行了深入浅出的解读和评析。与同类书相比，该书至少具有以下几个特点：

新风拂面，新意迭出。以"军事改革"为主题的书不是没有，但这本《兵道》与众不同，令人眼前一亮。作者选取的改革案例看似漫不经心，实则颇具匠心，不仅对中国历代军事改革进行了纵向梳理，还对中外军事改革形成了横向比较，最后归纳总结，既有鲜为人知的精彩故事，也有独具慧眼的创新认识。目录设计鲜活，让人有翻到具体页码读下去的欲望。例如，我们一般认为商鞅变法奠定了秦灭六国的基础，而作者却表示"秦国成也商鞅，败也商鞅"，容易吸引读者。

文风清新，文笔生动。作者不仅做到了"慧中"，还做到了"秀外"，所以读本书不觉其累，现在流行的"悦读"一词是之谓也。例如，作者用现代气息十足的语言介绍吴起在鲁、魏、楚的经历："在三个单位干过，平台一个比一个大，要求一次比一次高，干得一单比一单好。连曹操都成了吴起的粉丝，表示膜拜：'在魏，则秦人不敢东向；在楚，则三晋不敢南谋。'"

功力深厚，功夫扎实。两位作者从事军事研究多年，或长于历史、外军，或精于战略、军种、军制，皆功底深厚、经验丰富。他们把"军事"和"历史"

---

① 习近平2013年12月27日在一次重要会议上的讲话。参见中共中央文献研究室编：《习近平关于全面深化改革论述摘编》，中央文献出版社，2014年。

结合得十分到位。该书涉及古今中外纷繁复杂的历史，作者信手拈来，运用自如。全书 20 多万字，注释达几百个，足见作者之走心、细心和用心。

作者虽从古今中外谈军队改革，所援引素材均为经典案例，它们也许能给当下提供一般性借鉴，也能帮助其他类型的组织机构找到转型的启示。实践之路仍在此时、仍在脚下，而改革大潮之波早已使所有人无法在岸上抱臂观望，那么就让我们从打开这本书开始深入思考吧!

目录

中国篇

世　界　篇

中国篇

他 = 孙武 + 商鞅

——草根丞相吴起军事改革

著名兵书《尉缭子》评价吴起："有提七万之众，而天下莫当者，谁？曰吴起也。"[①]多数人眼中的吴起，大概只是名将的形象。其实，吴起既是军事家，也是政治家和改革家，尤其在楚国的军事改革非常有名。他拥有三个"家"的头衔，比孙武和商鞅都厉害，正如郭沫若所说，吴起"秦以前作为兵家是与孙武并称，作为政治家是与商鞅并称的"[②]。

与其他改革家相比，吴起有一个特别之处——不是在一个国家干到底，而是先后在鲁国、魏国和楚国为官，业绩都非常出色，最高做到丞相。既然干得好，为什么要不停地换单位呢？

欣赏吴起的人以韩非子为代表，说他目标坚定，百折不挠；讨厌吴起的人以司马迁为代表，说他残忍狠辣，道德败坏。

吴起，为什么引发世人的极端评价？

改革家需要三大气质

但凡军事改革的主持者，身上都散发出一些与众不同的气质。在吴起身上，这种特质体现得特别强烈。

有理想，有抱负。

---

① [战国] 尉缭子著，刘春生译注：《尉缭子全译·制谈第三》，贵州人民出版社，1993 年，第 16 页。

② 郭沫若：《述吴起》，《郭沫若全集》历史编第一卷《中国古代社会研究·青铜时代》，人民文学出版社，1982 年，第 506 页。

吴起命好，是富家公子，生在一个“不差钱”的家庭，史载“家累千金”。如果是常人，多半很满足，踏踏实实、舒舒服服过完无忧无虑的一生。但吴起是个有追求的年轻小伙，理想是政治、是仕途、是做官。为此，他四处求职，想用钱砸开官场之门。不知道是卫国官场风气太好，还是吴家不会搞关系，总之箱子里的银子都见底了，现实却还没照进吴起的“当官梦”。“树挪死，人挪活”，吴起决定出国闯荡。

临走，他当着老娘的面，从自己胳膊上咬下一块肉，发誓说：“不为卿相，不复入卫。”① 放在今天，起码得干到部长甚至总理，否则就没脸回老家。

目标坚定，百折不挠。

先秦时期，卫国只是打酱油的小国，却出了两个赫赫有名的改革家——一个吴起，一个商鞅。两人有一个共同点：目标选好后，咬定青山不放松，不择手段去实现。为了当官，吴起做过学识理论方面的准备工作。有趣的是，他最开始选择的专业并非兵学，而是儒学。不过，学习期间出了个意外事件（容后文详表），被老师曾申②（孔子得意门生曾参次子）逐出师门，这是“一挫”。但吴起没有气馁，而是换了个专业，改学兵法。很可惜，没查到他的新老师是谁。既如此，只有两种情况：第一，这位师父是隐逸的世外高人，类似《天龙八部》中少林寺的扫地僧；第二，吴起在兵法上悟性极高，“青出于蓝而胜于蓝”。

学成后，吴起的下一个目标就是把自己推销出去。他第一单干得不赖，30岁就为鲁国打了个大胜仗。不料，吴起竟被“礼送”出境，意思是小庙住不了大神，这是“二挫”。吴起再换单位，又在魏国干了20年左右，把人生最精华的年岁（30~50岁）都奉献在这里，胜仗无数。结果呢，没当上卿相不说，还被小人谗言，失去国君信任，这是“三挫”。

---

①［西汉］司马迁：《史记》卷六十五《孙子吴起列传第五》，中华书局，1999年，第1722页。

② 有人认为吴起入学时师从曾参，大概是从《史记》所载“曾子”猜测而来。但司马迁并未明确说“曾子”就是“曾参”。从年龄上看，曾参死于公元前436年，吴起生于公元前440年，也就是说，曾参死时吴起才4岁，怎么可能长大后师从曾参？

吴起年过半百，却仍未丧失斗志，来到楚国后总算当上了丞相，实现了人生梦想，遂搞起了有声有色的军事改革。

不法古，求创新。

吴起军旅生涯指挥的第一仗就充满了创意。两军对垒，为防止敌人突破己方阵线，通常把主力摆在中央。吴起完全反过来，在对阵强大的齐军时，中央安排老弱，精锐放在两侧，做奇兵之用。这一招一举两得，既让对手产生了轻敌之心，又达到了出其不意的效果。

吴起打仗不按套路出牌，治军也屡创新招。打完胜仗后，惯例做法是按照贡献大小分批论功行赏。吴起在魏国一反常规，把所有人安排到一个大厅里，让他们看到功劳不同，升的职、领的赏不同，连面前放的酒、嘴里吃的菜也不一样。通过这种“差额行赏”，在军内兴起“比学赶帮超”的热潮，大大激发了战斗力。在楚国，他看不惯世卿世袭制，规定官爵最多只能世袭三代，后面的不再享受。这对于习惯了吃祖宗饭的楚国贵族来说，无疑是当头一棒。

用脚写下“三国志”

上面说到吴起三次受挫，换个角度看，其实也是成功。现在，有人对“成功”进行了重新定义，认为在一个地方干得出色，还不能叫成功，在不同的地方都干得很棒，那才是成功。即使如足球天才梅西，因一直待在巴萨，就有人质疑他到别的球队未必踢得好。吴起则完全符合“成功”的现代定义，在三个单位干过，平台一个比一个大，要求一次比一次高，干得一单比一单好。所以，连曹操都成了吴起的粉丝，他这样评价偶像吴起：“在魏，秦人不敢东向；在楚，则三晋不敢南谋。”①

下面，看一看吴起是怎么做到的。

吴起志向远大，研习兵法毕业后，第一次工作地点却选择小小的鲁国，不

①［晋］陈寿撰，［南朝宋］裴松之注：《三国志》第一册《魏书一·武帝纪》，陈乃乾校点，中华书局，1964年，第49页。

禁让人困惑。其实，吴起考虑很合理：第一，鲁国离祖国卫国近；第二，他是个新人，没工作经验，这种小单位适合迈出职场第一步；第三，在鲁国这样的小国，没做好也无妨，权当积累工作经验。再说了，要是在与强大对手的竞争中胜出，不仅名气一下子就出去了，而且卿相什么的还不手到擒来？

果然，齐国进攻鲁国给了吴起表现的机会，他抓住这次机会以弱胜强，打败了强大的齐军。不过，吴起万万没想到，自己挽救了鲁国，不仅没得到提拔，反而被一帮守旧的大臣排挤，最后居然被鲁国国君炒了鱿鱼。好在名气已经打出来，他不愁找不到更好的工作。

吴起听说魏国正在搞改革，需要人才，就将其作为事业发展的下一站。魏文侯征求宰相李悝的意见，得到的回答是："吴起这人既贪名又好色，但打仗是个狠角儿，连司马穰苴也比不上。"①（司马穰苴，齐国名将，官至大司马）魏文侯于是用其所长，派吴起镇守西河。这是什么地方？山西、陕西之间的黄河一带，正是秦、魏两国多次拉锯的激战之地，但魏国经常扮演失败的角色。魏文侯如此安排，大概是想检验吴起的成色。

吴起在鲁国期间，只与齐国打了一场热身仗，还没活动开。这次在魏国，他开始在西河这个局部牛刀小试，搞起了军事改革，其中最有名的项目是创建"武卒"作为常备军。入选"武卒"后，将享受不少优待，比如家人免除徭役和田租。但入选"武卒"很难，得具备以下 8 个条件②：

身穿上、中、下连在一起的铠甲；

力挽 12 石的强弩（相当于现在的 372 千克③）；

携带 50 支箭；

---

①［西汉］司马迁：《史记》卷六十五《孙子吴起列传第五》，中华书局，1999 年，第 1722 页。原文为："起贪而好色，然用兵司马穰苴不能过也。"

② 梁启雄：《荀子简释》第十五篇《议兵》，中华书局，1983 年，第 194 页。

③ 据《汉书·律历志》记载，先秦时期，1 石 = 4 钧，1 钧 = 30 斤，1 斤 = 258.24 克。

肩扛一根长矛；

头戴铁盔；

腰配利剑；

带上3天干粮；

带齐上述所有装备，早饭后出发，到中午时要行军100里。

显然，当兵的门槛提高了，相应的兵员素质也提升了。荀子认为，魏国的“武卒”比齐国的“技击”[①]厉害。有了基础扎实的部队，再加上吴起出色的指挥，魏军简直就是狮子率领的狮子军队，战绩完全改观，把秦军打得落花流水。史载，吴起任西河郡守的20多年中，与诸侯大战76次，其中64次全胜，12次不分胜败。换句话说，吴起连一次败仗都没打过，胜率不是一般高，是含金量极高的“常胜将军”。面对宿敌秦国，吴起率军连夺5城，一直打到郑（今属陕西渭南）。特别是公元前389年的阳晋（今陕西华阴东）一战，他麾下仅5万人，面对50万秦军，居然都能打赢，不服不行。

有句话说，“木秀于林，风必摧之”。吴起厉害是厉害，但搞人际关系是软肋。中央政府换相的时候，他呼声很高，但结果公布的时候是别人。吴起不服，居然直接质问新任宰相田文：“你不如我，为什么宰相是你不是我？”[②]这事已经宣布了，他还去争辩，一来显得国君不会用人，二来也得罪权臣，显然是政治上不够成熟的表现。吴起在朝中没有后台，无人替他美言，反倒有人在新国君魏武侯（公元前396年继位）面前进谗言。结果，吴起失去了魏武侯信任，只好再换单位。

于是，吴起开始了第三次也是最后一次谋职，来到南方的楚国。这个选择是对的，正如郭沫若所说：“吴起在楚的一段生活，怕是他平生最得意的

① 齐国的主力军叫“技击”。所谓“技击”，就是靠勇猛击杀敌人的人。对技击的奖励措施是，砍下一颗敌人的脑袋，赏赐8两金子。如果没有这颗人头，即使获胜也没有奖金（所谓“无本赏”）。

②［西汉］司马迁：《史记》卷六十五《孙子吴起列传第五》，中华书局，1999年，第1723页。

时候。”[①]

吴起确实走运，遇到了和自己意气相投的楚悼王。这个国君不喜欢循规蹈矩，用楚国保守派大臣的话来说，就是“数逆天道”[②]。楚悼王很欣赏吴起，但并没有马上满足其卿相梦，而是派到河南太守任上。如此安排有一石二鸟之妙：一方面，检验吴起是不是有真本事；另一方面，也是为了日后重用吴起时堵住大臣们的嘴。果然，吴起在地方只待了一年，就被提拔到了中央政府，并且担任宰相要职。[③]

吴起的誓言终于实现了，想必非常兴奋，也有诸多感慨，于是他决定尽心竭力，用最好的业绩报答楚悼王的知遇之恩。与在鲁国和魏国不同，吴起在楚国获得了最大权力，从而有条件全面实施其改革计划。吴起改革是以“要在强兵”[④]为中心，同时政治与经济也同步改革。

政治上，改革官职。吴起一坐上宰相的位子，就发现楚国的官制实在落伍。在战国七雄中，只有楚国还沿袭周朝旧制，官员没有文武之分，而且基本上是清一色的王室近亲或者同姓。这些人只拿钱不作为，堵塞了优秀人才的上升通道。吴起认为这是“贫国弱兵之道”[⑤]，必须得改。如何改？可有可无的官职直接取消，保留的官职也下调等级，并降低工资标准。

经济上，移民垦荒。论地盘，楚国在“战国七雄”中是No.1，所以吴起说：“荆所有余者地也，所不足者民也。”[⑥]他让贵族带头迁到人烟稀少之地搞南部大开发，说白了就是“强制移民”。这一措施对国家当然有好处，既开垦了新地，又把贵族原有土地收归国有，国库税收扶摇直上。

---

① 郭沫若：《述吴起》，《郭沫若全集》历史编第一卷《中国古代社会研究·青铜时代》，人民文学出版社，1982年，第524页。

②［西汉］刘向著，王锳、王天海译注：《说苑全译》卷十五《指武》，贵州人民出版社，1992年，第626页。

③ 有人说吴起一到楚国就当了丞相，这种说法源于司马迁的《史记》，但太史公在这事上记错了。

④［西汉］司马迁：《史记》卷六十五《孙子吴起列传第五》，中华书局，1999年，第1723页。

⑤［战国］韩非著，张觉译注：《韩非子全译》第四卷《和氏第十三》，贵州人民出版社，1992年，第186页。

⑥［战国］吕不韦门客编撰，关贤柱、廖进碧、钟雪丽译注：《吕氏春秋全译·开春论第一·贵卒》，贵州人民出版社，1997年，第817页。

军事上，整军经武。军事改革是吴起变法的核心，但奇怪的是史书并未记载具体措施，只是泛泛而谈“抚养战斗之士”[①]“精耕战之士”[②]等。其实，对吴起来说，政治和经济只是手段，都是为军事服务。为什么？垦荒是为了增加国家税收，这样才有更多的钱来投资军事。改革官职省下大笔银子，“以奉选练之士”[③]。钱还不够，怎么办？把一些不太重要的官职“公开拍卖”，赚到的钱用作军费。[④]

吴起在楚国搞了近10年[⑤]的军事改革，硕果累累。在南面，取得百越之地；在北面，收陈、蔡两国，三败强晋，一直打过了黄河；在西面，秦国也不敢惹事。特别是公元前381年，楚军强渡黄河，击败了吴起的老东家魏国。吴起想必非常解气：你们当初赶我走，现在后悔了吧？

吴起比商鞅强的地方

公元前381年，随着楚悼王离世，楚国政治版图风云突变。这一年，年过60岁的吴起遭遇了人生第四次挫折，而这一次他没能东山再起。大臣主持变法，最忌皇帝改变立场动摇或者突然死亡，吴起不幸遭遇后者，老板暴毙使他失去了靠山。

还没等楚悼王下葬，旧贵族们趁吴起来吊丧，迫不及待欲除之而后快。此前，他们被降职降薪，甚至还有亲戚被强迫到蛮荒之地，早就对吴起恨之入骨。但因为楚悼王坚决支持吴起，这些人当时不敢造次，等老国王一死，立即反攻倒算。

吴起猝不及防，身中数箭。他熟悉楚国法律，知道要是老国王的尸体有什

---

① [西汉] 司马迁:《史记》卷六十五《孙子吴起列传第五》，中华书局，1999年，第1723页。

② [西汉] 司马迁:《史记》卷六十五《范雎蔡泽列传第十九》，中华书局，1999年，第1893页。

③ [战国] 韩非著，张觉译注:《韩非子全译》第四卷《和氏第十三》，贵州人民出版社，1992年，第187页。

④ [西汉] 司马迁:《史记》卷六十五《孙子吴起列传第五》，中华书局，1999年，第1723页。

⑤ 关于吴起在楚国实施变法的时限，说法不一。主要有1年说和10年说，越来越多的学者倾向于10年说，此从之。

么损伤，肇事者就得处死。据《吕氏春秋》记载，吴起说了一句话："吾示子吾用兵也。"用今天的话来说，就是"孙子，让你们见识见识爷爷是怎么用兵的"。然后，他做了最后一件事："拔矢而走，伏尸插矢而言曰：'群臣乱王。'"[①]但贵族们杀红了眼，加上心存"法不责众"的侥幸心理，才不管那么多，继续放箭，把吴起和楚悼王都射成了刺猬。他们明知冒犯国君的尸体是什么后果，竟全然不顾，可见得是有多恨吴起。

吴起死了，贵族们还不解恨，把尸体拖出去肢解了。可怜一代名将，竟落得如此下场。对此，史书留下六个字："吴起枝解于楚。"[②]司马迁只写到吴起被射杀，没提到肢解一事，还是韩非子透露，后人才知道。事后，这些贵族被继任的楚肃王处斩，70多家人陪葬。[③]表面上，这些人是被楚肃王所杀，实际上是为吴起所杀。吴起临死前，故意把身上的箭插在楚悼王身上，还高喊是追杀他的人干的，就是为了让人听见，到时追查起来才有证据。可见，吴起确实厉害，死了还能为自己报仇。

韩非子说："楚不用吴起而削乱，秦行商君法而富强。"[④]吴起和之后的商鞅有太多相似点：都是卫国人，都意志坚定，都信奉法家，都是改革家，都被肢解……不同的是，商鞅是秦惠文王要杀他，而吴起是贵族们要杀他。

吴起在楚国的变法比商鞅在秦国的变法早约33年，成效明显。但随着吴起被杀，改革成果基本付诸东流，而商鞅虽死，其法却留。商鞅变法搞了两次，历时约20年，秦国深得益处，变法深入人心，国家已不可能回到从前。因此，商鞅死了，改革成果却保存了下来，而秦国日益富强，最终统一六国。

吴起改革因为他自己的死戛然而止，为什么会这样？

---

①［战国］吕不韦门客编撰，关贤柱、廖进碧、钟雪丽译注：《吕氏春秋全译·开春论第一·贵卒》，贵州人民出版社，1997年，第817页。

②［战国］韩非著，张觉译注：《韩非子全译》第四卷《和氏第十三》，贵州人民出版社，1992年，第187页。

③ 此有楚国法律为依据："丽兵于王尸者，尽加重罪，逮三族。"

④［战国］韩非著，张觉译注：《韩非子全译》第四卷《和氏第十三》，贵州人民出版社，1992年，第187页。

司马迁的总结是四个字——吴起“刻暴少恩”①。相比之下,《韩诗外传》似乎说得更形象更透彻更在理:

> “水浊则鱼喁，令苛则民乱，城峭则崩，岸峭则陂。故吴起峭刑而车裂，商鞅峻法而枝解。治国者譬若乎张琴然，大弦急则小弦绝矣，故急辔衔者，非千里之御也。”

换句话说，吴起的军事改革整太猛、搞太急了。这种说法看似有道理，但其实没说到点子上。吴起失败的原因不是太猛太急，而是楚悼王死得早了些，导致改革的持续时间不够长（只有商鞅变法的一半），改革成果没能巩固，没有把旧贵族给彻底打下去，反而遭到其疯狂反扑。否则，如何解释商鞅变法更急更猛为什么却成功了？

吴起变法的成效不如商鞅变法，除了持续时间不够长，还有另一个重要因素——改革内容不够彻底。吴起变法在商鞅变法之前，有些方面考虑得不可能那么周全细致，而商鞅却可以借鉴吴起的经验教训。例如，商鞅变法借鉴了吴起只允许贵族遗爵三世而后回收的经验。更有甚者，商鞅“辕门立木”也是从吴起那里全套照搬而来。据《吕氏春秋》记载，吴起在为魏国守西河之地时，就用过这种办法。②

才与德的博弈

作为一名军事家和改革家，吴起非常成功。之所以引发争议，是因为不少

---

①［西汉］司马迁:《史记》卷六十五《孙子吴起列传第五》，中华书局，1999年，第1724页。

②［战国］吕不韦门客编撰，关贤柱、廖进碧、钟雪丽译注:《吕氏春秋全译·似顺论第五·慎小》，贵州人民出版社，1997年，第948页。原文如下：吴起治西河，欲谕其信于民，夜日置表于南门之外，令于邑中曰：“明日有人偾南门之外表者，仕长大夫。”明日日晏矣，莫有偾表者。民相谓曰：“此必不信。”有一人曰：“试往偾表，不得赏而已，何伤？”往偾表，来谒吴起。吴起自见而出，仕之长大夫，夜日又复立表，又令于邑中如前。邑人守门争表，表加植（埋得更深——笔者注），不得所赏，自是之后，民信吴起之赏罚。

人认为他私德太差。主要有三件事，曹操做了概括：“杀妻自信，散金求官，母丧不归。”[①]

下面一条一条细看吴起的“罪状”。

先来说“散金求官”。早年，吴起为求官，把家里的钱都折腾光了，却没搞到一官半职。这事成为吴起的污点，好像其他人做官都没花钱似的。其实，大多数官迷与吴起的区别，只是花钱在地下还是地上的问题。吴起毫不遮掩地花钱买官，干成了大家也许会去讨好、去奉迎、去巴结，但没做成就是另外一回事了。因为钱花光了而官没当上，吴起成了乡邻的笑柄。他与韩信可不一样，哪里是那种连胯下之辱都能忍的人。面对邻里的嘲讽，吴起的反应只有一个字——“杀”，而且一杀就是30多人。这30多人不可能个个都笑话过吴起，有的只是“嫌疑人”，但也被他“格杀勿论”。因为这事，司马迁送给吴起两个字——“猜忍”，即猜忌残忍。不过，换个角度看，要是没这事，吴起就不会被迫出国找工作，也不会有后来那么大的作为。看来，人有时是被逼出来的。

再来讲“母丧不归”。前面提到吴起学过儒学，但没毕业就改了专业，倒不是不喜欢儒学，而是被老师开除了。为啥？母亲死了，吴起竟然不回去奔丧。曾申是大孝子曾参之子，怎么容得下自己有吴起这样不孝的弟子，当即断绝师生关系。没想到，老师对学生最严厉的处罚，却成就了军事改革家吴起。也许这句话有道理——上帝给你关上了一道门，便会为你开一扇窗。话说回来，吴起又不是忙得抽不开身，但连母亲死了都不回去，自然为千夫所指。不过，只考虑道德，也许会忽视真正的原因。在老师面前，吴起应当是替自己辩解过，只是史书没有留下只言片语。笔者推测，作为孝子的弟子，吴起大概引用过《孝经》中这样一句话：“立身行道，扬名于后世，以显父母，孝之忠也；夫孝，始于事亲，中于事君，终于立身。”[②]此外，吴起“母丧不归”还有其他三个原因：第一，别忘了，吴起在老家犯下了30多人的命案，说不定官差们正张网以待，回去不等于自投

---

① [晋]陈寿撰，[南朝宋]裴松之注：《三国志》第一册《魏书一·武帝纪》，中华书局，1964年，第49页。

② 胡平生、陈美兰译注：《礼记·孝经·开宗明义第一》，中华书局，2007年，第221页。

罗网吗？第二，吴起曾对母亲起誓，学不成名誓不还，如今还没混出名堂，如何面对母亲亡灵？第三，根据老规矩，吴起若是回去守丧，必须满3年才能再出门，他觉得现在正是学本事的最佳年龄，浪费3年太可惜了。

最后再看“杀妻自信”。吴起应聘的第一个地方是鲁国，此乃孔子的老家，是个礼仪之邦。但在弱肉强食的时代，儒家那一套没多大市场。鲁国国君当然明白这一点，当齐国来攻，吴起毛遂自荐时，便很想用他。可问题是，吴起老婆正好是齐国人，所以鲁国不相信吴起。为得到这份工作，吴起干了件十分出格的事——把妻子给杀了。吴起的妻子不是普通人，乃齐国富家小姐，而且是在吴起最落魄的时候跟了他，还提供了巨大的经济支持。笔者很想知道，吴起杀老婆时是什么心情，他妻子又是什么心情？可惜，历史没有记载这些细节。唯有结果是确定的，吴起的狠心得到了回报，赢得了鲁国国君的信任，被任为将军。

吴起爱兵十分出名，这竟也成为争议。

身为将军，他吃的、穿的、用的和士兵一样。最出名的一件事，一个士兵腿上长疮化脓，吴起居然不顾脏臭亲自吸脓。[①] 为什么这么爱兵呢？一次与魏相田文聊天时，吴起讲出了心里话：“士人追求的是名位，为此可以不择手段；打仗最重要的是取得胜利，为此士兵的性命不足惜。只要能取胜，怎么对待士兵都可以——仁义、诡诈、感化、约束、赏赐、杀伐，这些都不过是手段。今天我要他活，明天要他去死，这有什么不可以？儒家那套‘仁义爱人’的说法，太老土太没用了。”[②] 史上“吸疮”的著名故事有两个，除了吴起，就是西汉邓通[③] 为汉文帝吸疮。不管吴起的动机怎样，是不是作秀，但能做到这一步的将

① [西汉] 司马迁：《史记》卷六十五《孙子吴起列传第五》，中华书局，1999年，第1722页。

② 倚斤：《吴起其人》，《思想政治工作研究》1997年第2期，第39页。

③ 邓通，汉初四川南安人，后来进宫担任黄头郎，专职掌管行船，与汉文帝有了接触的机会。汉文帝患痈，邓通常为其吸吮患处。皇帝感慨，问谁最爱自己，邓通说当然是太子。后来文帝召太子入宫试探，要他为自己吸疮，太子面有难色。事后，太子听说邓通经常为文帝吸疮，自己却做不到，不禁惭愧，同时也怨恨邓通。后来，太子即位（汉景帝），很快将邓通革职并抄家。

军，似乎还没有第二个。

爱兵在今天是共识，但在吴起那个时代可不这么看，士兵不过是奴隶。鲁、齐交兵，齐将田和听说吴起与小兵混在一起，曾这么评价："将尊则士畏，士畏则战力。起举动如此，安能用众？吴无虑矣。"[①] 当时的普遍观念，军队就该尊卑有序、等级森严，将领必须让士兵畏惧才好指挥。吴起反其道而行之，结果如何呢？大胜！吴起爱兵也许动机不纯，但不可否认效果不错。《尉缭子》评价："乞人之死不索尊，竭人之力不索礼。"[②] 意思是，要士兵为你卖命，你就不要高高在上的样子；要战士为你出力，就不要骂他不懂礼节。

吴起这样的人，在现代社会不太可能用起来。幸好他生活在战国，那是一个重利轻义、唯才是举的时代。

---

①［明］冯梦龙著，［清］蔡元放校订：《插图本东周列国志》第八十六回，齐鲁书社，2005 年，第 713 页。

②［战国］尉缭子著，刘春生译注：《尉缭子全译 · 武议第八》，贵州人民出版社，1993 年，第 48 页。

改革，就是释放人性

——重读商鞅军事改革

司马迁说："秦所以强六世[①]而并诸侯，皆商鞅之谋也。"战国七雄，几乎都搞过军事变革，为什么只有秦国的变法更全面、更彻底、最成功?

郭沫若说："他的身世虽然是个悲剧的结局，但他的事业是成功了。"[②]人亡政息，中国历代军事改革以失败居多，秦国的变法即使在商鞅死后也没有废止，这又是为何?

毛泽东说："(秦国)尚军功以树国威……商鞅之法，为良法也。"[③]商鞅为何引起中国现代领导人的关注?

两个想改变世界的年轻人

秦国给人的印象，似乎一直很强。其实不然。商鞅变法之前，秦国只在秦穆公时代"牛"过一次，可惜只是昙花一现，随后归于沉寂。即使东面的邻居晋国分为魏、赵、韩三家，实力大减，但秦国仍然被邻居魏国欺负得大气都不敢出。

随着两个年轻人的出现，秦国国势出现巨变:一个是秦孝公，一个是商鞅。

秦孝公于公元前362年即位，年仅21岁。他最恨的是一个字，最想的也是一个字。他恨的字是"羞"——秦国地处西陲，被六国当蛮夷看待，召开"武

① 六世，指秦孝公及其之后的五任君主:秦惠文王、秦武王、秦昭襄王、秦庄襄王、秦始皇。

② 郭沫若:《前期法家的批判》，载《十批判书》，东方出版社，1996年，第344页。

③ 毛泽东:《商鞅徙木立信论》，载《毛泽东早期文稿》，湖南人民出版社，1990年，第1页。

林大会”之类的庆典，从来不给秦国发邀请函。秦国不要说当盟主了，连去喝酒吃饭的资格都没有。用秦孝公自己的话来说：“诸侯卑秦，丑莫大焉。”[①]他最想的字是“荣”——恢复秦穆公时代的荣光。当年，秦国富强，曾三立晋国国君，还救过楚国，何等威风！

秦孝公理想有了，但要变成现实，最需要的是不世之才。茫茫人海，这个人在哪里？

为找到此人，秦孝公发出了著名的“求贤令”，最后一句是：“宾客群臣有能出奇计强秦者，吾且尊官，与之分土。”[②]请注意，这份公告是向天下宣布而非只在国内，也就是说，外国人也可以应召。

之后的事大家都知道了，商鞅去了，秦国强了，六国灭了，正所谓“得人才者得天下”。其实，有一个人比秦孝公占有先机得到商鞅，但居然不识货，放弃了。这个人，就是魏惠文王。商鞅的祖国是卫国，年轻时到魏国工作，在宰相公叔座[③]门下做宾客并深受器重。公叔座临死前，向前来探病的魏惠文王推荐商鞅为自己的接班人。魏惠文王没说行，也没说不行，而是“嘿然”。公叔座看出魏惠文王觉得商鞅太年轻，胡子还没几根——靠不住，于是提出第二个建议：“王即不听用鞅，必杀之，无令出境。”[④]等魏惠文王走后，公叔座又赶紧找来商鞅，把事情经过说了一遍，劝他赶紧走。这个公叔座真是老江湖，两边都做了好人。

按理，商鞅赶紧跑啊，可他偏不，理由是：“彼王不能用君之言任臣，又安能用君之言杀臣乎？”[⑤]果然，魏惠文王表面上答应，实际上对公叔座的话不以为然。回去后，魏惠文王对左右说，相国让我用商鞅，又让我杀商鞅，恐怕是病糊涂了。从这件事上可以看出，年轻的商鞅确实厉害，断事之准居然超过当

---

①［西汉］司马迁:《史记》卷五《秦本纪第五》，中华书局，1999 年，第 145 页。

② 同上。

③ 有的论著写为“公孙痤”，此从《史记》（中华书局，1999 年版）。

④［西汉］司马迁:《史记》卷六十八《商君列传第八》，中华书局，1999 年，第 1763 页。

⑤ 同上。

朝宰相。

商鞅知道魏惠文王不会用自己，在这里不可能有什么前途了，再加上公叔座死后自己没了依傍，又听说秦国在求贤，干脆就去搏一把。秦孝公只听商鞅说了一番富国强兵之道，便决定把国家交给这个年轻的外国人去做实验。比起魏惠文王，秦孝公的魄力和勇气不知高出多少倍。

秦孝公敢用，商鞅敢干，这两个年轻人碰到一起，擦出的火花将"点亮"全世界。

改革做到这一点就成功了

商鞅主持变法时的职务是"左庶长"，这是个什么级别的官呢？左庶长是上马统军、下马治民的权臣，在秦国有几百年的历史了，该要职一向由王族担任。商鞅得此职，可见秦孝公对他信任有加。

秦国的改革分阶段搞了两次（分别开始于公元前 359 年、公元前 350 年），内容涵盖政治、经济、军事、文化等诸多方面，十分丰富。商鞅的指导思想很明确："以战去战，虽战可也。"① 秦国在改革后之所以脱胎换骨，逐一将六国踩在脚下，主要是商鞅成功地把秦国改造成了一架高效的战争机器，实现了"民之见战也，如饿狼之见肉"② 的目标。

战场其实就是刑场，胜利的一方是刽子手，失败的一方任人宰割。打仗要死人，没有人愿意上战场。既如此，秦国人怎么就战则喜、闻战相贺呢？

商鞅充分认识到："凡战者民之所恶也，能使民乐战者王。"③ 为实现这个目标，他的办法是：

第一，军功爵制。在秦国，想加官晋爵，只有一条路——战功，拿多少敌

---

① 高亨译注:《商君书注释·画策第十八》，中华书局，1974 年，第 373 页。

② 高亨译注:《商君书注释·画策第十八》，中华书局，1974 年，第 378 页。

③ 同上。

人的头颅回来，就可以换到相应级别的官爵。商鞅把军功细化为 18 级①，“斩一首者爵一级”②。脑袋为什么叫“首级”？就是从这句话来的。用今天的话来说，就是“计件工资”。有了爵位有哪些好处呢？第一，官吏优先从有爵位的人中选拔；第二，可以使唤无爵之人，爵位越高，可以使唤的人越多③；第三，不同爵位可以分到相应面积的土地。④如此，加官晋爵有公开的明确的标准，完全由手上的首级数量说了算，不存在暗箱操作的问题，非常公平。换句话说，军功是普通人改变命运最容易实现的方式，无疑具有巨大的诱惑力。如果去统计秦国的名相名将，会发现两个特点：一是外国人多，二是平民出身的多。值得注意的是，提到军功爵制，不少人都片面理解为“赏”，忽略了“罚”。商鞅赏得重，罚得也不轻。白起，好不容易混到大良造，因为犯罪，一下子成了仕伍。另外，要是做了俘虏还好意思回来，对不起，当奴隶去吧。

第二，连坐法。商鞅深知，战争是有组织的暴力行为，需要个体的勇猛，更需要团队的力量。如何将所有人的力量拧成一股绳呢？商鞅的办法是三个字——“连坐法”。一是连坐家人。军人如果不奋勇杀敌，本人被处死不说，还要连累家人。二是连累战友。商鞅把部队编成五人、十人、百人那样的组，不论哪个组，只要一人逃跑，其他人都得受罚；如果组长被杀，其他人也要受罚；如果组长没砍到人头，也得处死。⑤商鞅赏得公平，罚得也不含糊。这样一来，秦军只有一个选择：向前、向前、向前，杀敌、杀敌、杀敌。

第三，商鞅不仅是管理和组织上的行家，还是心理学上的高手。秦人很看重身后的名声，死后用坟边种树的方式来体现来世一遭的价值，这是举国风俗。

---

① 一说 20 级，来源于东汉班固《汉书・百官公卿表序》。其列举了 20 个等级，然后说“皆秦制”。由此，不少人以为商鞅变法时定下的就是 20 级。其实，这里的“秦制”是指秦统一六国后的制度，而军功爵制有一个演变的过程，最终才演变到 20 级。这一点，已有不少学者提出了有力证据。故本文不采用 20 级之说，而以多数学者公认的 18 级为准。

② [清] 王先慎:《韩非子集解》卷十七《定法第四十三》，钟哲点校，中华书局，2003 年，第 399 页。

③ 高亨译注:《商君书注释・境内第十九》，中华书局，1974 年，第 405 页。

④ 如取回敌人一颗人头者，赐爵一级，得田 1 倾，宅 9 亩。

⑤ 高亨译注:《商君书注释・境内第十九》，中华书局，1974 年，第 406–407 页。

所以，只要数数某人坟边有几棵树，就知道其生前做出过多大贡献。商鞅得知后，很快加以利用，规定取敌人头一颗，爵加一等，墓树加一棵。[①]

从以上三条措施看，商鞅对“生则求利，死则求名”的人性看得很透，他认为：“民之性，饥而求食，劳而求佚，苦则索乐，辱则求荣。”[②]因此，他充分利用人性的特点，将其纳入国家设定的轨道，实现个人利益与国家利益的统一。尤其是秦之军功爵制对军人而言，犹如包产到户对农民而言，都是尽量释放人性的结果，效果非常好。

还有个问题，秦军的单兵作战能力要强于六国，但数量上没法跟六国比。秦要统一天下，必须有尽量多的战士。于是，扩军成为摆在商鞅面前的重大课题。

不过，商鞅有的是办法。

“正卒”与“更卒”制度便是其中之一。何为“正卒”？秦国实行三年兵役制，即使贵族也必须服兵役。20～23岁在家种田储备粮食，23岁当兵，当兵的头两年接受训练并在部队服役，第三年到都城担任宫廷护卫。什么又是“更卒”呢？三年后可退役回家，但国家有事还得轮流征调回来，这就是“更卒”。何时可以彻底免除兵役呢？56岁！秦国把后备役年限延迟这么长，使国家保持着一支强大的支援力量。

商鞅仍不满足，为增加打仗的人手，又为秦国量身定做了一个办法。考虑到秦国地多人少，而六国地少人多，所以就公开招徕六国民力到秦国垦荒，不仅田地白送，还免除三世的赋税！[③]这个诱惑太大了，六国民力纷纷涌入，甚至敌国士兵也成群地不战而降，好到秦国做“新民”。这样一来，秦国男丁从土地中解放出来了，而这正是商鞅的目的——这些秦人全部变成了士兵。

---

① 高亨译注：《商君书注释·画策第十八》，中华书局，1974年，第426页。原文为：“其官级一等，其墓树级以树。”

② 高亨译注：《商君书注释·算地第六》，中华书局，1974年，第155–156页。

③［唐］杜佑：《通典·田制》，中华书局，1988年。原文为：“任其所耕”，“复三代不知兵事”。

执行力，执行力，执行力

重要的事说三遍，所以标题写了三次“执行力”。

改革措施再好，缺乏执行力也只能是废纸一张。王莽改制、王安石变法、戊戌维新，发了多少命令下去，但根本没人认真办，结果就只能是没有结果。秦国进行改革前，充分发扬民主，由秦孝公在朝堂上主持公开辩论。一旦改革决策定了，就只管执行，不许多嘴。

商鞅的改革理念是：“法必明，令必行，则已矣。”[①]改革措施出台后，他请求秦孝公下了一道命令：只需执行，不得议论，不但说改革的坏话不行，就是说改革的好话也不行。改革伊始，大家有怪话；效果出来了，有人说好话。岂料，对这些为改革唱赞歌的人，商鞅也归为“此皆乱化之民也”[②]，照样当作妄议新法处理，并发配到边疆。这件事充分说明，商鞅是一个相当自信以至自负之人。

有人不信邪，偏要往枪口上撞，这个人身份还不一般——秦孝公的哥哥、太子的师傅公子虔。首都是商鞅与守旧派较量的重地，这里推行新法了，其他地方就好办，这里推不动，其他地方也没法搞。改革第一年，首都有上千人对改革表示怀疑。公子虔觉得反对新法有民意支持，打算给商鞅出道难题。但他不傻，不会自己去碰高压线，而是利用太子，故意让太子乘车经过只有皇帝才能走的御道。

根据法令，这是要处罚的，但怎么才能处罚储君呢？对太子这个特殊的犯错者，商鞅应该怎么办呢？

公子虔以为难住了商鞅，不想却祸害了自己。由于太子年幼（约9岁），这事显然有他人幕后主使，商鞅锁定为太子的两个老师。商鞅说，太子犯法不懂事，但他的两个老师也不懂吗？显然是老师没教好，所以应该惩罚太子的老师。结果，公子虔被割去鼻子，公子贾脸上被刺字。公子虔好歹也是皇亲国戚，没了鼻子怎么见人？只好8年不出门。

---

① 高亨译注：《商君书注释·画策第十八》，中华书局，1974年，第398页。

②［西汉］司马迁：《史记》卷六十八《商君列传第八》，中华书局，1999年，第1766页。

其实，公子虔的遭遇算走运了，其他人犯在商鞅手里更惨。一个叫祝欢的贵族诋毁改革，被商鞅砍杀。但附和祝欢的还有渭水边的孟西白部族约 700 人，这么多人怎么处理呢？商鞅在渭水边进行审判，斩立决，一日之内全部处死。

商鞅如此冷血和铁腕，贵族们又恨又怕，在暗地里都诅咒他早死。有人说："你的命就像早上的露水，长不了。"有的说："你现在嚣张，是因为有大王替你撑腰，哪天大王不在了，会算总账的。"①

不管怎样，商鞅把重罚这套组合拳打下来，特别是对太子的师傅也毫不客气，使大家看到了改革的决心。史载："明日，秦人皆趋令。"②

各国皆变法，何以秦独强？

一个外国年轻小伙把秦国折腾得天翻地覆，结果是好是坏？秦国真的能强大起来吗？

今天，看到了结果，这不是问题。可在当时，很多人脑子里还是萦绕着大大的问号。秦国上下除了商鞅信心满怀，绝大多数人都狐疑甚至反对，就连秦孝公也没底。改革就是去旧布新，开始大家很不习惯，但随着改革推进，好处和实惠逐渐显现，然后大家就支持了。史载："卒用鞅法，百姓苦之；居三年，百姓便之。"③

商鞅军事改革的效果体现得尤为显著。战国七雄中，三个国家的"特种部队"最有名——齐国的"技击"，魏国的"武卒"，秦国的"锐士"。荀子认为，比来比去，秦国锐士最厉害。秦相张仪曾形象地描述秦军与对手交战的情景：六国军士都是身披甲胄，秦军则不需任何保护，光着膀子就上去了，结果是"左挈人头，右挟生虏"④。他还说，秦军与六国军士相比，就好像秦国大力士与婴

① [西汉] 司马迁：《史记》卷六十八《商君列传第八》，中华书局，1999 年，第 1768 页。

② [西汉] 司马迁：《史记》卷六十八《商君列传第八》，中华书局，1999 年，第 1766 页。

③ [西汉] 司马迁：《史记》卷五《秦本纪第五》，中华书局，1999 年，第 145–146 页。

④ [西汉] 司马迁：《史记》卷七十《张仪列传第十》，中华书局，1999 年，第 1806 页。

儿打架一般，完全不是一个量级。

经过军事改革，秦军好像吃了兴奋剂，成为赫赫有名的“虎狼之师”。秦国把这些有组织有纪律的虎狼放出去，自然会有大量的受害者。据《史记·六国年表》记载，六国发动的战争是 38 次，还不如秦国一国发动的战争次数（93 次）打个对折。在秦国发动的 93 次战争中，22 次有斩首数目的记录，累积达 181 万人次！除此之外，还有 71 次没有统计过，这里面也许有败仗，但即使败仗也会有斩首，只是没统计进去而已。由此可见，死于秦军刀下的六国亡魂该有多少！

商鞅变法在军事上的成效，不仅立竿见影，而且影响深远，正如东汉名士王充所说：“商鞅相孝公，为秦开帝业。”①韩非也说：“商君死，惠王即位，秦法未败也。”②

先来看近期影响。据《战国策》记载，改革后的秦国“兵革大强，诸侯畏惧”③。秦国首先击败了最大威胁者、卧榻之侧的魏国。魏国经过李悝变法和吴起治军，是战国七雄中最先称霸的国家，压迫得秦国喘不过气来。商鞅在魏国待过，深知魏国的实力，他承认：“以一秦而敌大魏，恐不如。”④经过改革，秦国不仅从魏国手里夺回了西河之地（特别是函谷关要隘），还逼得魏国从安邑（今山西夏县）迁都大梁（今河南开封），以避秦锋。而今，秦国进可攻，退可守，把战争主动权牢牢掌握在自己手里。那个当初看不起商鞅的魏惠文王肠子都悔青了：“寡人恨不用公叔座之言也。”⑤之前，秦国在中原六国眼里一直是蛮夷之邦，不放在眼里，内地有盟会什么的，从来不请秦国参加。周显王二十六年（公元前 343 年），秦孝公终于大大扬眉吐气了一把。这一年，秦国成为“武林盟主”，

---

①［东汉］王充著，袁华忠、方家常译注：《论衡全译》第二十八卷《书解第八十二》，贵州人民出版社，1993 年，第 1741 页。

②［清］王先慎：《韩非子集解》卷第十七《定法第四十三》，钟哲点校，中华书局，2003 年，第 398 页。

③ 何建章注释：《战国策注释》卷三《秦策一》，中华书局，1990 年，第 71 页。

④ 何建章注释：《战国策注释》卷十二《齐策五》，中华书局，1990 年，第 423 页。

⑤［西汉］司马迁：《史记》卷六十八《商君列传第八》，中华书局，1999 年，第 1767 页。

召开庆祝大会，六国都来参加，很有面子。

再来看远期影响。秦孝公之后第六代国君也就是秦始皇时代，丞相李斯还在念商鞅之功："孝公用商鞅之法，移风易俗，民以殷盛，国以富强，百姓乐用，诸侯亲服，获楚、魏之师，举地千里，至今治强。"[①] 不仅如此，商鞅变法还成为改革楷模，不断激励着改革的后来者以及无数立志创新和强国的年轻人。

上面说到，军功爵制充分释放了秦军的战斗力，成为秦国横扫六国的利器。其他国家看到秦国搞这套效果这么好，难道无动于衷，没什么动作？当然不是。其实，这些国家也在限制官爵世袭，也在奖励军功，有的比秦国还搞得早。比如，魏国坚持"食有老而禄有功"，楚国则实行"使封君之子孙三世而收其爵，减绝百吏之禄秩"，燕国也有"公子无功不当封"的制度。

既如此，为什么六国都被秦国灭了呢？

这是因为秦国的军事改革更系统、更具体、更具操作性。《中国历代战争史》说得好：

> "各国富国强兵之谋，都在旧制度中打转，而商鞅独运其智慧，从变法中建立新制度开始，从根本上树立其富强之基，所以能高人一等。"[②]

秦国成也商鞅，败也商鞅？

商鞅运气不错，他的后台秦孝公在位长达 24 年。有了秦孝公长期的坚定支持，商鞅才能从容展开改革，使变法见到成效。因变法成效显著，商鞅于秦孝公十年（公元前 352 年）升任大良造，相当于 18 级军功爵制的第 16 级，军

---

① [西汉] 司马迁:《史记》卷八十七《李斯列传第二十七》，中华书局，1999 年，第 1979 页。

②《中国历代战争史》（第 2 册），军事译文出版社，1983 年，影印本，第 133 页。

政大权一把抓。[①] 秦孝公对商鞅欣赏和信任到什么程度呢？秦孝公临死前，竟打算让商鞅当接班人，只是商鞅没敢答应。[②]

公元前 338 年，秦惠文王继位。这位新君便是当初商鞅欲处罚的太子，而这意味着商鞅的好日子到头了。一般认为，被商鞅割掉鼻子后 8 年不好意思出门的公子虔见机会到来，于是告发商鞅谋反，商鞅惧而逃跑，然后被追杀。不过，这不太说得通。公子虔告发商鞅是极隐秘的事，不会轻易让对方知道，而且商鞅这个人在朝中没什么铁哥们儿，不会有人通知他被告发了。实际的真相是，秦孝公死后，商鞅看到宗室贵族的怨恨情绪公开显露，担心遭到报复，于是带着母亲逃回魏国。[③] 商鞅不向国君报告就偷偷跑了，正好给人落下口实，说他企图谋反。对此，《秦本纪》说得清清楚楚："及孝公卒，太子立，宗室多怨鞅。鞅亡，因以为反。"[④] 司马迁大概对商鞅没什么好感，所以这个细节在《商君列传》里没有，只在《秦本纪》留下蛛丝马迹，很容易被人忽略。

秦惠文王即位时约 17 岁，是个有抱负、有见识、有作为的国君。为什么要杀掉大功臣商鞅呢？有人说，他的老师被商鞅割了鼻子，是为师报仇。但这也未免太小看秦惠文王了，他杀商鞅的真正原因——《战国策》说得明白："大臣太重者国危，左右太轻者身危。今秦妇人婴儿，皆言商君之法，莫言大王之法。是商鞅反为君主，大王更为臣也。"[⑤] 秦惠文王虽然杀掉商鞅，但并未废其新法，说明内心是认同改革的。在他看来，商鞅已经完成使命，该走进历史了。

商鞅之后，蔡泽继任秦国宰相。他没有否定前任，而是大加褒扬，说正是有了商鞅的改革，才使得"秦无敌于天下，立威诸侯，成秦国之业"[⑥]。不过，"祸兮，福之所倚；福兮，祸之所伏"，秦国的统一，商鞅的功劳不应该忘记；但秦

---

① 郑良树：《商鞅评传》，南京大学出版社，1998 年，第 129 页。

② 据《战国策》卷三《秦策一》载："孝公行之十八年，疾且不起，欲传商鞅，辞不受。"

③ 据《吕氏春秋·无义篇》载："以其私属与母归魏。"

④［西汉］司马迁：《史记》卷五《秦本纪第五》，中华书局，1999 年，第 147 页。

⑤ 何建章注释：《战国策注释》卷三《秦策一》，中华书局，1990 年，第 71 页。

⑥［西汉］司马迁：《史记》卷七十九《范雎蔡泽列传第十九》，中华书局，1999 年，第 1893 页。

国的灭亡，商鞅似也难辞其咎。

秦帝国吞并六国，何等气概，但居然二世而亡。后人总结秦朝，说："其兴也勃，其亡也忽。"中国历史上第一个封建王朝为何如此短命？秦帝国大厦被烧为灰烬，源于陈胜、吴广等一帮罪徒点燃的星星之火，而这帮罪徒之所以放火，与商鞅的法令有直接关系。

陈胜等人赶往指定地点服役，因故失期。不能按点到达，是该罚，但罪不至死，可按照商鞅新法，就得判处死刑。横竖是个死，陈胜等人于是揭竿而起。表面上，这是个偶然事件，其实是必然。秦末天下大乱，为什么？有句话说得好——"天下苦秦久矣"①。

商鞅制定的各种法令太严苛了，到了什么程度呢？把垃圾倒在路上，不是罚款了事，而是剁掉双手。②在商鞅的字典里，没有"仁义"两个字，"仁义"不过是"六虱"③之一。

新法在短时间内强制执行，收到了非常好的效果，也实现了灭亡六国的远期目标。不过，非常之世，行非常之法。秦统一天下后，就不该再用"马上打天下"的严刑峻法，而当宽待子民。商鞅是法令的制定者，施之于民，自己没有切身感受，不明白新法严得过头了。直到商鞅自己投宿旅馆被拒，他才感慨："嗟乎，为法之敝一至此哉！"④此外，商鞅还搞双重标准，一面收回贵族土地，一面却坦然接受十五城的封地。如此，其他人能没有怨言吗？

商鞅对改革成果十分自得，曾在名士赵良面前问自己与百里奚相比如何。百里奚何许人也？

---

①［西汉］司马迁:《史记》卷四十八《陈涉世家第十八》，中华书局，1999年，第1567页。

② 据《史记》卷八十七《李斯列传第二十七》载:"刑弃灰于道者。"

③"六虱"，是商鞅用来讽刺儒家的，概指而非确指。据《商君书·靳令》，"六虱"有八个，依次为礼乐、诗书、修善、诚信、贞廉、仁义、非兵、羞战。

④［西汉］司马迁:《史记》卷六十八《商君列传第八》，中华书局，1999年，第1769页。商鞅新法规定："舍人无验者坐之。""验者"，指政府开验的证明文书。出台这一规定的目的是限制民众流动，使民众安心在本地耕作。

车裂商鞅（明末刻本《新列国志》插图）

秦穆公时名臣，出任了7年宰相。当时的秦国非常强大，主要是百里奚的功劳。目标都是把国家变得富强，但方法上百里奚与商鞅截然相反，最大的不同是内政方面实施德化。百里奚行不坐车，暑不张伞，而且从来不要护卫，所以他死时秦国上下都流泪。商鞅呢？出门时保镖成群[①]，一方面是显示威风，另一方面也是担心被人刺杀（确实有贵族很想杀掉商鞅，但没机会下手）。

商鞅想知道自己的地位，为什么不问别人而偏偏问赵良？赵良与商鞅是旧友，曾一同在魏国做门客。赵良虽反对新法，但与商鞅关系特殊，能够直言不讳。他说，要是没有护卫，你商鞅都不敢出门，要是秦孝公死了，“秦国之所以收君者，岂其微哉？”[②]他劝商鞅收手，及时隐退避祸。但商鞅也许想继续把秦国变得更加强大，或许贪恋权力（他在自己的封地“南面而称寡人”[③]），或许觉得秦国离开了自己不行，总之没有听劝。

这次谈话仅仅5个月后，商鞅被车裂。史载，商鞅死时，“秦人不怜”[④]。韩非是商鞅的崇拜者，但就连韩非也说杀商鞅的不是秦惠文王而是商鞅自己：“车裂商君者何也？大臣苦法而细民恶治也。”[⑤]

---

① 据《史记》卷六十八《商君列传第八》记载，商鞅出门时，“后车十数，从车载甲，多力而骈胁者为骖乘，持矛而操闟戟者从车而趋”。

② ［西汉］司马迁：《史记》卷六十八《商君列传第八》，中华书局，1999年，第1768页。

③ 同上。

④ 何建章注释：《战国策注释》卷三《秦策一》，中华书局，1990年，第72页。

⑤ ［清］王先慎：《韩非子集解》卷四《和氏第十三》，钟哲点校，中华书局，2003年，第97页。

如果商鞅能活着看到秦统一六国，会不会改变严刑峻法的治国理念呢？要知道，他当初见秦孝公“面试”，在提出“霸道”之前，还提出过“帝道”和“王道”两套方案……

梁启超：中国古代这支军队比希腊的斯巴达人还厉害

——再读赵武灵王“胡服骑射”

司马迁在《史记》中写了30个世家，其中“赵世家”十分精彩，而“赵世家”又数赵武灵王“胡服骑射”一节最出彩。“胡服骑射”是军事改革史上的华彩篇章，这种“向对手学习”的思想，比魏源提出的“师夷长技以制夷”早2100多年。不过，还有些问号得拉直为叹号：

赵武灵王在位27年，怎么迟迟等到第19年才开始搞军事改革？

帝王亲自推动“胡服骑射”，为啥仍然阻力重重？

经过改革后，赵国军力强盛，为何最终亡于秦国？

“胡服骑射”军事改革也有致命弱点，在哪里？

被生存危机倒逼出来的改革

骑兵作为一个独立兵种登上历史舞台，赵国领风气之先，是当之无愧的先行者。

为什么是赵国？

公元前453年“三家分晋”，赵氏分到一杯羹，不过因地处贫瘠的北面，是最差的一份。赵国试图向南发展，结果遭到魏国狠狠回击，连都城邯郸都给人家占了两三年，可谓偷鸡不成蚀把米。赵武灵王即位之初，改变战略方向，向西面和东面开拓，结果又被秦国和齐国打。无奈之下，只好掉头向北面发展，居然也被“胡人”打了回来。换句话说，赵国四面出击都碰得鼻青脸肿。

攘外必先安内。其实，赵国内部还有个要命的问题没解决——灭掉“国中之国”中山。中山国位于今河北省中部、太行山西麓一带，因都城内有山而得名。该国方圆不过 500 里，却把赵国腰斩为南北两部，是赵国的肉中倒刺和心腹之患。中山国名气不大，军力却不俗，曾同时出击燕国和赵国，而且都打赢了。[1] 再者，中山国有齐国罩着，而齐国又是战国七雄的一等强国。所以，赵国前五代君主都没能拿下中山国。显然，赵国要解决内患，必须具备两个条件：第一，能够打过对方；第二，齐国无暇干涉。后一个条件，要等待时机；前一个条件，需赵国自强。

赵国的主战装备是战车，在平原冲击力不赖，可要到了山地，真没啥用武之地。在与马背民族“胡人”的交战中，赵国吃尽了骑兵的苦头，也看到了骑兵对车兵的“非对称性”优势。中山国也是以车兵为主，因此，以胡为师、发展骑兵便成为赵国的最优选项。问题是，赵国人的穿着和中原一样，典型的“长袍＋宽袖”，儒雅有余，实用不足，骑马射箭诸多不便，于是“胡服骑射”呼之欲出。

“胡人”的邻居并非只有赵国（还有燕国等），为什么偏偏是赵国走出了学习“胡人”的第一步？

时势造英雄，英雄也造时势，这不得不提到赫赫有名的赵武灵王赵雍。战国时期，最著名的两次军事改革发生在秦国和赵国，主持者分别是商鞅和赵雍。在梁启超看来，商鞅是德国的俾斯麦，赵雍则是俄国的彼得一世。

公元前 325 年，15 岁的赵雍即位，成为赵国建立百年来第六代君主。他之所以发起“胡服骑射”，准确地说是为了最基本的“生存”。赵国的地理位置有点类似今天的德国，是“四战之地”，常常多面临敌。同时，赵雍即位时赵国国力并不强，随时有可能被周边列强吞并。残酷的事实如下：

1. 15 岁刚刚即位，赵国就面临被瓜分的危机。当时，周边列强都各自带了上万人马，以为赵国吊丧为名，欲行瓜分赵国之实。这次危机被赵国老臣化解

① 据《战国策·齐策五·苏秦游说齐闵王》载：“昔者，中山悉起而迎燕、赵，南战于长子，败赵氏；北战于中山，克燕军，杀其将。”

了，但生存的危机感从此笼罩着赵雍。

2. 23 岁（即位第 8 年，公元前 318 年）那年，五个弱国（魏、韩、赵、燕、中山）相约尊称对方为王，抱团取暖，随后风风火火结伙攻秦，结果一败涂地。通过这件事，赵雍认识到联盟靠不住，自强才是硬道理。

3. 即位后至改革前的 19 年中，赵国先后与邻国 11 次大战（多数还是被动防御），除一次战胜燕国外，10 次都是败北。[①]34 岁（即位第 19 年）那年，赵雍率军亲征中山国，在对方家门口（南部边境）就被打了回来。

…………

国君御驾亲征，连人家大门都进不了，未免太没面子，不过这还是小事。如此下去，赵国的生存都成问题，这才是大事。赵雍知耻而后勇，班师回朝后与老臣肥义和将军楼缓商量对策，一议就是 5 天。最后，赵雍的决定是青史留名的四个字——“胡服骑射”。他如此自陈改革原因：“无强兵之救，是亡社稷。”[②]

显然，“胡服骑射”是危机“倒逼”出来的军事改革。

如何说服反对派？

所谓“胡服骑射”，就是脱下礼服，换上运动装，在奔驰的马上练习箭术。这事看起来简单，而且又有帝王推动，办起来应该很顺利，但事实恰恰相反。千万不要以为赵雍是帝王，下个命令就 OK 了，实际上他还要取得下属们的支持。因为，改革有不少具体的事得办，帝王不可能事必躬亲，执行还得靠臣民，如果大多数人不支持，改革就搞不下去。

“胡服骑射”实际上是“华夏”学习“蛮夷”，好比大公司借鉴小企业经营模式，容易被认为本末倒置，不被理解。反对派思想深处根植着孔子“裔不谋夏，夷不乱华”[③]的观念，很难扭转。后来，鲁迅曾一针见血分析这种心理：

---

① 此统计据《战国策·齐策五》《史记·赵世家》《史记·六国年表》。

②［西汉］司马迁:《史记》卷四十三《赵世家第十三》，中华书局，1999 年，第 1467 页。

③［春秋］左丘明:《左传·定公十年》，中华书局，2007 年，第 286 页。

"每遇外国东西，便觉得彷佛彼来俘我一样……而国粹遂成为孱主和孱奴的宝贝。"[①] 大家都知道，清军入关后要求汉人剃发，遭到明代遗民普遍抵制，赵武灵王"胡服骑射"面对的阻力差不多就是这个程度。

中原服饰的标配是"上衣下裳，宽袍大袖"，即：下身非长裤，而是裙子；上身非紧身袖口，而是宽口。如此穿着，骑射显然不便。按说，实行"胡服骑射"在军事上的好处显而易见，为什么那么多人不支持呢？

服饰既是遮羞布和保暖装，更是一种文化，发挥着"身份标识"的功能，就是孔子所说的"贵贱有等，衣服有别，朝廷有位，则民有所让"[②]。春秋时期，郑国贵族不按规定，戴起"鹬冠"，居然引来杀身之祸。时代的车轮驶入战国，但车上绝大多数官员的脑子还停留在春秋时期。要是换成清一色的胡服，官民无别，那不乱套了吗？如此，官员们的优越感也没法体现了。当然了，这些人反对胡服，不会拿有损自身利益说事，而是包装为高大上的说法——影响国家安全。赵雍搞"胡服骑射"，不只命令官员和军人换装，还提倡全国人民都换。反对派认为这是"变古之教，易古之道，逆人之心"[③]，可能造成人心散乱甚至内乱，不仅不能富国强兵，还会玩火自焚。

"胡服骑射"除了得到少数民族出身的肥义与楼缓的支持，几乎遭到王族、文臣、武将的一致反对，正如司马迁所说："群臣皆不欲。"[④] 反对派的代表人物是赵雍的叔叔赵成。赵雍亲政前，一直由王叔监国，军政大事实际由赵成做主。直到公元前 321 年，赵成丧妻守丧，20 岁的赵雍才开始主国。

赵雍的美好设想是，上朝时自己和叔叔带头穿胡服，其他人就不好说什么了。他派人带着胡服去见赵成，却低估了这个叔叔的顽固。赵成认为，向未开化的"胡人"学习是丢祖宗的脸，但又不便在朝堂上当众与侄子唱对台戏，就

① 鲁迅：《坟·看镜有感》，载《鲁迅全集》（第一卷），人民文学出版社，2005 年，第 209 页。

② 陈襄民等注译：《五经四书全译》二《礼记·坊记》，中州古籍出版社，2002 年，第 1618 页。

③［西汉］司马迁：《史记》卷四十三《赵世家第十三》，中华书局，1999 年，第 1468 页。

④［西汉］司马迁：《史记》卷四十三《赵世家第十三》，中华书局，1999 年，第 1467 页。

打算消极应对——称病不上朝。赵雍当然知道叔叔的病根，于是亲自登门求见，苦口婆心说了一大堆话，其中最有杀伤力的一句是这样的："叔顺中国之俗以逆简、襄之意，恶变服之名以忘鄗事之丑，非寡人之所望也。"[①] 赵简子和赵襄子是赵国名君，一直想灭掉中山国而不能，却被对方反攻，连鄗城（位于今河北柏乡县北）都差点丢了。赵雍把先王抬出来压叔叔，又用国耻来刺激他，效果很好。

说服了王叔赵成，阻力减小了，但并未消失，还是有不少人激烈反对"胡服骑射"。赵雍于是软硬兼施，除了晓之以理，也挥起了大棒——拿不肯穿胡服的王族赵燕开刀，指责他"逆主，罪莫大焉"，定性为"犯刑戮之罪"，威胁要"明有司之法"。[②] 尽管如此，赵雍还是比商鞅温和多了，没有割掉人家的鼻子。

统一高层思想后，赵雍发出改革令，并出台配套的优惠政策：改穿胡服的，国家给予换装补贴；参加骑射的，5 年不用激税。为更好地训练骑兵，赵武灵王不仅虚心请来"胡人"当教练，并直接招收胡兵，还在原阳（今呼和浩特东南）建立了训练基地。从历史文献的记载看，吴起、孙膑、商鞅都用过骑兵，但并未普及，仅作为车兵的辅助，不是独立兵种。真正把骑兵作为兵种建制，赵雍是第一人。

表面上，大家对改革不说怪话了，但赵雍很清楚文武大臣们更多是慑于自己的权威，口服而非心服。因此，在改革初成的第二年（公元前 306 年），他决定用行动进一步说服众人，于是先打中山，再击林胡，都取得了胜利。这两个国家以前经常欺负赵国，现在落败，国人出了恶气，自然更加支持"胡服骑射"。通过军事胜利，赵雍不仅成功化解了保守派的担心——换装胡服会影响赵国人的民族存在感，而且加强了国民的民族认同感。

5 年后的公元前 302 年，赵雍下令将军、大夫、适子、代吏都换上胡服，标志着"胡服骑射"改革目标基本实现。

---

① [西汉] 司马迁:《史记》卷四十三《赵世家第十三》，中华书局，1999 年，第 1469 页。

② 何建章注释:《战国策注释》卷十九《赵策二》，中华书局，1990 年，第 703 页。

赵国既然屡战屡胜，为何最终被秦灭国？

赵雍在位期间，赵国的国势以“胡服骑射”为分水岭，明显分为两个阶段。前一阶段，赵国屡战屡败，特别是至少5次败在秦国手里，最惨的一次被人家干掉8万人。[①] 从“胡服骑射”开始至赵雍去世的12年中（公元前307—公元前295年），赵国对外用兵达12次[②]，几乎每年一次，而赵军完全脱胎换骨，在对外战争中屡战屡胜。

赵雍最满意的成果，是灭掉了中山国。公元前296年（赵惠文王三年），已经退位为太上皇的赵雍趁齐国先后与楚、秦大战没空，亲率20万大军征讨中山国，彻底将其从地球上抹掉。历代赵国国君的夙愿终于在自己手里实现，赵雍非常兴奋，在宫里请客，群臣连续5天大吃大喝。在这之前，赵军还进击了林胡、楼烦，直接与“师傅”过招。“胡服骑射”实行第二年，赵国就把林胡赶得老远，扩地千里。十年之后（公元前297年），又主动出击楼烦，将其骑兵收编。这些古国恐怕多数人没什么概念，实际就是赵国的北疆扩张到了今天的河北北部、山西北部，直至内蒙古托县一带。

当生存不是问题，赵雍的信心升级为野心，遂“有吞并天下之心”，并打算首先搬掉最大的障碍——秦国。赵国有这样的条件和资本：灭中山，解决了心腹之患；收林胡、楼烦，不仅积累了更多骑兵资源，还开辟了从北面突袭秦国的新通道（而不是六国攻秦的单行道函谷关）。

说起来，赵国与秦国本是远亲，按司马迁的说法：“赵氏之先，与秦共祖。”[③] 赵雍想与秦国搞好关系的时候，经常打这张感情牌。不过，竞争关系大于亲戚关系，两家还是斗得多。为进攻秦国，赵雍做了不少功课，最惊人的一件事，是大胆化装为外交随员出访秦国，对进军路上的地形地貌进行考察，甚至以身犯险到秦宫内殿观察秦昭王的气质和为人。只是赵雍的气场实在太强，秦昭王

---

① ［西汉］司马迁：《史记》卷四十三《赵世家第十三》，中华书局，1999年，第1465页。

② 包括对中山用兵五次，对“三胡”出兵两次，对中山和“三胡”同时用兵三次，对秦国、燕国各一次。

③ ［西汉］司马迁：《史记》卷四十三《赵世家第十三》，中华书局，1999年，第1449页。

回头发现不对劲，觉得他怎么都不像普通人，欲命人逮来问问。赵雍第六感很强，意识到可能暴露，连夜跑回赵国去了。[①]这次侦察把秦国上下吓出一身冷汗，赶紧加强戒备。赵雍见袭秦企图暴露，就未立即付诸行动。

在战国七雄中，最强的是西面的秦国和东面的齐国，赵国夹在中间腹背受敌，居然能与之平起平坐。《战国策·赵策》记载，赵国“曾抑强齐四十余年，而秦不能得所欲”[②]。即使在赵雍身死、六国合纵失败、各国纷纷避让秦军的情况下，赵军仍在公元前 270 年、公元前 269 年两次大败秦军，其中一次仅以 5000 骑兵就打败了 10 万秦军。赵国军力强大，成为秦国东扩难以逾越的屏障。名嘴张仪曾对赵雍说：“大王收率天下以宾秦，秦兵不敢出函谷关十五年。大王之威行于山东，敝邑恐惧慑伏。”[③]此言虽有奉承之意，但也是事实。纵横家苏秦也说过：“当今之时，山东之建国，莫如赵强……秦之所畏害于天下者，莫如赵。”[④]

问题是，这么强的赵军最后怎么还是被秦给灭了呢？

榜样的力量是无穷的，赵军经过“胡服骑射”，在实战中显示出了巨大威力，其他国家纷纷效仿。好在“胡服骑射”门槛不高，不就换套衣服吗，几乎没什么技术难度，容易学，所以大家毫不犹豫把马匹从战车中解放出来，纷纷搞起了骑兵。结果，赵国骑兵的优势逐渐被抵消，此后比拼的就是指挥艺术和综合国力了。

先来看指挥。赵、秦两国都出了不少名将，比如赵国有李牧、廉颇、赵奢，但一个被冤杀，一个被弃用，一个病死，最后赵国昏头昏脑用了一个只会纸上谈兵的赵括。秦国名将不比赵国少，白起的名字绕不过去。他尽管被迫仰药自尽，但死之前干成了一件大事——在长平之战中大败赵军，还坑杀了 40 万降卒，使赵国元气大伤，从此一蹶不振。正所谓“将帅无能，累死三军”，“胡服骑射”

---

① [西汉] 司马迁:《史记》卷四十三《赵世家第十三》，中华书局，1999 年，第 1472 页。

② 何建章注释:《战国策注释》卷十九《赵策二》，中华书局，1990 年，第 745 页。

③ [西汉] 司马迁:《史记》卷七十《张仪列传第十》，中华书局，1999 年，第 1808 页。

④ 何建章注释:《战国策注释》卷十九《赵策二》，中华书局，1990 年，第 656 页。

改革后的赵军再厉害，但摊上一个差劲的将军，如同绵羊率领的狮子军队，只有挨宰的份。

再来看国力。赵国是骑兵改革的领头羊，被秦国视为统一天下的最大障碍。为此，秦国几十年来坚持不懈地攻赵，不给对方休养生息的机会。最终，秦国凭借更强大的财力，还有更雄厚的马业和弓弩制造能力，在长平之战中利用赵括的无能，彻底把赵国打残了。

尽管赵最终为秦所灭，但赵雍“胡服骑射”的勇气和创举，仍被千古传颂。或因如此，郭沫若 1961 年秋游赵国旧地，大发感慨：“胡服骑射思雄才。”

赵武灵王失策在哪儿？

对赵武灵王评价最高的要数梁启超，直接抬高到了“黄帝以后第一伟人”的地位，并认为“胡服骑射”后的赵军比古希腊的斯巴达人还厉害。[①] 不过，也有人对赵武灵王看不惯，此人就是汉代著名史学家班固。他认为人分九等，赵武灵王只能排在倒数第二等，与儿子赵章排在一起，还不如大臣肥义（第二等）。[②]

赵武灵王“胡服骑射”军事改革的成效的确立竿见影，但表面成功的背后潜伏着巨大风险和危机。

第一，没有寻找新的军事增长点。

春秋战国时期有多次变法，赵国的“变法”最特殊——只针对军事进行改革。赵武灵王作为一国之君，改革却只奔着军事去，缺乏通盘考虑，在经济和政治领域几乎没什么动作。政治、经济、军事是三驾马车，赵国在军事上跑得太快太远，政治和经济上却在慢慢踱步，导致马车有分崩离析之虞。在改革的系统性、全面性和和谐性上，赵雍比起商鞅来，差之甚远。由于与军事配套的政治和经济改革没跟上，赵国国力后劲不足，在与秦国的长期抗衡中渐落下风。

---

① 梁启超：《赵武灵王传》，《新民》1903 年 11 月 2 日。

②［东汉］班固：《汉书》卷二十《古今人物表第八》，中华书局，1999 年，第 824 页。

在长达 3 年的长平之战中，赵国耗不起，出现粮荒，居然到了要向齐国借粮的地步，而后者却落井下石不借。有人说，如果不是“三家分晋”，而是由赵国统一打理晋国的地盘，有雄厚的经济基础支撑，最后哪家统一六国还不好说。笔者认为，赵国与秦国的战略相持也许会更持久，但如果政治和经济上没有改革、改进和改善，最终也将落败。

第二，没有处理好军事与政治的关系。

赵国建立后，围绕王位继承发生争斗乃家常便饭，是一直解决不了的老大难问题。每逢新老国君交接班，总会发生一番武斗，内耗国力。赵雍想打破这个魔咒，采取了一个出人意料的做法：自己正当盛年之际（公元前 299 年），把位子传给了年仅 11 岁的“次子”赵何（赵惠文王）。

赵雍才 40 岁左右，正当年富力强，为什么突然主动隐退当起太上皇？

这可能与赵雍本人的经历有关。赵雍即位时年仅 15 岁，没有父皇指点，被王叔赵成控制，学会治国理政花了不少时间。因此，赵雍想让儿子早点儿接班，亲眼看到他尽快成长起来。同时，赵雍也有战略上的考量：把内政交给儿子，自己专事武功，负责开疆拓土。

从理论上看，这一安排很有创意，也具有可行性。可惜，赵雍有个致命弱点——感情用事，在选接班人的问题上左右摇摆，最后出了岔子。传位给次子赵何后，赵雍又觉得对不住长子赵章，想搞“一国双王制”，南北分治。在赵武灵王看来，晋国可以分为赵、魏、韩三家，既然有了这个先例，赵国再分为两家也不是不可以。

赵章本来都死心了，得到这个消息后就好像抓到了救命稻草，野心迅速膨胀。公元前 295 年，赵章在沙丘（赵国别宫，位于今河北平乡县东北）发动政变，企图杀掉弟弟赵何后自己上位。不过，赵何此时羽翼已丰，身边有一群足智多谋的文臣武将，对政变早有准备。结果，赵章兵变失败，躲到父亲赵雍那里寻求庇护（父子三人各居一宫），但仍难逃一死。

下令杀掉赵章的是两个人，一个是赵雍的叔叔、宰相赵成，另一个是司寇李兑。两人犯下的事可不轻，按赵国国律当处“夷刑”，也就是灭族。但他们太了解赵雍了，料定自己会遭到清算，干脆一不做二不休，大门一锁，直接把太上皇赵雍软禁在宫中。整整三个多月后，两人觉得赵雍不可能还活着，然后才开启宫门，发现其尸体果然已枯瘪，身边还有鸟蛋的壳。显然，赵雍是被生生饿死的，最后时刻都上房檐掏鸟蛋吃了。历史上饿死的人多了去了，但饿死的皇帝极少。就笔者目力所及，好像就三位吧，除了齐桓公和南梁佛教皇帝萧衍，就是这位赵武灵王了。

司马迁叹道：“犹豫不决，故乱起，以至父子俱死，为天下笑，岂不痛乎！”[①] 梁启超则大胆推测：“使主父（赵武灵王——笔者注）而永其年，则一统之业，其将不在秦而在赵。”[②] 赵雍谥号赵武灵王，何意？按照东汉名士蔡邕的解释：“克定祸乱曰武，乱而不损曰灵。”[③] 赵武灵王虽然英年早逝，但“胡服骑射”的成果保留了下来，泽被后代，影响深远。

---

① [西汉] 司马迁：《史记》卷四十三《赵世家第十三》，中华书局，1999 年，第 1474 页。

② 梁启超：《赵武灵王传》，《新民》1903 年 11 月 2 日。

③ 据东汉蔡邕《独断》下《帝谥》载：“克定祸乱曰武，乱而不损曰灵。”

汉匈大战为何先大胜后大败?

——汉武帝盛世的军事改革

英国著名军事学家富勒认为，游牧民族是进攻大师，农耕民族是防御大师，后者一般打不过前者。不过，他对东方的军事史可能不够了解，不清楚有人用成功的实践颠覆了他的结论。这个人，就是汉武帝刘彻。

汉武帝承接文景之治，改弦更张，不再无为而治。他大刀阔斧进行军事改革，然后征战四方，尤其是北伐匈奴，经过几次阶段性战役，在漠北决战中重创对手，迫其西迁，充分显示了军事改革的成果。然而，当汉武帝想痛打落水狗——彻底消灭匈奴时，却力不从心，不仅三战连败，而且内部动乱，险些重蹈秦朝短命而亡的覆辙。不少人以为，漠北决战是汉匈大战的终点，其实它只是“中点”。

毛泽东说汉武帝“略输文采”，其实他对刘彻的评价远不只是《沁园春・雪》中这四个字。1957 年 6 月 17 日，毛泽东在和吴冷西等人谈话时说：“汉武帝雄才大略，开拓刘邦的业绩，晚年自知奢侈、黩武、方士之弊，下了罪己诏，不失为鼎盛之世。”①

刘彻在长达 54 年（公元前 140 年—公元前 87 年）的皇帝生涯中，差不多经历了一次跌宕起伏的“过山车”。

改革的桃子熟了

中国历代封建王朝开国后，经过前几代皇帝励精图治，一般会迎来一个国

---

① 吴冷西:《新闻的阶级性及其他——毛泽东几次谈话的回忆》, 载《缅怀毛泽东》(上), 中央文献出版社, 1993 年, 第 206 页。

势鼎盛的时代。此时，当家的天子无疑是最幸福的——没有打天下的艰难，也没有治天下的辛劳，更没有忧天下的苦恼，只有用天下的资本和机会。在西汉，这个生在帝王家的幸运男人叫刘彻。

有钱。

中学时代学过中国历史的都知道，西汉有个著名的“文景之治”。为了国计民生，皇帝省吃俭用，为自己盖个房子都舍不得花钱。这样一来，经过前四代皇帝约 70 年的苦心经营，西汉积累了大量财富。《史记》中有段文字形容汉武帝即位时国家之富足非常有名，几乎被引用滥了：“民则人给家足，都鄙廪庾皆满，而府库余货财。京师之钱累巨万，贯朽而不可校。太仓之粟陈陈相因，充溢露积于外，至腐败不可食。众庶街巷有马，阡陌之间成群，而乘牸牝者摈而不得聚会。”① 简单地说，就是“四多”——钱多、粮多、马多、人多。身体孔武有力了，难免想通过实践证明一下肌肉的力量，“无为而治”必然成为过去时。如何展示？最直接的方式当然是武功。

有欲。

汉武帝是个不甘心守成的皇帝。在诏书中，他不止一次表达改革的愿望，并寻找各种“借口”。公元前 128 年（元朔元年），他从自然界找理由：“朕闻天地不变，不成施化；阴阳不变，物不畅茂。”② 公元前 122 年（元朔六年），他又从历史上找依据：“五帝不相复礼，三代不同法。”③ 当然了，这些都是包装，褪去外套，最本质、最核心、最真实的东西显露出来了——汉武帝内心难以遏制的扩张欲望。早在即位第一年（公元前 140 年，即建元元年），汉武帝就在董仲舒面前畅谈自己的理想：“德泽洋溢，施摢方外，延及群生。”④ 当时的汉武帝年轻气盛，他这点小心思在精明的大臣们眼里透亮透亮的。在朝堂上，黄老之

①［西汉］司马迁：《史记》卷三十《平准书第八》，中华书局，1999 年，第 1205 页。

②［东汉］班固：《汉书》卷六《武帝纪第六》，中华书局，1999 年，第 120 页。

③［东汉］班固：《汉书》卷六《武帝纪第六》，中华书局，1999 年，第 123 页。

④［东汉］班固：《汉书》卷五十六《董仲舒传第二十六》，中华书局，1999 年，第 1900 页。

学的粉丝汲黯曾当面说汉武帝“内多欲而外施仁义”[①]。汉武帝被点破，脸上挂不住，气得立即宣布退朝。

有仇。

汉武帝摆出对匈奴开战的理由，重点说到世仇。公元前 200 年，刘邦亲率 32 万大军御驾亲征匈奴，不料在白登山（今大同市东马铺山）陷入匈奴 30 万骑兵四面围困，险些创造开国皇帝被俘的尴尬纪录。经此大挫后，西汉一直对匈奴取守势战略，并以“岁岁纳贡”为代价换取对方不内侵。匈奴对西汉“孝敬”的礼物照单全收，不够用时还在边境侵掠，每年杀掳的汉人达 1 万多人（仅辽东和云中地区），甚至有一次打到离长安仅 200 公里的地方。匈奴气焰嚣张到什么程度呢？刘邦死后，冒顿单于致信调戏吕后，言语十分轻慢：“陛下独立，孤愤独居，两主不乐，无以自虞（同“娱”——笔者注），愿以所有，易其所无。”[②]说白了，就是要吕后去做他的妃子。吕后尽管气得不行，回信却尽是软话，称配不上冒顿。为此，吕后不惜自毁形象，说自己“年老气衰，发齿堕落，行步失度，单于过听……”[③]。汉文帝和汉景帝虽然也曾反抗过，不过均以失败告终。例如，公元前 166 年，文帝拒绝和亲，竟引来匈奴 14 万大军。汉军受命迎击，结果竟是惧而不战。到最后，文帝只能屈辱求和。这种情况持续了近 70 年之久！

有条件、有愿望、有理由，汉匈大战如箭在弦，一触即发。

不过，汉武帝身边的人，绝大多数还在紧紧拥抱过去，包括太子。太子劝谏不要兴兵杀伐，汉武帝的回答是：“吾当其劳，以逸遗汝，不亦可乎！”[④]在

---

①［东汉］班固：《汉书》卷五十《张冯汲郑传第二十》，中华书局，1999 年，第 1773–1774 页。

②［东汉］班固：《汉书》卷九十四上《匈奴传第六十四上》，中华书局，1999 年，第 2779 页。关于汉匈大战的历史，《史记》与《汉书》有不少地方重复记载。对此，笔者一般作如下处理：相似的记载采用《史记》，《史记》中没有的记载采用《汉书》。

③［东汉］班固：《汉书》卷九十四上《匈奴传第六十四上》，中华书局，1999 年，第 2779 页。

④［宋］司马光：《资治通鉴》卷二十二《汉纪第十四·世宗孝武皇帝下之下》，中华书局，1956 年，第 727 页。

卫青面前，汉武帝说得更明白：“汉家庶事草创，加四夷侵陵中国，朕不变更制度，后世无法；不出师征伐，天下不安。为此者，不得不劳民。若后世又如朕所为，是袭亡秦之迹也。”[①]

汉武帝即位时年仅 16 岁，一段时间内尚不能亲政，而由窦太后主政，继续执行和亲政策。7 年之后，西汉国力更盛，已具备与匈奴一争高下的资本。于是，23 岁的汉武帝决定不再忍受下去。

不过，万事俱备，只欠东风，还有最重要的东西没准备好——军队。

一切为了打仗

汉初对匈奴取战略守势，军队也被塑造成一支战略防御型军队。要消灭匈奴，显然要对军队进行彻底改造，打造成一支战略进攻型军队。这，需要进行方向性军事改革。

一是抓“权”。

皇帝是全国的领导，什么都得听他的，还需要集权吗？需要。权力是个好东西，但治理一个国家，乱七八糟的事情实在太多，皇帝一个人不可能管得过来。所以，他需要先把权力集中到自己手里，再将部分权力下放到听话的人手中。

汉初，搞无为而治，休养生息，不主动求战。因此，在相当长的时期内，军队居然没有常设的专职最高首长，军务由丞相兼管。只有打仗时，太尉（名义上的最高军事首长）才临时出来代几天，打完仗又把军权还给丞相。丞相一系的文官，不喜欢打仗，除非对方要自己的命，否则绝不主动开战。所以，汉初的战事，多为被动防御型。

汉武帝要对匈奴用兵，不管是决策还是执行，都得绕开丞相这个障碍，这意味着得把军权从丞相手中拽出来。公元前 140 年（建元元年），汉武帝任母

① [宋] 司马光：《资治通鉴》卷二十二《汉纪第十四·世宗孝武皇帝下之下》，中华书局，1956 年，第 726 页。

舅田蚡为太尉。没有战事，却恢复太尉一职，自然不寻常，目的就是要丞相交出军权。这只是第一步，过渡一年后，汉武帝又迈出了第二步——撤销田蚡的“太尉”职，从此不再设置。不过，军权并没还给丞相。那么谁来管呢？汉武帝自己。

这样一来，汉武帝想升谁的官，升多高，完全自己说了算，随心所欲，不必先经过丞相点头。现在，将军们只需要对皇帝负责，政府被晾在一边。也就是说，汉武帝可以甩开膀子干一票了。

二是换“将”。

汉武帝从父亲景帝那里继承了一批将军，知名的如韩安国、李广、公孙敖、公孙贺，但他们几乎都有一个致命缺陷——只愿意也只会打战略防御战，不擅长主动进攻。

汉武帝并非完全不信任父亲留给自己的军事人才，也给了他们机会，但发现他们不堪所望。公元前 133 年（元光二年），汉武帝派韩安国、李广、公孙贺、王恢等率领 30 万大军，准备在马邑（今山西朔县，当时属雁门郡）诱歼匈奴军臣单于（冒顿之孙）。不料，单于看出破绽，还没到伏击区就撤了。匈奴没有进入伏击圈，但负责断其后路的王恢一路还是有机会截击，竟未敢出击。马邑伏击战，汉军出动 30 万人，对付单于率领的 10 万人，本是个很好的机会，居然无功而返，而且还暴露了战略企图。汉武帝非常恼火，把王恢杀了才解气。于是，汉武帝得出结论——老将们不中用了，必须从青年才俊中选拔新生代将帅。

如何观察和发现人才呢？

汉武帝决定亲力亲为，办法是在宫廷和宫城近卫军中新建几支部队，并且多从“名将多出焉”[1] 的北部边郡挑人。若稍加留意就会发现，汉武帝时期的名将大多具有相似身份——宫廷侍卫武官出身。最典型的莫过于卫青与霍去病：卫青——出身羽林（增设的宫廷近卫军，约 2000 人）；霍去病，侍中出身。

---

①［东汉］班固：《汉书》卷二十八下《地理志第八下》，中华书局，1999 年，第 1312 页。

三是崇“武”。

前面说到，太尉变成了时有时无的职位。军队统帅都混得这么差，其他人更不用提了。就这状态，要让军人们把脑袋别在裤腰带上，去进攻如狼似虎的匈奴，谁会有多大干劲儿呢？

所以，汉武帝决定提高军人地位，而且速度要快，步子要大。公元前124年（元朔五年），汉武帝将卫青提拔为大将军。这是个什么级别的官呢？相当于国防部长兼丞相，军政大权一把抓，不仅管分内的军事，连属于丞相的政事和民事也可以插手，弄得宰相越来越没事可干，成了闲职。丞相府门前以前车水马龙，门槛都要被踏破，这以后就不行了，门可罗雀。史载：“坏以为马厩车库奴婢室矣。”①

为了刺激普通军人的积极性，汉武帝还设立了“武功爵”。这个点子，商鞅已经试过了，效果很好。汉武帝进一步将其发扬光大，总原则不变——杀敌数量越多，斩首级别越高，获得的官爵和赏赐越好。② 在汉武帝手里，受封侯爵共98人，其中将军为侯者53人，匈奴及其他少数民族降汉者29人，两者所占比例为92%，靠亲戚或世袭关系而非军功封侯的也不是没有，但只有可怜的7人。③ 立下军功，除了官爵，还有银子。漠北大战获胜后，汉武帝掏出50万金用于奖赏。④ 这是什么概念？相当于西汉一年的财政收入！

四是增“马”。

据军事学家研究，一个骑兵的战斗力相当于50个步兵！⑤ 汉武帝要摆平匈

---

①［东汉］班固：《汉书》卷五十八《公孙弘卜氏儿宽传第二十八》，中华书局，1999年，第1992页。

② 汉武帝批设了11等武功爵，军人根据战功大小被赐授相应爵位。授予个人武功爵一般考虑两个因素：一是杀敌数量（杀敌2人，可升1级；杀敌5人，可升2级；杀敌8人，可升3级）；二是所杀敌之身份地位（杀敌首1人，可升1级）。对集体立功的，则重赏其统兵将领，如杀敌8000人以上可封列侯。参见军事科学院主编：《中国军事通史》第五卷《西汉军事史》，军事科学出版社，1998年，第207页。

③ 据《史记》卷二十二《汉兴以来将相名臣年表第十》、《汉书》卷十九下《百官公卿表第七下》、《汉书》卷十八《外戚恩泽侯表第六》。

④ 宋超：《汉匈战争三百年》，华夏出版社，1996年，第33页。

⑤ 白音查干等：《匈奴：不可忘却的草原民族》，《中国国家地理》2007年第10期，第246页。

奴，没有足够的马是不行的。尽管汉武帝继承了 30 万匹马的丰厚遗产，但由于只有 5~16 岁的中龄马[①]才适合做战马。这样一排除，可以用来对匈奴作战的马就不多了，必须增马。

养马是哪个衙门负责呢？太仆寺。问题是，养马只是太仆寺分管的众多事务之一。公元前 115 年（元鼎二年），汉武帝新设水衡都尉一职，把太仆寺所属的天子六厩划走，使太仆寺能够专心发展军马。此举效果明显，仅边境 36 个马场的马匹数量就增加了 10 万之多。

除了太仆寺这个“国营单位”，汉武帝还积极鼓励民间养马。《汉书·武帝纪》中有这样一句话：“天下马少，平杜马匹二十万。”[②]啥意思呢？西汉前期已经在用价格杠杆刺激马匹私营，一匹马的价格涨到过 1 万钱，但到了汉武帝这里，一下子提高到 20 万钱！[③]既然养马这么挣钱，老百姓当然趋之若鹜，根本不需要进行苦口婆心地劝说和动员。这么好的政策，居然还有“刁民”不满意。怎么回事？有人说了：俺不想要钱，俺想当官。但这种事要是应下来，那就是卖官鬻爵，可是为了获得更多的马匹对付匈奴，汉武帝一咬牙——准了！

汉武帝多管齐下，使养马在西汉成了一项全国、全军、全民运动。经过一段时期的“大跃进”，养马事业成效斐然。史载：“长城以南，滨塞之郡，马牛放纵，蓄积布野。”[④]

漠北大捷竟成为汉军转败的分水岭

汉武帝军事改革的成效如何？

用事实说话：经过 14 年（公元前 133 年—公元前 119 年）的 7 次大小战役，特别是漠北决战，西汉大败匈奴，占领并巩固了河西、河南、漠南数千里的国

---

① 马的寿命一般 20~30 岁，5 岁以前是幼龄马，5~16 岁是中龄马，16 岁以后是老龄马，显然中龄马最适合做战马。另外，母马一般 4 岁才怀孕，孕期约 11 个月。

②［东汉］班固：《汉书》卷六《武帝纪第六》，中华书局，1999 年，第 127 页。

③ 军事科学院编：《中国军事通史》第五卷《西汉军事史》，军事科学出版社，1998 年，第 200 页。

④［西汉］桓宽：《盐铁论》卷八《西域》，上海人民出版社，1974 年，第 96 页。

防线。匈奴受到沉重打击，哀叹：“亡我祁连山，使我六畜不蕃息；失我燕支山，使我嫁妇无颜色。”[①] 匈奴被赶到更北的漠北，没有水草，无法生存，被迫远迁西北。

漠北决战是汉匈大战的顶点，但吊诡的是，这一战竟成为汉武帝赫赫武功的转折点，之后继续对匈奴作战居然无一胜绩。

漠北大胜后，汉武帝本想再接再厉将匈奴彻底从地球上抹掉，但苦于人力、物力和财力消耗太大，难以支撑继续大战。特别是汉军在漠北决战中损失战马10余万匹，“以汉马少”[②]，基本上已经没资本实施远程追击，只好休战。再说，匈奴也采取避战策略，迁徙到了大西北，跑得更远了，不给汉军决战的机会，使自己获得长约20年的喘息之机。其间，军事天才霍去病与卫青先后去世[③]。但汉武帝一直惦记着匈奴，并于公元前104年（太初元年）搞了一个大动作：派出几万人的远征军（非汉军主力部队），到西域的大宛（大概在今费尔干纳盆地）抢“汗血宝马”。

此时，接连传来几个好消息：

第一，匈奴单于新老交替（公元前105年），新王乌师庐（称儿单于）为巩固地位，喜好杀人，搞得人人自危，匈奴内部不稳；

第二，儿单于即位当年冬天，遇大雪，牲畜被冻死不少；

第三，匈奴麾下左大都尉准备杀掉儿单于降汉，请求汉武帝发兵接应。

得到这些消息，汉武帝当然非常开心，于是在阴山（今内蒙古白云鄂博以西60公里处）修好了受降城。随后，汉武帝派赵破奴率军2万，准备在浚稽山接应左大都尉。不料，传来的竟是噩耗——赵破奴被生擒，全军覆没。原来，

---

①［西汉］司马迁：《史记》卷一一〇《匈奴列传第五十》，“西河旧事”注引，中华书局，1999年，第2225–2226页。“燕支山”，也作“焉之山”，在今甘肃省张掖市山丹县东南50公里处，公元前121年被霍去病所夺。

②［东汉］班固：《汉书》卷五十五《卫青霍去病传第二十五》，中华书局，1999年，第1894页。是役，汉军出动战马24万多匹，人员50万。

③ 公元前117年（元狩六年）、公元前106年（元封五年），24岁（虚岁）的霍去病与卫青先后去世。

左大都尉计划泄密，被杀了。儿单于随后派出 8 万骑兵埋伏在浚稽山……坏消息接踵而至——李广利（汉武帝宠妃李夫人之兄）在西域折腾了 2 年，伐大宛抢马失败，几万人被打得只剩十之一二！

汉武帝是个不甘心失败的人，他想要的东西一定要得到。公元前 102 年（太初三年），汉武帝再次组织 24 万人的远征军（6 万前军，18 万预备队），花了 1 年时间，总算得到了大宛王的人头，并运回上等马数十匹，中马以下牝牡 3000 多匹。① 汉武帝高兴坏了，即兴作诗表达喜悦之情："天马来兮从西极，经万历兮归有德。乘灵威兮降外国，涉流沙兮四夷服。" ② 说实话，这次战果不算多，但汉军付出的代价可不小：前后打了 4 年，损兵 5 万余人，而且花掉军费上亿万！ ③ 可见，汉武帝为了得到好马，简直不惜代价。

于是，汉武帝觉得再次收拾匈奴的时候到了。

公元前 99 年（天汉二年），汉武帝派李广利等率军 5 万出征。这次出动兵力不多，显然有试探性质，毕竟有十几年没和匈奴正式交手了。李广利一路 3 万人是主力，寻歼匈奴未得，反而在归途中被人家包围，虽然杀敌 1 万，但自损 2 万。更可惜的是李陵，本来汉武帝只是让他当李广利的后勤部长，可李陵认为是耻辱，非要到前线打仗，还说要直捣单于老巢。④ 最后，汉武帝说行，但没马。所以，李陵只能率步兵 5000 出战，失去机动性，先后被 3 万匈奴骑兵和 8 万匈奴骑兵围着打。至于后面的事，大家都知道了。

汉武帝自然不甘心失败，也不会就此收手。公元前 98 年（天汉三年），他下令倾力北征，出动 21 万人，分四路出击。漠北决战，汉军作战兵力不过 10

---

①［东汉］班固：《汉书》卷六十一《张骞李广利传第三十一》，中华书局，1999 年，第 2045 页。

②［西汉］司马迁：《史记》卷二十四《乐书第二》，中华书局，1999 年，第 1039 页。

③［东汉］班固：《汉书》卷七十《傅常郑甘陈段传第四十》，中华书局，1999 年，第 2266 页。

④ 李陵曾豪气干云地向汉武帝表示："愿以少击众，步兵五千涉单于庭。"李陵率领的 5000 荆楚勇士是其亲自训练出来的，个个都有"力扼虎，射命中"的本事，所以匈奴 3 万人竟奈何不得。见此，单于又增援 8 万骑兵。饶是如此，李陵还是率兵突围到离大部队只有百里之地。如果不是内部有人向匈奴告密说李陵兵寡箭少，也许李陵能突围出去。

余万，此番出征竟达 21 万，显见汉武帝欲再展漠北之战辉煌的雄心。不过，有两个细节值得注意：（1）此次出击的汉军中骑兵一共仅 7 万，反不如漠北决战时 10 余万的骑兵规模；（2）不少汉军是正在服刑的囚犯。① 这两个细节说明，西汉国力、军力明显不足，已显疲态。

这次只有李广利一路与匈奴接战，13 万对 10 万表面上兵力占优，但因骑兵仅 6 万，实际处于下风。果然，李广利再次大败。其他几路听说后，担心被匈奴“包饺子”，不战而退。

之后，汉匈均忙于内政，互无攻伐。8 年后（公元前 90 年，即征和三年），内政稳定下来的匈奴主动挑衅，攻入五原和酒泉两郡，杀汉都尉，大有重占上风之势。汉武帝不肯示弱，决定反击。汉军共出动 14 万，兵分三路，不再寻歼匈奴主力，而欲捣毁其后方基地。这次，汉军表现比上次好，也比上次坏。好在哪儿呢？两路未败；坏在哪里呢？李广利率领的 7 万主力军被单于所率 5 万人打败，全军覆没，同时李广利也降了匈奴。② 讽刺的是，约 30 年前，卫青率 5 万汉军追击匈奴单于，最远进至燕然山（今内蒙古杭爱山）；现在，7 万汉军却在同一个地方折戟沉沙。

燕然山之战是汉武帝在位期间与匈奴的“最后一次大战”，同时也是他用兵匈奴以来“最大一次败仗”。这回轮到狐鹿姑单于趾高气扬了，他于公元前 89 年致书汉武帝，要钱、要物、要粮、要酒，还要汉武帝嫁女，否则就要寇边。此时，汉武帝已垂垂老矣，加之连连受挫，已无当年雄心壮志，两年后便郁郁而终。③

退一步说，即使汉武帝实现夙愿将匈奴从地球上抹掉，北方还会崛起新的游牧民族。魏晋南北朝时期，北方有鲜卑、柔然；隋唐时期，北方有突厥、丁零（铁勒）；宋代，北方有契丹、西夏、女真……一个游牧强邻消失了，必然有

---

①《中国历代战争史话》，军事译文出版社，1987 年，影印本，第 238 页。

② 李广利投降匈奴后娶单于女，待遇极高，引起匈奴贵族嫉恨，遭到诬陷，后被单于杀之祭祖。

③ 匈奴后迁到郅支城（今哈萨克斯坦南部），被西域都护甘延寿及其校尉陈汤歼灭（公元前 36 年）。陈汤斩杀郅支单于，并说出了一句千古名言：“犯强汉者，虽远必诛！”不过，直至东汉和帝时期，匈奴发生分裂，汉朝才真正降伏匈奴。

另一个填补真空，反正都不会有农耕民族的份儿。汉武帝攻占匈奴地盘后就移民固边，但有道雷池无法逾越——“15 英寸等雨线”[①]。这是农耕民族与游牧民族的天然界限，再向北移民，种不出粮食，毫无意义。所以，越到后来，汉武帝干的就是一单“只有投入，没有产出”的亏本生意，做得越大，亏得越多。

汉武帝差点步秦二世后尘

汉武帝后期对匈奴用兵，居然输了个 0∶3，完全失去了漠北决战等战役的锐气、虎气和霸气。为什么会这样?

两个因素很重要。

一是地理因素。漠北决战后，西汉国力大损，已不能再组织漠北决战那样几十万人规模的后勤保障。因此，匈奴“诱敌深入”的战略开始发挥作用，不但经常用伏兵拦击北进之汉军，还屡屡截杀回师途中的汉军。

二是骑兵因素。西汉骑兵严重不足，进退均失去机动性。以燕然山之战为例，在三路汉军中，一路全是步兵，另外两路是步骑混编，且步兵数量超过骑兵（李广利一路是 7∶6，公孙敖一路是 3∶1）。步兵在进攻中难有用武之地，在撤退时又往往成为累赘。

汉匈大战，从第一仗到最后一仗的 43 年里（公元前 133 年—公元前 90 年），23 年都在打仗，大战不下 10 场，汉武帝一个人前后对付了七任匈奴单于[②]。汉匈战争前期，汉军屡战屡胜，后期屡战屡败，如果仅仅从军事上找原因，不能得到完美解释，必须扩大视野。简单地说，就是“四多”（钱、粮、人、马）变成了“四少”。

在汉武帝之前，西汉每年支出军费约为 10 亿，而汉匈战争期间每年增至

---

① 黄仁宇:《中国大历史》，生活·读书·新知三联书店，1997 年，第 25 页。

② 根据匈奴世系表，汉武帝在位期间（公元前 140 年—公元前 87 年）的匈奴单于依次是：军臣（公元前 161 年—公元前 126 年）、伊稚斜（公元前 126 年—公元前 114 年）、乌维（公元前 114 年—公元前 105 年）、乌师庐儿（公元前 105 年—公元前 102 年）、呴犁湖（公元前 102 年—公元前 101）、且鞮侯（公元前 101 年—公元前 96 年）、狐鹿姑（公元前 96 年—公元前 85 年）。参见林幹:《匈奴史》，内蒙古人民出版社，1979 年，第 193 页。

数十亿甚至上百亿。汉武帝不只对北方的匈奴开战，还对东之朝鲜、西之西域、南之南越三个方向全面出击，光打匈奴就花掉军费1000亿以上！这是什么概念？相当于汉朝20年的财政总收入。[①]到公元前116年（元鼎初年），国库状况惨不忍睹，“陈臧（藏）钱”告罄[②]，以至“税赋既竭，不足以奉战士”。结果，“财匮，战士颇不得禄”[③]。

汉武帝采取的所有措施，几乎都是围绕军事运转，经济也被纳入战时轨道。最影响民生的一个措施，就是“重税”政策。在诸多征税名目中，最有代表性的是“口钱”。汉初只对15～60岁的人征税，每人120钱。汉武帝则把征税对象扩大，3～15岁都要交“口钱”，每人23钱。史载：“武帝征伐四夷，重赋于民。民产子三岁则出口钱，故民重困。”[④]3岁小孩根本没有劳动能力，一个子儿也挣不到，却还要交税。汉武帝如此过分，逼得老百姓只好“生子辄杀”[⑤]。

汉武帝不是只欺负小老百姓，交税的事人人有份，而且富人交得更多。如果你有房产，交税；如果你有马车，交税；如果你做生意赚了钱，交税……有钱人如果偷税漏税，汉武帝早有对策：一旦被告发，没收其财产，一半归公，一半分给告发者。[⑥]结果，全国“中产阶级”以上家庭，财富基本都被汉武帝以“全民运动”的方式给夺走了。[⑦]这是变相抢钱，竭泽而渔。

另外，连续几十年穷兵黩武，导致人口数量由4000万剧减到2000万。史载：“天下虚耗，户口减半。”[⑧]汉武帝时期，对外作战27次（其中对匈奴19

---

① 刘娜娜:《论汉武帝的矛盾性格与是非功过》，硕士学位论文，山东师范大学，2011年，第11页。

② 庄春波:《汉武帝评传》，南京大学出版社，2001年，第218页。

③［东汉］班固:《汉书》卷二十四下《食货志下》，中华书局，1999年，第972页、第976页。

④［东汉］班固:《汉书》卷七十二《王贡两龚鲍传第四十二》，中华书局，1999年，第2304页。

⑤ 同上。

⑥［东汉］班固:《汉书》卷六《武帝纪第六》，中华书局，1999年，第130页。原文为：“令民告缗者以其半与之。”

⑦［东汉］班固:《汉书》卷二十四下《食货志下》，中华书局，1999年，第979页。原文为：“商家中家以上大氐破。”

⑧［东汉］班固:《汉书》卷七《昭帝纪第七》，中华书局，1999年，第163页。另，有论著作“人口减半”，不符合当时用语习惯，疑为误解，此从《汉书》。

汉武帝险些成为“秦二世”

次），参战总兵力总计 350 万人次（其中对匈奴 200 万人次）。汉匈战争后期，由于国家缺钱，立下军功难以得到相应赏赐，当平民则要背负沉重的税赋。结果，老百姓只有一个选择——造反，以致“寇盗满山，天下动摇”①。

公元前 89 年（征和四年），汉武帝临死前两年，终于清醒过来，下“轮台诏”②，其实就是“罪己诏”，表示不再征伐，要与民休息、减轻赋税。在有生之年，汉武帝总算踩住了“军国主义”的刹车。

其实，汉武帝与隋炀帝的情况很相似，都从祖宗那里继承了殷实的家底，都好大喜功，都不断对外征伐，都面临国内崩盘的险境……但是，隋炀帝的危机处置能力显然不如汉武帝。汉武帝悬崖勒马，避免了秦、隋两朝短命而亡的悲剧。对此，朱熹评价很高：“天资高，足以有为……末年天下虚耗，其去亡秦无几。然它自追悔，亦其天资高也。”③

换个角度看，如果没有汉匈战争，又是什么结果呢？

汉武帝若承袭文景时代的对外政策，继续对匈奴卑躬屈膝，固然能富民自保，却不能威军强国，而历史上不过提前出现一个“经济巨人，军事侏儒”的北宋而已。不难想见，汉武帝恐怕亦同样遭后人诟病。

汉武帝的两难，充分证明了农耕民族对游牧民族的无奈。

---

①［西汉］贾谊：《新序译注》，马达译注，湖北人民出版社，1988 年，第 362 页。

②“轮台诏”，大臣桑弘羊上疏建议向新疆轮台移民实边屯田，汉武帝未立即答复，经过深思熟虑之后，没有同意，并批复：“当今务在禁苛政，止擅赋，力务本，修马复令以补缺，毋乏武备而已。”

③［宋］黎靖德编：《朱子语类》第三册卷四十三《论语第二十五·子路篇》，中华书局，1988 年，第 1109 页。原文为“它”，疑为“他”之误。

唐朝用兵为何也大胜又大败？

——唐太宗、唐玄宗军事改革

“寓兵于民，兵民合一”，这种兵制在中国历史上反复出现过多次，不少帝王将相颇为自得，比如唐太宗、王安石、朱元璋。从实践情况看，这一制度在开国之初还可以，但时间一长就不行了，要么兵源不足，要么战斗力极差。

其实，北方游牧民族才是“兵民合一”的创造者，只是因为人家缺乏文字记载，所以不少人误以为是中原王朝的发明。北方游牧民族上马为骑兵，下马为牧民，训练就是生活，生活就是训练，毫无违和感。不像中原王朝，两头都想要，结果两头都搞不好，兵不像兵，民不像民，可谓邯郸学步。

在唐朝，太宗李世民将著名的府兵制升级到最高版本，将“寓兵于民，兵民合一”推向顶峰，虽然在军事上也取得赫赫成就，但高潮之后逐渐衰落。到玄宗李隆基时期，府兵到了撑不下去的地步，只好改弦更张搞募兵，也创造了开边的辉煌。

问题来了：府兵在李世民任上既然发挥了重要作用，又怎么会衰落呢？募兵在李隆基手里为唐朝开拓了不少疆土，但也导致了安史之乱，为什么？府兵和募兵是方向相反的征兵制度，在两代著名帝王手中既取得很大成功，也导致严重恶果，究竟如何取舍？

在这一点上，李世民比商鞅还狠

李世民这个人雄心万丈，不会满足于继承隋朝过去的地盘，而是不断进取。问题是，当他把高宗李渊赶下台，自己坐上龙椅，欲大展宏图时，发现民不够多，兵不足用。

怎么会这样?

尽管李世民创造了贞观之治，但有人很不客气地指出，此乃“虚假繁荣”，并提供了有力证据——户口。按照中国古代盛世的一般规律，不打仗了，能挣钱了，大家就有意愿也有条件生更多的孩子，必然迎来户口增长的高峰。因此，户口是衡量盛世含金量的重要指标。唐太宗即位之初，全国户口是多少呢？不到 300 万户。[①] 单看这个数据，瞅不出啥名堂，和前朝一比较就发现玄机了——仅为隋代的 1/3。隋代人口在 609 年（隋炀帝大业五年）发展到顶峰，全国有家庭 8 907 536 户，人口 46 019 956 人。[②]

将府兵制推向顶峰的唐太宗李世民

有人说，由于隋末天下大乱，总人口的 2/3 死于战争。这的确恐怖，但这种说法其实不太靠谱。打仗死很多人是肯定的，但死到总人口 2/3 的程度，那就太夸张了。有学者考证，人口锐减，除了战乱，还有一个重要原因：新朝对户口重新统计造册时，因前朝户册丢失，登记不全。[③] 户册是个好东西，有了这宝贝，才有依据去收税，才能保证国库充盈。可是打天下时，一般人想不到户册的重要性，包括西汉开国皇帝刘邦。所以，刘邦打下咸阳后，只顾跑去宫里享受。还好萧何是行家，很有心，第一时间把秦宫里的户

---

①［唐］杜佑:《通典》卷七《食货七》，中华书局，1988 年，第 148 页。

②［唐］杜佑:《通典》卷七《食货七》，中华书局，1988 年，第 147 页。

③［英］崔瑞德编:《剑桥中国隋唐史》，中国社会科学出版社，1990 年，第 208 页。

册弄到手。李唐建国时，也不知道是隋朝官员把户册毁了，还是新的统治者没经验，反正重新造册登记时漏掉的人不少，没能统计到全部人口。

原因可以继续争论，结果却毋庸置疑——李世民上台后，子民不够多。就300万户这点儿可怜的家底，加上国库的银子也不够花，不可能搞一支完全脱离农业生产、需要吃皇粮的职业常备军，只能选择寓兵于民——府兵制。可见，李世民搞兵民合一的府兵制，很大程度上是无奈之举。

在府兵制下，21～60岁的男子基本都有服兵役的义务，比商鞅还狠（23～56岁）。在基层，负责征兵的衙门唤作折冲府，相当于今天各地的武装部。府兵怎么“亦兵亦民”呢？农忙时拿锄头，农闲时拿刀剑。按照杜牧的说法，一年四季“三时耕稼”，“一时治武”。[①]

府兵制并非李世民首创，早在北魏时期就开始了，他不过将其推向顶峰。李世民治下，全国折冲府约630个[②]，共有府兵60多万，按照1200、1000、800人的标准分为上、中、下三等。府兵数量最多的是京畿一代的关中地区，占全国府兵的41%。地方府兵则被碎片化，即使想对抗中央也有心无力。换句话说，不妨理解为李世民在大唐占了41%的股份，能够对集团实施有效控制。

府兵制还从根本上决定了“兵无常将，将无常兵”。为什么这么说呢？要打仗了，不可能把一个折冲府所有的府兵都弄到前线，总得留下一些人维持治安和种地。所以，一般是从各地抽调一些府兵组成大军，统帅也临时指定。战争结束后，将帅回朝，府兵归农。

由于钱不多，人不够，既要保证田有人种，还得应付外敌入侵，所以李世民即使搞最集约的府兵制，也得精打细算，甚至抠抠搜搜。他吝啬到什么程度？府兵出去打仗，一大堆乱七八糟的

府兵得自备29样装备之一：解绳结用的觿

①［唐］杜牧：《樊川文集》卷五《原十六卫》，上海古籍出版社，1978年，第89页。

②《新唐书》载634个，《中国军事通史》载627个，《剑桥中国隋唐史》载633个，此居中取约数。

装备基本都得自己准备（除了复杂的武器和甲胄由官府研制）。如果穿越回去唐太宗时期当回府兵，光准备一身29样的行头就让人头大[①]：

弓1把；

箭30支；

胡禄（装箭用的筒器，一般可装30支）；

横刀1把（当时士兵的佩刀，长约60～80厘米，取消了环首）；

砺石1块（磨刀用）；

大觿（音xī，即古代用骨头或者玉石做的锥子，用来解开绳结）；

毡帽1顶；

毡装1套；

行藤1个（从腰到脚的皮制护具）；

麦饭9斗（磨碎的麦煮成的饭，唐颜师古称之为“野人农夫之食”）；

米2斗。

上面11样只是个人物品，还有集体装备呢。10人为一“伙”，得准备以下14样物件：

驮马6匹（相当于当时的“陆上航母”，其他乱七八糟的装备都得靠这6个畜生拉）；

乌布幕1张（安营扎寨时用的帐篷）；

铁马盂1个（之所以叫马盂，是因为个头大，能装不少米）；

布槽1个（布做的马槽，喂马用）；

锸1个；

①［宋］欧阳修等：《新唐书》卷五十·志十四《兵》，中华书局，2000年，第868页。

锹 1 个；

凿 1 个（上面 3 样东西主要用来挖土，好安营扎寨和挖战壕）；

碓 1 个（舂米用，以把谷物外壳去掉）；

筐 1 只（打赢了用来装战利品，比如敌人的首级什么的）；

斧 1 把；

钳 1 把；

锯 1 把；

镰刀 2 把（上面 4 样东西主要用来开路）；

甲床 2 张（看来是 5 人睡一张床那种大通铺）。

这回该够了吧，对不起，还有呢。50 人为 1 队，得备下面 4 样东西：

火钻 1 个（取火工具，做饭和取暖都用得着）；

胸马绳 1 根；

首羁 3 个（用来套马嘴，防止马儿去吃路边的草，便于顺利行军）；

足绊 3 个（休息时用来系马，防止其跑掉）。

吹嘘府兵制的人说，当府兵好处大大的，如可以分到田，还可以免税。于是，唐代大诗人白居易也加入了吹捧行列①：

“太宗既定天下，以为兵不可去，农不可废，于是当要冲以开府，因隙地以营田，府有常官，田有常业。俾乎时而讲武，岁以劝农。分上下之番，递劳逸之序。故有虞则起为战卒，无事则散为农夫。不待征发，而封域有备矣；不劳馈饷，而军食自充矣。”

①《白居易集》卷六十四《策林三·四十五》，“复府兵，置屯田”，中华书局，1999 年，第 1341–1342 页。

不交税没错，但不是全部真相——府兵本人不用交税，可家属照交不误，这个没优惠。

唐太宗还规定了抽取府兵的原则："财均者取强，力均者取富，财力又均先取多丁。"[①] 如果家底差不多，那就让身强力壮的人当兵；如果身体差不多棒，那就让更有钱的人当兵；如果富裕和强壮程度都差不多，谁家男丁多就让谁家出人当兵。看上去，这政策还算合理，但执行起来常常不是那么回事。当府兵对国家好处很多，对个人好处不多，大家都避之不及。特别是有钱人，会想方设法逃避兵役（比如行贿啦，谎报财产啦，甚至当和尚啦），结果府兵的名额基本都落到穷苦老百姓头上。如果家里有几个男丁还好，要是只有一个，还被征去当兵，这个家基本就完了。正如戴胄对唐太宗所说："乱离甫尔，户口单弱，一人就役，举家便废。"[②] 因此，农民们为了不当府兵，不惜对自己的身体痛下狠手——身体残疾就不用当兵了。这个不是坊间小道消息，而有官方文件为证："自折身体，称为福手福足，以避征戍。"[③]

显然，当府兵的义务大于权利。老百姓尽管读书少，可也不是傻子，哪有多少人愿意吃亏、无私奉献？所以，府兵带有强制性。还好，李世民懂得节制，不至于以剥夺农时为代价。史载，李世民对外用兵"多不逾时，远不经岁，而能克捷"[④]。因此，府兵制在李世民手里运转得还算顺畅。

一年三季拿锄头的农民，为什么能打胜仗？

府兵虽不是职业兵，但十分争气，为李世民挣足了脸面。按照唐代中期著名政治家李泌（玄宗、肃宗、代宗、德宗四朝元老）的说法，唐军在北方能够

---

①［唐］长孙无忌等：《唐律疏议》卷十六《擅兴律》，中华书局，1983 年，第 302 页。

②［后晋］刘昫等：《旧唐书》卷七十·列传二十《戴胄传》，中华书局，2000 年，第 1709 页。

③［宋］王溥：《唐会要》卷三十九《议刑轻重》，中华书局，1955 年，第 708 页。这是隋末就有的现象，到贞观十六年（642）尚未杜绝，所以李世民规定自残身体者不仅还要加罪，而且税收也不能免除（"加罪仍从赋役"）。

④［宋］王应麟：《玉海》卷一三八《兵制三》，引《邺侯家传》，江苏古籍出版社·上海书店，1987 年。

搞定东突厥，在西面能够摆平西域，离不开府兵的贡献[①]：

> 630 年（贞观初年），李靖在碛口（今内蒙古二连浩特西南）突袭突厥并大败之，先锋正是折冲都尉苏定方所率 200 府兵出身的骑兵。[②]
>
> 641 年（贞观十五年），唐军大战吐谷浑，果毅都尉（折冲府二把手）席君买率府兵出身的 120 精骑击败对方优势兵力。[③]
>
> 645 年（贞观十九年），唐军征高丽之战，折冲都尉（折冲府一把手）曹三良率府兵出身的 10 余骑直压新城（今辽宁沈阳东）城门。[④]
>
> …………

府兵是兵与农的“合体”，但从时间上说，主体是民（毕竟一年 3/4 的时间都拿锄头），训练时间有限，军事素质不如职业化部队。但府兵在唐太宗时代战绩不俗，这是为什么？

首先，唐初府兵的兵源基础和训练水平不错。李世民规定府兵的服役年限为 21～60 岁，这就意味着为李唐打下江山的老兵们还能继续发挥余热。这帮人身经百战，实战经验丰富，战斗力强。同时，李世民还为府兵定下较高的训练标准，使老兵水准不降，新兵水准上升。史载，一般力士的头等标准是：负重 630 斤，走 50 步；引弓 240 斤，弩射及 230 步，4 发 2 中；单弓弩射及 160 步，4 发 2 中。步兵骁健之上的标准是“左持粮，右持械，日越七百里”[⑤]。

其次，唐初外部环境危机重重，逼得唐太宗必须常怀忧患意识，保持府兵

---

① [宋] 王应麟：《玉海》卷一三八《兵制三》，引《邺侯家传》，江苏古籍出版社·上海书店，1987 年。原文为：“贞观中北灭突厥、延陀，列州府至瀚海，西取龟兹等城廓诸国，置二庭，尽臣西域君长，灭吐谷浑，已而复之，降羌党项为三十六州……亦府兵也。”

② [后晋] 刘昫等：《旧唐书》卷八十三·列传三十三《苏定方传》，中华书局，2000 年，第 1879–1880 页。

③ [宋] 司马光：《资治通鉴》卷一九六《唐纪十二》，太宗贞观十五年四月，中华书局，1956 年，第 6167 页。

④ 军事科学院主编：《中国军事通史》第十卷《唐代军事史》（上），军事科学出版社，1988 年，第 253 页。

⑤ 军事科学院主编：《中国军事通史》第十卷《唐代军事史》（上），军事科学出版社，1998 年，第 137 页。

战斗力水平。李唐虽然取代了杨隋，但还有一个更强大的敌人——东突厥。正如《剑桥中国隋唐史》所说："在唐代初年，最大的威胁不是来自国内的敌手，而是来自一个外族政权——东突厥人。"[①]这个游牧民族如果想灭掉李唐，理论上完全没问题。唐高祖李渊开国后，本已遣散赖以起家的关中部队，但由于突厥威胁太大，又重新召集回来，还是难以御敌，甚至打算迁都，以避突厥锋芒。到唐太宗时代，情况仍无多少好转。627 年，李世民即位不久，颉利可汗就率 20 万大军杀向长安，连猛将尉迟恭也挡不住，被人家一路打到渭水边，以致李唐首都暴露在突厥兵锋之下。要不是李世民亲自出面给了突厥人许多好处，长安恐怕就换主人了。所谓"渭水之盟"，不过是官史遮羞的说法，实为城下之盟。

李世民刚上台，突厥就欺负上门来了一个下马威，搞得他很没面子。因此，李世民将"渭水之盟"视为奇耻大辱，深知如不自强，突厥还会上门，冲到长安家里打砸抢烧。因此，李世民经常在宫内教习骑射，还对卫士们进行思想教育："戎狄侵盗，自古有之。患在边境少安，则人主逸游忘战，是以寇来莫之能御。今朕不使汝曹穿池筑苑，专习弓矢，居闲无事，则为汝师；突厥入寇，则为汝将，庶几中国之民可以少安乎！"[②]

好兵有了，忧患意识有了，要打败强敌，还差一个重要因素——出色的统帅。刚好，有两个超级牛人，一个是李世民自己，一个是李靖。

李世民年轻时不是学帝王之术而是钻研军事的，尤其喜欢读曹操所注的《孙子兵法》。他第一次惊艳出场是 615 年（隋炀帝大业十一年）随军赴雁门关，营救被突厥围困的隋炀帝。要知道，那一年他才 17 岁！后来，李世民在统一天下的过程中，更是独当一面指挥了四大战役（灭陇右薛举、薛仁杲父子，平定北方刘武周，搞定王世充、窦建德联兵；镇压河北刘黑闼），充分展示了杰出的指挥才华，也积累了丰富的军事实战经验。

李世民在军事上很是自信，也非常自得。刚当上皇帝时，李世民就忍不

---

①［英］崔瑞德编：《剑桥中国隋唐史》，中国社会科学出版社，1990 年，第 180 页。

②［宋］司马光：《资治通鉴》卷一九二《唐纪八》，武德九年九月，中华书局，1921 页，第 6021 页。

住对满朝文武“自吹自擂”：“吾自少经略四方，颇知用兵之要，每观敌阵，则知其强弱，常以吾弱当其强，强当其弱……”[①]类似的话，他后来还说过多次。645年（贞观十九年），长孙无忌也对李世民说：“陛下未冠，亲身行阵，凡出奇制胜，皆上禀圣谋，诸将奉成算而已。”[②]这话虽有拍马屁之嫌，但说的也是事实。

当上皇帝后，李世民就很少亲自出马指挥打仗了，但唐军仍屡战屡胜，再创佳绩，因为他们有另一个出色的统帅——李靖。李靖是隋代名将韩擒虎的外甥，险些被李渊处斩，亏得李世民出手相救并委以重用。李靖不负所望，4个月就灭了东突厥，随后又平定西域的吐谷浑。特别是大败东突厥，雪了当年渭水之耻。为此，李世民非常高兴，对李靖说：“西汉的李陵率5000步兵进攻匈奴，最后落得败降匈奴的下场，还留名青史。而今你李靖仅率3000骑兵就深入敌境，还攻克定襄，威震北狄，创造了空前战绩，足以雪当年的渭水之耻。”[③]

唐朝第一名将李靖

644年（贞观十八年），李世民决定征高丽，统帅第一人选自然还是李靖。李世民召见李靖征求意见：“公南平吴会，北靖沙漠，西定慕容，唯东有高丽未服，公意如何？”[④]当时，李靖已是74岁高龄，仍表示愿意效劳。但李世民考虑到李靖年事已高，没有再让他挂帅，而是自己御驾亲征。

其实，李世民也许有私心，想抓住最后一次出战的机会，为自己的军事生涯再

① [宋] 司马光:《资治通鉴》卷一九二《唐纪八》，武德九年九月，中华书局，1956年，第6022页。

② [宋] 司马光:《资治通鉴》卷一九八《唐纪十四》，贞观十九年六月，中华书局，1956年，第6225页。

③ [后晋] 刘昫等:《旧唐书》卷六十七·列传十七《李靖》，中华书局，2000年，第1671–1672页。

④ [后晋] 刘昫等:《旧唐书》卷六十七·列传十七《李靖》，中华书局，2000年，第1673页。“难平吴会”，指平定江南萧铣、辅公祏之乱。

添辉煌一笔。[①] 可惜，也许是离开战场太久，军事嗅觉不如以前，而且当了皇帝后冒险精神也退化了，李世民的战术是正面步步推进，没有用奇兵越地奇袭，最终导致失败。回过头来想，如果是李靖出征，也许结果会有不同。

唐太宗留下的府兵咋不好使了？

府兵在唐太宗时代发挥的作用不小，但从武则天时代开始，这一制度开始遭到破坏。

有句话说，“皮之不存，毛将焉附”。如果说府兵制是毛，均田制[②] 就是皮，那么均田制一旦分崩离析，府兵制也必然随之烟消云散。中国古代是农业社会，田地是农民的命根子。历代封建王朝开国，一般都有一个对田地重新洗牌的过程，而且以“均分”给老百姓为主要原则。可日子一久，土地兼并开始了，田地越来越集中到地主们手里。

唐初第一次分配田地，府兵们可以拿到 100 亩，但到后来，除了能保住 20 亩“永业田”（可以继承），80 亩“分口田”基本就永远失去了。为啥？男丁死后，这 80 亩分口田被官方收回，用于重新分配。分口田是大头，却往往被豪强地主兼并，导致府兵拥有的田地越来越少。于是，问题来了：唐朝的税收制度是以“人丁”为基础，不管你有没有田地，有多少田地，只要人在，就得交税。

著名史学家吕思勉有句话说到点子上了：“唐代府兵之废坏，实由其遇之太薄。”[③] 在这种情况下，府兵们能怎么办呢？他们只有一个选择——逃亡。到武则天时代，已经是“天下户口，亡逃过半”[④]。当然了，府兵制被募兵制取代也

---

① 李世民在高丽打了胜仗后，不忘在儿子面前炫耀，从前线写信给太子说：“朕为将如此，何如？”

② 均田制，唐初，大量土地因为战乱而荒芜。为了鼓励农耕，政府向每个男丁授田 100 亩，其中永业田 20 亩，可以继承；口分田 80 亩，男丁死后官府收回，用于再分配。

③ 吕思勉：《隋唐五代史》，上海古籍出版社，1984 年，第 1213 页。

④［后晋］刘昫等：《旧唐书》卷八十八·列传三十八《韦思谦传附子嗣立》，中华书局，2000 年，第 1941 页。

不是一天两天的事，足足经历了近30年（722—749年）的时间。[①]

改行募兵制的唐玄宗李隆基

玄宗李隆基即位后，一度想重振府兵制。为此，他至少出台了三个办法：放归20万镇兵为农；重新颁布均田制，禁止强占和买卖土地；大幅缩短服役时间，原来的21~60岁改为25~40岁，减少整整24年。可惜，府兵制的毛病已经积重难返，好比人病入膏肓，不可救药。当府兵不仅没多少好处，还十分辛苦。据军事科学院编著的《中国军事通史》，一个府兵每年的服役时间至少有4个月，违反了“9个月种地，3个月服役”的规定！[②]这还算好的，到后来，当兵一去难返，黑头去白头归的现象司空见惯。正如杜甫在《兵车行》里写的：“去时里正与裹头，归来头白还戍边。”[③]现实都这样了，谁还愿意去当什么府兵呢？大家早已“既惮劬劳，咸欲避之”。所以，尽管皇帝颁布了法令，但仍是一纸空文，无法执行。史载：“虽有其言，而事不克行。”[④]

722年（开元十年）是个转折点。兵部尚书张说向李隆基提了个建议：既然府兵差不多跑光了，就募兵吧。募兵不是义务兵，有报酬可拿，有饷银可领，对无家可归、一无所有的人很有吸引力。李隆基点了头，“旬日之间”就招募到13万人。这13万人中，很大一部分是破产逃亡的农民，也就是张说所说的

---

① 军事科学院主编:《中国军事通史》第十卷《唐代军事史》(下)，军事科学出版社，1998年，第459页。722年（开元十年），唐玄宗采纳了募兵制的主张；749年（天宝四年），军府无兵可交，朝廷停发征兵的命令和鱼符。

② 军事科学院主编:《中国军事通史》第十卷《隋唐军事史》(上)，军事科学出版社，1998年，第138页。

③ 葛晓音:《杜甫诗选评》，上海古籍出版社，2002年，第22页。

④［宋］欧阳修等:《新唐书》卷五十·志十四《兵》，中华书局，2000年，第869页。

“逋逃者必争出应募”[①]。司马光在《资治通鉴》中对此事的记载是：“兵农之分，从此始矣。”[②]

李隆基即位后，外部环境比李世民时代宽松多了，所以府兵制坏了影响不大。李隆基前期专心发展经济，果然创造了比贞观之治更强的开元盛世。下面还是用人口数量说话[③]：

年　　份	户　　数	人　　数
606 年（隋炀帝大业三年）	8 907 536	46 019 956
726 年（唐玄宗开元十四年）	7 069 505	41 419 712
740 年（开元二十八年）	8 412 871	48 143 609
754 年（天宝十三年）	9 069 154	52 880 488

在府兵制尚未完全废除、募兵制刚刚兴起的 726 年，唐代人户就直逼隋代。14 年后，唐代的户口数比隋代少近 50 万户，总人口却超出 200 多万。这说明什么？平均每户的家庭成员比隋代多了。到安史之乱前一年，唐代在户数和人数两个指标上，全面超越了隋代鼎盛时期。755 年（天宝十四年），玄宗甚至下令免除百姓当年的租庸。这在太宗时代是不可想象的，要知道，当年租庸可是军费开支的最大来源。

不少人有个错觉，好像府兵下台之后募兵才上台。其实，两者同台表演了好一段时间，只不过有主角和配角之分。唐太宗时代以府兵为主，但也不是不募兵，比如征高丽的时候就征募了不少人。不过，募兵一般是有重大战事的时候才实行，不是常态，是府兵的补充。

开元中期，国力大增，李隆基有了资本，野心开始膨胀。史载：“天子有吞灭四夷之志。”[④] 这时，人口充足了，国家也有钱了，府兵制没什么必要，募兵

① [宋] 司马光：《资治通鉴》卷二一二《唐纪二十八》，开元十年，中华书局，1956 年，第 6753 页。

② 同上。

③ 郭绍林：《论盛唐军事改革对经济的促进作用》，《史学月刊》1987 年第 4 期，第 23 页。

④ [宋] 司马光：《资治通鉴》卷二一六《唐纪三十二》，天宝六载，中华书局，1956 年，第 6889 页。

条件完全具备，于是大行其道。

开元盛世为什么戛然而止？安禄山为什么造反？不少人当事后诸葛亮，说是募兵取代府兵造成的。宰相李泌就说："自治府兵，未有能以之外叛内侮而杀帅自擅者。自废以来，招募长征健儿，而禄山得以为乱，至今不定。"[①]不过，他回避了两个要害问题：第一，府兵既然那么优越，怎么会崩溃？第二，募兵制不是安禄山自己要实行，而是经过李隆基点头同意的，而且为唐代开边做出过重要贡献。

李隆基的问题，不在于募兵，而在于给了藩镇节度使过多过大的权力。刚开始，李隆基还规定藩镇募兵的总人数，后来只要节度使能打胜仗开边，至于募兵多少，也不怎么管了。节度使不仅是藩镇的军事首长，还是政治首长、经济首长，抓住了所有的权力。这就是史书上说的："既有其土地，又有其人民，又有其甲兵，又有其财赋。"[②]

府兵制时代，关中之军占全军的41%。募兵制时代，这一数据严重缩水，只有14%，倒了个个儿。在全国58万军队中，边军居然近50万，其中有一个节度使手里居然就有近20万人马（每个节度使一般拥兵6 万~7 万）。此人不是别人，正是安禄山，而且他一个人当了三个藩镇（平卢、范阳、河东）的节度使。李隆基设置了好几个节度使，企图"以藩镇制藩镇"，但安禄山一枝独大，已经不是其他节度使所能制衡了。

人的欲望要是没有限制，往往会不断膨胀，但李隆基偏偏对安禄山没什么限制。你要是安禄山，有这么多的资本和这样大的权力，很可能也会选择冒险——拿下首都自己当皇帝。

与募兵相比，府兵很难造得起反来。

为什么？

府兵不管是到首都（或边疆）守卫，还是到前线作战，一般从各地抽调编

①［宋］王应麟:《玉海》卷一三八《兵制三》，引《邺侯家传》，江苏古籍出版社·上海书店，1987年。

②［宋］欧阳修等:《新唐书》卷五十·志四十《兵》，中华书局，2000年，第870页。

组而成，你不认识我，我不认识你，难以团结一心。募兵就不同了，一般在所辖地域招募，互相之间大多认识，容易结伙营私，举旗起事。事实上，募兵们杀掉朝廷派去领导他们的边帅是常有的事。据史载，“变易主帅，有同儿戏”，“优奖小不如意，则举族被诛”[①]。安禄山本是“胡人”，不仅不存在这个问题，反而更容易得到募兵们的支持和拥戴，私下被称为“圣”。

府兵的安全系数虽高，但部队要能打仗，还是募兵更合适，毕竟这才是常备军，专业化程度高。当然了，实行募兵制也面临巨大风险——如何使骄兵悍将们始终保持对“中央”的忠诚度？唐代统治者想出了“派监军”的办法，不能说没效果，但也无法保证绝对有效——因为将军们真要造反，完全可以杀掉皇帝派来的监军。思来想去，历代统治者往往更倾向于实行府兵制。打不过外敌，大不了赔款、割地、嫁公主；要是被募兵窝里反，那就连皇位甚至性命都一块儿没了！——孰轻孰重，不难选择。

说来说去，兵制其实并不是那么重要，重要的是训练水平。安禄山造反时，李隆基在关中地区还有 10 多万彍骑，而且这些中央军很多就是以前的府兵。[②]这些府兵有名将封常清、高仙芝、哥舒翰等人指挥，为什么还是一败涂地？因为承平日久，训练废弛，基本丧失了战斗力和战斗意志。《唐会要》记下了彍骑的丑态：

“中原乃包其戈甲以示不复用，人至老不闻战声……（六军诸卫之士）有事乃股慄，不能授甲。其后盗乘而反，非不幸也。”[③]

---

① ［南朝宋］薛居正等:《旧五代史》卷十四《梁书十四・列传四・罗绍威》，中华书局，2000 年，第 128 页。

② 岑仲勉:《府兵制度研究》，上海人民出版社，1957 年，第 81 页。

③［宋］王溥:《唐会要》卷七十二《军杂录》，中华书局，1955 年，第 1300 页。

改革失败的样本

——打捞王安石军事改革

关于王安石变法，后世充满了争论，无论是肯定派还是否定派，都有强人坐镇。其中，肯定派如梁启超、列宁，否定派如王夫之、钱穆。此外，还有“半肯半否派”，如陆九渊、朱熹。

如果王安石没有主持过变法，人们又会如何评价呢？

笔者相信，一定会是高度一致的七个字——“怀才不遇，可惜了”。王安石在变法前的名望实在太大了，史书是这样记载的：“介甫独负天下大名三十余年，才高而学富，难进而易退。远近之士，识与不识，咸谓介甫不起则已，起则太平可立致，生民咸被其泽矣。”[①] 你想想，王安石要是没被用起来，该留下多大的想象空间？

王安石变法的内容很丰富，相关著述也不少，不过似乎多将变法定位在经济领域，轻忽了军事方面的改革。那么，王安石这个不懂军事的人是如何搞军事改革的呢？效果又怎样？

宋军到底有多“尿”？

要论历朝历代军事之弱，宋朝“龙头老大”的位置怕是难以撼动——至少在人们印象里是如此。宋朝被挖苦为“送朝”，宋军也被戏称为“㞞军”。王安石进行军事改革前，宋军到底㞞到什么程度？

---

①《温国文正司马公文集》卷六十《与王介甫书》。此书为宋绍熙刊本影印本，共八十卷。其中，收入司马光给王安石的三封信，这是第一封，写于熙宁三年（1070）二月二十六日。

一看体制。北宋开国很不硬气——身为武将的赵匡胤欺负柴家孤儿寡母，十分不光彩地攫取了胜利果实。赵匡胤担心别人学自己搞“颜色革命”，于是定下本朝基本国策——“提防武将”，为此甚至不惜以损伤战斗力和降低军事效率为代价。一方面“以文制武”，部队训练由地方行政长官负责，专业将领不得插手；另一方面，指挥与管理训练分离，指挥员平时接触不到士兵，训练管理者战时指挥不了部队，“兵无常帅，帅无常兵”导致“将不知兵，兵不知将”。面对辽军和西夏部队，宋军为啥屡战屡败？根子就在变态的军事体制上。

二看兵力。北宋常备军在历朝历代中兵力也许是最多的，但打的败仗也最多，怎会产生如此反差？北宋实在是一个非常特别的朝代，用今天的话来说就是“奇葩”一朵。历代王朝开国后，工作重心由军事转入经济，大兵们会陆续退伍，军队数量逐步减少。北宋倒好，国都定在四战之地的开封，加之外患不断，又攥着逢灾年把灾民吸纳为兵以求稳定的“传家宝”不放，结果立国后兵员不仅没有减少，反而渐次增加，造成积重难返的“冗兵”问题。改革前，宋军总兵力最多时达 125.9 万人。[①] 当时，宋军和辽、西夏的大仗小仗不绝如缕，国库银子稀里哗啦倒进战争的窟窿，根本回不了本。就算不打仗，养这么多兵对国家来说也是沉重的负担。在太子身边工作、供职集贤院（相当于今天的社科院）的富弼指出：“自来天下财货所入，十中八九赡军。军可谓多矣，财可谓耗矣。”[②]

三看训练。宋朝统治者追求的是稳定，满足的是偏安，讨厌的是外战，所以摆支军队在那儿能震慑老百姓就行了，至于训练不训练无所谓。战时要冲得上去，平时总要看得出来吧，宋军平时是什么形象呢？披上盔甲，连马都上不去，好不容易上去了，跑出去不远就跌落下马；练习射术，弓拉不满，“皆往

① 军事科学院主编:《中国军事通史》第十二卷《北宋辽夏军事史》，军事科学出版社，1998 年，第 278 页。

②［宋］李焘:《续资治通鉴长编》卷一二四，宝元二年九月丁巳，中华书局，1995 年，第 2928 页。宋仁宗宝元二年，即 1039 年。

空发箭”，射出去 20 步就掉地上了，根本上不了靶……[①] 边防兵总人数挺吓人，可按照欧阳修的说法，“十人不当一人”[②]，70 万～80 万人实际只有 7 万～8 万人的战斗力。宋军什么总是打败仗？宋人自己做了很精练的总结：“以屡易之将驭不练之士，故战必致败。”[③]

四看管理。管理是静态的战斗力，但宋军的管理相当糟糕。以站哨为例，是个没什么技术含量的活儿，也是士兵的基本职责。但不少宋兵自己不干，雇人代工，行军时连随身携带干粮都嫌重，也要雇人。宋军没有军人的样子，倒像街上的小混混，“终日嬉游廛市间，以鬻伎巧绣画为业，衣服举措不类军兵”[④]。欧阳修看到这种情况，十分着急：“其骄如此，况肯冒辛苦战斗乎！”[⑤]

五看武器。体制不行，训练不行，管理不行，武器好也行啊，可宋军在装备上也一塌糊涂。史载，士兵们常“执钝折不堪之器械”[⑥]。这话说得有点模糊，来点具体的：刀刃不锋利，接合部没粘牢，长短大小也不合适……进一步“追究”，则是体制问题。武器研制由三司胄案负责，“三司”是个什么衙门呢？管钱管物的。也就是说，武器装备研制居然由财政部下面的二级部负责！这些人对对财务报表还可以，在武器装备上完全是外行，由他们监制武器，可以想见结果怎样。史载：“造作之所但务充数而速了，不计所用之不堪。”[⑦] 您也许会问，难道没人告没人查也没人负责？答案是：“经历官司，又无检责。”[⑧] 此外，与北军作战，马匹也是重要装备，但宋军极度缺马。据宋祁（《新唐书》主要作者之一）的说法，宋仁宗时期，骑兵没马的居然达到 80%～90%。[⑨]

---

① [宋] 李焘：《续资治通鉴长编》卷一三二，庆历元年五月甲戌，中华书局，1995 年，第 3135 页。宋仁宗庆历元年，即 1041 年。

② [宋] 李焘：《续资治通鉴长编》卷一三六，庆历二年五月甲寅，中华书局，1995 年，第 3255 页。

③ [宋] 李焘：《续资治通鉴长编》卷一三八，庆历二年十月戊辰，中华书局，1995 年，第 3316 页。

④ [宋] 苏舜钦：《苏舜钦集》卷十《书七首》，上海古籍出版社，1981 年，第 121 页。

⑤《欧阳文忠公集》卷五十九《原弊》。

⑥ [宋] 李焘：《续资治通鉴长编》卷一三六，庆历二年五月甲寅，中华书局，1995 年，第 3254 页。

⑦⑧ 同上。

⑨ 徐正华、何建华：《试论王安石变法中的军政改革措施》，《抚州师专学报》2001 年第 2 期，第 27 页。

六看实战。古代中国军队有“内战内行，外战外行”之称，宋军尤其对得起这个评价。打仗一看将领，二看士兵，三看武器。宋军的士兵和武器不行，将领也不行，他们在史家笔下是这样的形象——“兵谋战法素不知晓”[①]，“战则先奔”[②]。

可以说，一支糟糕军队所有的毛病，宋军几乎都集于一身。尽管国家把服役年限延迟到 61 岁[③]（比秦国的 56 岁还晚），但宋军除了在数量上壮观，其他方面几乎一无是处。

变法把军队推向手术台

银子是国家的血液，银子够则血供足。宋朝算富的了，仍入不敷出。王安石认为，与其“节流”，不如“开源”，所以他的改革手术刀主要切在经济领域。尽管王安石坚持“省兵非所先”[④]，但外患是北宋最严重、最直接、最耻辱的问题，所以王安石不得不把军队也推向手术台。王安石至少对宋军动了六刀：

军之减。宋军数量之多和战斗力之差可谓臭名昭著，还消耗不少银子。王安石军事改革的第一个动作，就是裁军，降到 80 万[⑤]。裁掉的 40 多万人中，很大一部分是“老兵”——新法将服役年龄调低 11 岁，只要上了 50 岁，都可以选择退役回家。[⑥]裁军的直接好处是省下大笔军费，按照梁启超的计算，10 年下来至少节约了一半。[⑦]那么裁军是否造成战斗力下降呢？非但没有，反而使战斗力提高了。这是因为裁掉的绝大多数为老弱，留下的多为精兵。

将之设。局部改变“以文驭武”的旧制，地方官不得干预军务。对编制体

---

① [宋] 李焘:《续资治通鉴长编》卷一三八，庆历二年十月戊辰，中华书局，1995 年，第 3316 页。

② [元] 脱脱、阿鲁图等:《宋史》卷三〇二·列传六十一《吕景初传》，中华书局，2000 年，第 8108 页。

③ [宋] 李焘:《续资治通鉴长编》卷二二五，熙宁四年七月辛亥，中华书局，1995 年，第 5496 页。宋神宗熙宁四年，即 1071 年。

④《王临川全集》卷十二《古诗十二·省兵》，世界书局，1935 年，第 62 页。

⑤ 军事科学院主编:《中国军事通史》第十二卷《北宋辽夏军事史》，军事科学出版社，1998 年，第 287 页。

⑥ [宋] 李焘:《续资治通鉴长编》卷二二五，熙宁四年七月辛亥，中华书局，1995 年，第 5496 页。

⑦ 梁启超:《王安石传》，东方出版社，2009 年，第 136 页。

制进行重新洗牌，在全国各地至少设立了 143 个“将”。[①] 请注意，这里的“将”不是官衔，而是 3000～10000 人的战术单位（梁启超类比为日军之师团[②]），并固定在某一地区（而不是像过去那样两三年就频繁换防），由专人进行训练和指挥，不再受地方官节制，这就是所谓“将兵法”。此后，军中涌现出一批既长于指挥又知兵情的将领，尤以郭逵为代表，“每所至部，令人自言所能，暇日阅按之，故临阵皆尽其技”[③]。同时，加强训练之后，效果比较明显，居然也达到了“一人可敌数夫”[④] 的水平。

王安石画像

兵之征。王安石从变法前辈商鞅等人那里取到“什伍法”的真经，经过简单包装，改名“保甲法”颁行于世。新法的主要目的是维护社会治安，同时也可以培养一支后备军作为正规军的补充。王安石的指导思想是：“今所以为保甲，足以除盗，然非特除盗也，固可渐习其为兵……然后使与募兵相参，则可以消募兵骄志，省养兵财费，事渐可以复古。此宗庙长久计，非小事也。”[⑤] 如果家里有两个男丁，就出一人当民兵，忙时务农，农闲时训练，有事时出战。此类“农兵”全国有 700 多万人，却不需花费国库一分一厘。民兵建设有了起色，保甲遂于 1075 年（熙宁八年）从司农寺（相当于农业部）转隶兵部。

器之改。“工欲善其事，必先利其器。”王安石从祛除病根入手，对着体制

---

① 军事科学院主编:《中国军事通史》第十二卷《北宋辽夏军事史》，军事科学出版社，1998 年，第 289 页。这里的 143 个是指改革晚期的数据，至于一些论著所说的 92 个是指改革过程中的数据。

② 梁启超:《王安石传》，东方出版社，2009 年，第 138 页。

③［元］脱脱、阿鲁图等:《宋史》卷二九〇·列传四十九《郭逵传》，中华书局，2000 年，第 7908 页。

④［宋］李焘:《续资治通鉴长编》卷二四七，熙宁六年十月庚寅，中华书局，1995 年，第 6027 页。宋神宗熙宁六年，即 1073 年，

⑤［宋］李焘;《续资治通鉴长编》卷二二一，熙宁四年三月丁未，中华书局，1995 年，第 5392 页。

开刀，军器研制不再归财政部管，而是归于兵部新设机构——军器监。如此一来，军器研制走上专业化道路：质量上，实现了“戈矛弧矢甲胄刀剑之具，皆具完备”①；数量上，足够数十年征战之用。

校之建。一线专业指挥员缺乏是制约宋军战斗力的瓶颈，为解决这个问题，王安石创设了一所军校。学制 3 年，招生 100 人，学习兵法、阵法、战例、忠义等，还要进行实兵演练。今天鼎鼎大名的兵书《武经七书》，就是当时编出来的教材。毕业后，必须到边远地区服役 3 年，没有差错才可升迁。

马之养。宋军打不过北军，除了人不行，马也不行：一是太少，二是太差。改革前，马匹由官方养，但效率实在不敢恭维，马匹既不高大也不威猛，还占地又费钱。如河南河北 12 牧马监每年担负养马 1640 匹的任务，结果却只有 264 匹可作战骑，其他的只能用来驮邮件。养马效率之低，可见一斑。为此，王安石鼓励民间养马，由政府提供马匹或直接给钱让民户自购，然后由民户饲养，这就是所谓“保马法”。民间散户养马成效不错，不仅节省一半银子②，还提供了更多优质战马。有不少数据为证，这里只说一个：改革结束之年（1085 年），全国骑兵有 60%～70% 有马可骑③，比起改革前的 10%～20%，实现了质的飞越。

以前说王安石变法，军事改革常常被冷落，其实他的“军改”还是挺有料的。

不懂军事的宰相如何搞军事改革？

军事改革的主持者，多为军事行家，吴起、商鞅、赵武灵王等，莫不如此。王安石是政务官，缺乏从军经历，对军事并不懂行。既如此，王安石是如何搞军事改革的呢？

---

①［宋］吕陶：《净德集》卷四《奏乞罢军器监冗作》。

② 杨德华、王荣甫：《略论王安石变法中“将兵法”和“保马法”的积极意义》，《云南师范大学学报（哲学社会科学版）》1992 年第 6 期，第 85–86 页。

③ 赵涤贤：《试论北宋变法派军事改革的成功》，《历史研究》1997 年第 6 期，第 147 页。

在历史的土壤里深挖一锹，不难发现王安石的军事改革措施其实并无多大创意，多数办法有人提出过，甚至局部已在实施，他不过采取“拿来主义”并上升到全国和全军层面。

王安石是宰相，精力集中在经济改革上，军事改革措施主要由军事指挥部门（枢密院）提供草案，再交他定夺。例如，“将兵法”的创意就不是来自王安石，而是范仲淹麾下将领蔡挺。蔡挺在陕西任职时实施过“将兵法”，效果不错。他担任枢密副使后，于1072年（熙宁五年）通过王安石将此法推荐给宋神宗，随后推广普及到全国各地。设立军校，也是枢密院的提议，而且早在1043年（庆历三年）就搞过，只是当时遭到激烈反对，很快夭折。[①]“保马法”则由马政官丁度、叶清臣、李中师等先后提议过，逢王安石变法，枢密院不过旧议重提，付诸实施。[②]更有甚者，50岁以上老兵可选择退役，早由反对王安石变法的苏轼提出。[③]

当然，王安石在军事改革上也并非毫无原创性贡献，“裁军”正是他提出来的。当时，枢密院表示反对，理由是常备军不足，可能导致唐代藩镇之变重演。但王安石坚持，宋神宗支持，裁军也就搞下去了。王安石力主裁军，主要是从省钱角度考虑，还是为了“节流”。

王安石在经济领域的改革在变法期间就漏洞百出，但军事改革相比之下效果还行。反对派攻击改革，主要针对经济措施，对军改措施反对没那么激烈。王安石之所以罢相，一般认为是反对者声音太大，其实还有一个重要因素来自皇帝宋神宗。

宋神宗是历代北宋皇帝中比较有想法也比较有作为的一个，他当太子时说过：“天下弊事至多，不可不革。”[④]他早听说王安石的大名，即位后就委以重用。

---

① [宋]李焘：《续资治通鉴长编》卷一四一，庆历三年五月丁亥，中华书局，1995年，第3378页。

② 张祥浩、魏福明：《王安石评传》，南京大学出版社，2006年，第264–265页。

③ 梁启超：《王安石传》，东方出版社，2009年，第134页。苏轼：“臣以谓五十以上，愿复而为民者，宜听。”

④ [元]佚名：《宋史全文》卷十一《宋神宗·一》，李之亮校点，黑龙江人民出版社，2005年，第550页。

在改革的总体目标上，王安石与宋神宗是一致的，即富国强兵，但在实现目标的先后顺序上，两人意见并不一致。宋神宗设想“先措置得兵乃及农”，把“强兵”放在第一位，意图恢复汉唐故土，洗刷对辽称臣纳贡之耻。但王安石认为“亦不可以在兵事之后”[①]，所有改革都必须建立在“不差钱”的基础上，经济改革必须放在第一位。最后，皇帝谦虚地同意了臣子的意见。

宋神宗有点类似明崇祯皇帝，有重振国势之心，无扭转乾坤之能，对大事大势缺乏独断，犹犹豫豫。虽然他同意了王安石的主张，但并不是全心全意的。当改革出了问题，太多的人攻击新法，宋神宗本来就不够坚定的决心开始动摇。宋神宗将王安石罢相，一年后又复相，一年后再罢相，就是摇摆的直接表现。对此，王安石是不满的，曾当着皇帝宋神宗的面说其“刚健不足”[②]。

王安石回南京过清闲日子去了，但改革还在继续进行着，接过军改担子的正是宋神宗自己。[③]

经济改革失败，军事改革成功？

王安石变法前后搞了约 16 年（熙宁二年至元丰八年，即 1069—1085 年），王安石任宰相期间搞了 7 年，罢相后宋神宗没有停止改革，沿用新法亲自搞了 9 年，直至去世。

单看前述“军改六条”，都是对症下药，但效果究竟怎样呢？时人这样评价[④]：

> “神宗皇帝挺英武之姿，有并吞西夏之志。不幸所委非人，所建非策，尝兴师深入矣，乃无尺寸之功；尝拓地进垒矣，或有覆军亡将之辱。民苦

---

①［宋］李焘:《续资治通鉴长编》卷二一三，熙宁三年七月丙申，中华书局，1995 年，第 5172 页。

②［宋］李焘:《续资治通鉴长编》卷二一五，熙宁三年九月乙辰，中华书局，1995 年，第 5232 页。

③ 军事科学院主编:《中国军事通史》第十二卷《北宋辽夏军事史》，军事科学出版社，1998 年，第 286 页。

④［宋］李焘:《续资治通鉴长编》卷四六九，元祐七年正月壬子，中华书局，1995 年，第 11209–11210 页。宋哲宗元祐七年，即 1092 年。

于转饷，而关陕虚竭，兵疲于征讨，而亡逸自如。倾天下之财，委于一路，如填沟壑，而贼气不少衰。”

这段古文不难懂，意思很明了——北宋军事形势没有因为军事改革得到改善，颓败依旧。改革期间的1073年（熙宁六年），宋军曾在甘肃取得一系列军事胜利，被称为“断西夏之右臂”。但请注意，宋军的作战对象是分散而弱小的羌族部落而非西夏主力，“拣软柿子捏”用来证明军事改革成效难免牵强。之所以号称北宋建国以来最大的军事胜利，大概是宋军在外战中取得的胜利实在太少，好不容易打赢了，自然要意淫一番。

王安石军事改革措施主要有六条，就从中抽一管血化验化验——保甲法之民兵制。它确实加强了社会治安，也增强了后备力量，但违反了基本规律——军队职业化。军队要能打仗打胜仗，得专心军务，脱离其他工作（如种田、做生意等），所以保持一支常备军才是正途，亦兵亦农的民兵只能作为补充。

王安石的“军改六条”，有点治标不治本，主要是重新捡起过去的经验，缺乏“颠覆性创新”。同时，宋军有两个要命的顽疾，王安石的手术刀是不敢动的：一是重内患轻外忧；二是军人地位低下。

宋军兵源之差，可以说创了历代之最。凡是不利于“社会和谐”的各色人等，全部弄进部队，军营成了收容所，成了乌合之众的大本营。北宋招募的都是什么人呢？多为“游惰不逞民”“失职犷悍之徒”“偷惰顽滑不能自振之人”（王安石语[①]）。这些人素质极差，在世人眼里如同罪犯，很容易产生自卑心理，对社会产生报复心态，不严格训练就罢了，还时不时闹事。要这些人到战场上出生入死，可能吗？这个道理，是个人都懂，难道北宋的统治者们是一群笨蛋？但造成这个局面，事出有因。

宋太宗赵光义即位之初，雄心勃勃想要收复北方，御驾亲征与辽军打阵地

①［宋］李焘：《续资治通鉴长编》卷二三六，熙宁五年七月壬戌，中华书局，1995年，第5743页。

战，并亲自到阵前督战。可惜，宋军仍打不过辽军，赵光义自己还中了一箭，要不是御前亲兵给力，他都成俘虏了。赵光义不甘心，再次北伐，结果再次败北。两连败之后，北宋信心给打没了，从此有了心理障碍，干脆放弃北方，满足于偏安，并定下国策基调："外忧不过边事，皆可预防。惟奸邪无状，若为内患，深可惧也。"[①]如果了解这段历史，就不难理解司马光（时主政陈州，即今河南周口市淮阳县）为何如此攻击"军改"中的民兵制："万一遇数千里之蝗旱"，民兵中"失业饥寒、武艺成就之人"势必"风起以应之"[②]。潜台词就是，改革可能造成内患，还不如不解决外忧。所以，重内轻外这个基本国策，王安石"军改"的动作再大也不敢碰。

军人的地位待遇和战斗力成正比，所以商鞅搞"军功爵制"，很快把秦军变成虎狼之师。但在北宋，谁也不敢改变开国皇帝赵匡胤定下的基本国策，武将始终被文官踩在脚下，普通士兵更是抬不起头来。在北宋，当兵最不幸，入伍后脸上会被刺字，直接跟你一辈子。"好铁不打钉，好男不当兵"，就是宋代流传下来的俗语。

一句话，王安石的军事改革不能说没效果，但效果有限。

王安石为啥打退堂鼓？

有人说，王安石是被反对派骂下台的。表面上看，似乎很有道理。他面对的反对派空前强大，一望阵容便知：欧阳修，司马光，韩琦（三朝元老，曾一日弹劾四名宰相），富弼（三朝元老，两度拜相），苏轼、苏辙兄弟，范纯仁（范仲淹之子，时任兵部员外郎）……就连王安石的两个弟弟王安国、王安礼也反对改革。

王安石也许很嫉妒商鞅，因为商鞅改革的时候谁敢饶舌就要谁好看，不是

---

①［宋］李焘：《续资治通鉴长编》卷三十二，淳化二年八月丁亥，中华书局，1995 年，第 719 页。宋太宗淳化二年，即 991 年。

②［元］脱脱、阿鲁图等：《宋史》卷一九二·志一四五《兵志六》，中华书局，2000 年，第 3194 页。

罢官那么简单，而是要进行肉体摧残甚至物理消灭，连太子的师傅都成了受害者。王安石根本没这个胆，也没这个权，因为宋朝的祖训之一就是“不杀士大夫”。换句话说，反对派可以尽情地对改革喷口水而不用担心有杀身之祸。你也许会说，反对派们不是被贬到地方去了吗？不错，在朝堂上，宋神宗和王安石的耳根子是清静了不少，可这些反对派到地方后手握实权，更有条件用行动来反对新法，而且照样可以用书面的形式向皇帝告王安石的状，只是明战变成了暗战而已。

反对派阵营强大的对面，是改革派阵营的弱小。从王安石的两个亲兄弟都反对改革来看，王安石是非常孤立的，几乎无人可依，不得不启用一些“有才无德”之人。于是，吕惠卿和曾布成为王安石的左膀右臂。这两人确实有才，这一点连反对改革的人也承认，但两人无德也是人所共知。他们加入改革派，不是像王安石那样一心为公，追求国富民强，而是私欲很重，有着强烈的个人利益诉求。尽管如此，王安石也只能抱着“唯才是举”的态度加以重用，所以改革草案多出自吕、曾两人之手。王安石的改革派阵营，99% 都是吕惠卿和曾布这样 40 岁上下的“少壮派”，这成为司马光等人反对改革的理由——王安石排斥元老重臣。当改革遭到司马光等人攻击时，改革派阵营尚能团结一致，但当反对派纷纷遭到贬谪时，改革派就开始内部的争权夺利，甚至不惜与王安石交恶。

外部的攻击，内部的争斗，外加皇帝的动摇，王安石大有心力交瘁之感，产生了撂挑子的想法。王安石担任宰相期间，多次自请罢相。1074 年（熙宁七年）3 月第一次罢相前，王安石曾六次上疏请免。1076 年 2 月复相后，他又多次请求免职。王安石第二次任相不久，为何多次上疏求免？因为这次出山，皇帝的支持明显不如上次，最多听他一半的话。[①] 王安石把改革比作煮粥，抱怨自己烧一把火，马上又被皇帝浇一瓢冷水，怎么可能煮得熟呢？[②]

---

①［宋］吕本中：《紫薇杂说》。

②［宋］李焘：《续资治通鉴长编》卷二六二，熙宁八年四月己丑，中华书局，1995 年，第 6414 页。原文为：“天下事如煮羹，下一把火，又随下一杓水，即羹何由有熟时也。”宋神宗熙宁八年，即 1075 年。

王安石屡求自免，前期或许有以退为进向皇帝施压的考虑，后期则是对改革前景灰心所致。王安石认为，月盈则亏，水满则溢，如果再干下去，改革不仅成功不了，连他个人也难有好下场。可以说，在个人气质上，在将改革进行到底的决心上，王安石比商鞅差太多。在私人书信中，王安石如此透露个人心迹：

“某羁孤无助，遭值大圣，独排众毁，付以宰事。苟利以国，岂辞糜殒。顾自念行不足以悦众，而怨怒实积于亲贵之尤。智不足以知人，而险诐常出于交游之厚。且据事重而任事久，有盈满之忧，意气衰而精力弊，有旷失之惧。历观前世大臣，如此而不知自弛，乃能终不累国者，盖未有也。此某所以不敢逃逋慢之诛，欲及罪戾未积，得优游里闾，为圣时知止不殆之臣。庶几天下后世，于上拔擢任使，无所讥议。”[①]

换句话说，干了七八年，有这个效果就不错了。现在，得罪了这么多人，还是急流勇退为妙。不过，王安石还是比范仲淹强。范仲淹的庆历新政只搞了一年，就因遭到反对派攻击主动偃旗息鼓，自请到西北任职。

1085年（元丰八年）3月，宋神宗去世。一个月后，司马光上奏新皇，建议废除新法，并强调“保甲、免役钱、将官三事，皆当今之急务，厘革所宜先者”[②]（三事两关“军改”）。5月，司马光拜相，废除新法更提上日程：6月罢保甲法，12月罢保马法……

---

①《王临川全集》卷七十三·书二《与参政王禹玉书二》，世界书局，1935年，第467页。

②［元］佚名：《宋史全文》卷十二《宋神宗·三》，李之亮校点，黑龙江人民出版社，2005年，第653页。

蒙古人不到20万，凭什么纵横世界？

——成吉思汗军事改革“十论”

有人说，中国几千年来几乎没有被外敌征服，主要得益于“U”字地形：东面与南面是海，西面是高山，只有北边开口。因此，历史上对中原王朝造成威胁的，主要是北方草原上的游牧民族。中原王朝的不破金身被一个草原部落踢翻在地——蒙古人，而能够摧枯拉朽一般横扫中原的，成吉思汗创立的蒙古军队是第一个。

不过，成吉思汗所创蒙古骑兵留下的纪录还不止这个。这支军队只有10 万～20 万人，却大杀四方，连续荡平几十万、上百万人的对手（比如花剌子模 40 万人，金国上百万人），甚至席卷西欧。在西方，蒙古人被称为“鞑靼人”（Tartars）。什么意思呢？ Tartars 一词源于 Tartarus，即希腊神话中的地狱。

西方的亚历山大，东方的阿提拉，都建立了赫赫伟业，但他们死后，远征霸业戛然而止。但成吉思汗死后，他的儿孙们继往开来，取得了更大成就。拿破仑后继乏人，于是叹道：“我不如成吉思汗。”[1]

蒙古帝国的伟业，离不开成吉思汗，离不开他的军事改革。

为蒙古征服世界的并非蒙古骑兵？

成吉思汗麾下究竟有多少蒙古骑兵？

1206 年，成吉思汗统一蒙古各部落称汗，拥有千户 95 个，加上 1 万人中

① 常保国：《成吉思汗》，中国民族摄影艺术出版社，1997 年。

央嫡系部队（“怯薛”），总共约10万人。当然了，也有人统计过其他七七八八的小股蒙古军，但不论哪种统计结果，蒙古骑兵的总数都没有超过20万人。

蒙古青壮年就这么点人？

确实，这已经是成吉思汗能够动员的最大兵力了。要知道，成吉思汗规定15岁以上、70岁以下的男子都有出征义务①，几乎创造了历代服役年限最长纪录。

蒙古骑兵再厉害，就算每仗必胜，也不可能没有伤亡，所以人总会越打越少。那么，这20万人怎么撬动“地球”？

可事实已经摆在那儿，“地球”确实被草原帝国撬动了。一仗仗打下来，成吉思汗麾下的部队不仅没有减少，反而越打越多。能解释所有疑问的答案就是，不断加入成吉思汗帐下的是外族军队。

极少有游牧民族首领像成吉思汗那样敢对“外军”放胆使用，收编得那么多，控制得那么好，发挥得那么棒。到后来出征，“外军”比蒙古兵多出几倍是家常便饭。比如木华黎②指挥的十提辖中，蒙古骑兵1.3万人，其他8.7万人都是来自外族的杂牌军。攻打忽毡（今土库曼斯坦列巴普州首府纳巴德）内城时，蒙古兵2万人，“外军”竟有5万人。③

如果以为这些杂牌军战斗力很差，那就错了。实战中的情况是，蒙古骑兵尚未出动，一切都摆平了。④《中国历代战争史》写道：

“在长期远征中，多数围城流血之役，皆用此等异族所签之军，蒙古兵

---

①［明］宋濂、王祎等：《元史》卷九十八·志第四十六《兵一》，中华书局，2000年，第1663页。原文为：“其法，家有男子，十五以上、七十以下，无众寡尽签为军。”

② 木华黎，原为成吉思汗的堂兄撒察别乞的门户奴隶，后来成为成吉思汗的开国功臣，长期掌管成吉思汗的嫡系部队。成吉思汗对他非常信任，而且评价极高：“吾有汝二人，犹车之有辕，身之有臂。”成吉思汗说的“二人”，一个是木华黎，另一人是博尔术。

③ 蒙古宫廷史官：《蒙古秘史》，常瑞峰编译，中央编译出版社，2011年，第205页。

④ 蒙古宫廷史官：《蒙古秘史》，常瑞峰编译，中央编译出版社，2011年，第121页。

数未见减少，所谓胜敌益强。此种善于组织运用被征服之民族或国家之新军，实为蒙古虽远征而日益强大的主因之一。”①

“借力”这种事，其他游牧民族很少用，所以只能窝在草原。

比勇武更重要的东西

成吉思汗和其他游牧民族首领相比，有不少相似的气质，如勇武、霸气、残忍等，但成吉思汗与他们也有一点最大的不同——大视野、大智慧、大谋略。《世界征服者史》作者志费尼曾把亚历山大与成吉思汗进行比较，结论是亚历山大只有当成吉思汗学生的份。志费尼是这样说的：“说实话，倘若那善于运筹帷幄、料敌如神的亚历山大活在成吉思汗时代，他会在使计用策方面当成吉思汗的学生，而且在攻城略地的种种妙策中，他会发现最好莫如盲目地跟着成吉思汗走。”②

其实，游牧民族之前经常把中原军队打得满地找牙，但总给人以匹夫之勇的感觉，而成吉思汗领导的蒙古骑兵完全摆脱了这一刻板印象。《中国历代战争史》评论：“蒙古兵宁用诈术破敌，而不常使用兵力。此辈并不以挟勇自负。”③蒙古骑兵经常使用箭雨打击、两翼包抄、佯退、口袋阵等战术，而且屡试不爽。

这些路数不算新鲜，其他游牧民族也用过，蒙古人只是运用得更出色，发挥得更完美。成吉思汗真正的过人之处在战略上。统一蒙古称汗后，成吉思汗很少亲临一线指挥，而是坐镇大本营掌控全局，制定战略。临死前，成吉思汗还交代了“联宋灭金”的战略。在成吉思汗的战略指导下，蒙古军队在战役和战术上偶有败绩，但很少在大方向上犯错误。《罗马帝国衰亡史》写道：“蒙古

---

①《中国历代战争史》（第13册），军事译文出版社，1983年，影印本，第56页。

②［伊朗］志费尼：《世界征服者史》（上册），何高济等译，内蒙古人民出版社，1980年，第27页。

③《中国历代战争史》（第13册），军事译文出版社，1983年，影印本，第61页。

远征军之所以成功，并非靠其优势兵力，而是靠其独特之战略。”[①]《元史》对成吉思汗是这样描述的：“帝深沉而有大略，用兵如神，故能灭国四十。”[②]

成吉思汗是古代征服者中最长寿的人，“秘方”是什么？

世界征服者们威风一时，但寿数似乎都不高：

亚历山大，33 岁；

阿提拉，47 岁；

彼得一世，47 岁；

…………

作为国家领袖和军队统帅，特别是世界征服者，精力再旺盛，如果像诸葛亮那样事必躬亲，只有一种下场——累趴下，“出师未捷身先死”，匆匆走完人生历程。上面这些世界征服者之所以英年早逝，与身心过于疲惫有很大关系。

与其他世界征服者的同行们相比，成吉思汗活了65岁，几乎是寿命最高的。他能活这么久，得感谢自己的一个英明创举——创设“参谋部”。

1204年，成吉思汗下令组建一个特殊机构——“扯必儿”。这是蒙古语音译过来的，意思是“参谋部”。开始，成吉思汗兼任总参谋长，直接听取这个智囊团的建议。随后，成吉思汗用2年时间就统一蒙古高原，该参谋部是默默无闻的幕后英雄。称汗后，成吉思汗事务太多，无法抽身，只能卸任总参谋长，授命忽必来接掌。成吉思汗对忽必来说：“以后军事汝皆长之。”[③]

很多人只知道忽必烈，不知道忽必来。忽必来可不是等闲之辈，乃成吉思

---

① 韩生：《成吉思汗独特战略》，内蒙古自治区蒙古族古代军事思想研究会编《蒙古族古代军事思想研究论文集》，内蒙古人民出版社，1990年。

②［明］宋濂、王祎等：《元史》卷一・本纪第一《太祖铁木真》，中华书局，2000年，第16页。

③ 柯绍忞编撰：《新元史》卷一二三・列传二十《哲别》，张京华、黄曙辉点校，上海古籍出版社，1989年，第549页。

汗帐下著名的“四狗”之一，与哲勒蔑、哲别、速不台几位强人平起平坐。成吉思汗对忽必来说过这样一句话：“凡刚硬不服之种族，汝皆服之。汝与哲勒蔑、哲别、速不台四人，如我之猛犬，临阵以汝四人为前锋。”①

一般认为，参谋部是德国人发明的，其实拿破仑在德国人之前，而成吉思汗又在拿破仑之前。所以，日本军事家说，成吉思汗的这个参谋部比拿破仑还早600年。

有了“扯必儿”这个好帮手，成吉思汗就可以不管战役、战术之类的细节，更不用到一线指挥，而是专注大局和战略。相比之下，亚历山大就累死了，什么都要管。作为统帅，亚历山大居然像普通战士一样冲锋陷阵。亚历山大还在头盔上插上白色羽毛，这固然能鼓舞士气，但也等于告诉敌人——“我在这里，有本事来砍我啊”。结果，亚历山大多次负伤，其中一次被敌人投枪刺入护胸甲，头盔也差点被对方战斧劈裂。②美国Discovery（探索）频道说，亚历山大之所以英年早逝，和他考虑的事情以及受过的伤太多有很大关系。

班长带兵无能，带妻子、孩子一起去死！

如果你发现自己手下的班长不合格，怎么办？

最严重的选项，大不了撤掉不让他干了呗。

这算运气好的，要是这类班长穿越到成吉思汗帐下，那就大大的不妙啦。成吉思汗发话了：

> “其善将十人者，堪以十人委之；第若十人长（班长——笔者注）不知驭其小队，我则并其妻子一同处死，在十人中别选一人代之。”③

① 柯绍忞编撰：《新元史》卷一二三·列传二十《哲别》，张京华、黄曙辉点校，上海古籍出版社，1989年，第549页。

②［美］杰弗里·帕克等：《剑桥插图战争史》，傅景川等译，山东画报出版社，2004年，第42页。

③《中国历代战争史》（第13册），军事译文出版社，1984年，影印本，第54页。

换句话说，如果班长当得不合格，不仅自己小命不保，连妻子、孩子也得跟着去死。

既然当班长风险这么高，那还是老老实实做小兵吧。对不起，当小兵也好不到哪里去。成吉思汗应该不了解商鞅变法在部队搞“连坐法”的事，却心有灵犀地在军队搞起大同小异的“链锁制”：十人队里有人逃跑，十个人全部处死，以此类推。①

游牧民族勇则勇矣，组织性、纪律性却不太好，如果遇挫，往往四散奔逃，就此散伙。成吉思汗领导下的军队，不仅纪律极严（当然不是指秋毫无犯那种纪律），而且执行力非常强。即使是将军违纪或犯错，成吉思汗也只需派出一名下级官吏，就能把对方人头带回。《多桑蒙古史》写道：“对于将校之有过者，只需遣派一微贱之臣民，已足惩之。此将虽在极远之地，统兵十万，亦应遵守使者所传之命。若为受杖，则应伏于地，若为死刑，则应授其首。”② 在各条军纪之中，“链锁制”是最重要的纪律，于是军队被强制性拧成一股绳，同生共死，战斗力极强。

前面说成吉思汗抓大放小，一般只看大局，管方向，定战略，那他怎么会对最基层的班一级组织如此上心呢？

有句话说得好，“基础不牢，地动山摇”。蒙古军队完全是以“十进制”编组而成，“十人班”是基础，相当于金字塔的底层，要是打得不牢，整个军队就会松松垮垮，终有滑坡塌陷之日。

塞北雕弓与蒙古弯刀，西方人服了

形容一个人没见识，中国人至少发明了两个成语：一个是“井底之蛙”，一个是“夜郎自大”。以之形容蒙古骑兵碰到的西方骑士，则恰如其分。

---

①［意大利］普兰・迦儿宾：《蒙古史》（俄文本），第六章第一节。转引自杨建新、马曼丽：《成吉思汗评传》，南京大学出版社，2002 年，第 115 页。

②［瑞典］多桑：《多桑蒙古史》（上册），冯承钧译，中华书局，1962 年，第 152 页。

13 世纪，西方热衷的是堂吉诃德式的骑士决斗。骑士们自信满满，以为自己是这个世界上最厉害的斗士。然而，碰到成吉思汗的蒙古军队后，他们立即改变了看法。

欧洲骑士擅长近距离格斗，可惜蒙古骑兵基本不给他们这个机会。也许你会说：英国长弓不是挺有名吗，欧洲人难道不知道用来对付蒙古人？英国长弓的确不赖，但洋人的长弓与蒙古的塞北雕弓一比，就给比下去了。还是用数据说话：英国长弓拉力为 80 磅，有效射程 230 米，而塞北雕弓拉力为 166 磅，射程 320 米。蒙古人的弓厉害，配套的箭也不含糊。欧洲骑兵喜欢穿锁子甲，裹得跟粽子似的，头上还扣个桶似的帽子。有了这个标配，刀剑砍劈确实拿他们没辙，但箭能射进去。蒙古骑兵专门为欧洲这种重骑兵量身定做了特殊的箭头——重而狭，可以找缝隙钻进对方身体。法国的东方学者里夏尔认为："作为进攻性武器，蒙古人的弓弩明显是最可怕的。"①

当然，蒙古骑兵也不是只会躲得远远的放箭，因为贴身肉搏不可避免，所以其近战武器也相当考究。短兵器为弯刀，长兵器为带钩的矛或枪。刀是吸收阿拉伯弯刀的优长打造而成，之所以设计成弯的，是为了砍进敌人身体后不至于陷在里面一下子拔不出来，劈到铠甲等硬物也不至于被震飞。美国 Discovery（探索）频道说："塞北雕弓跟弯刀一起使用，蒙古骑兵拥有威力强大的武器。"②欧洲骑兵近战用的是直剑，特点就一个字——"沉"，如果击中对手，杀伤力确实大，但缺点也显而易见——速度慢，碰到硬物还可能震断。蒙古骑兵的长矛或长枪为什么要设计成带钩的呢？不仅可以把对手钩下马来补上一刺，且矛头或枪头因钩子阻挡不至于刺入太深，方便拔出再战，可谓一举两得。

蒙古骑兵攻击厉害，防御也不错。他们往往身披一件生丝制作的衣服，即使被敌箭射中，也很难穿透，箭头会和衣服一起插入伤口。因为有了丝衣缓冲，造成的伤害不会太大，医生只需把丝布往外拉，箭头就会一起带出来。可见，

---

①［法］里夏尔：《千年风云第一人》，耿升译，《蒙古学资料与情报》1984 年第 2 期，第 352 页。

② *Genghis Khan: Rider of the Apocalypse*（《成吉思汗：铁甲神威》），2004，00:20:55－00:20:59。

这种衣服已经初步有了现代“防弹衣”的功能，可称之为“防箭衣”。

技术，技术，技术

鸦片战争后，“以敌为师”向对手取经，已经是明摆着的趋势，但晚清朝廷扭扭捏捏，裹足不前。同为游牧民族出身，晚清的八旗子弟们大概忘记了成吉思汗的开明与开放。

成吉思汗征服世界，靠的不仅是骑兵这个兵种。成吉思汗的骑兵厉害，但对手也不傻，谁会跟蒙古骑兵玩野战？躲在城墙后面多安全。据《来自蒙古的旋风》记载，蒙古骑兵“在高大的城墙面前表现得不知所措”①。显然，如果仅靠骑兵，成吉思汗的征服霸业只能停在高墙之下。

成吉思汗找到嗆木海，两人有一段对话②：

> “攻城略地，兵杖何先？”
>
> “攻城以炮石为先，力重而能及远也。”

成吉思汗深以为然，于是任他为炮手，并让他挑500人做徒弟。后来，成吉思汗还对木华黎说：“嗆木海言，攻城用炮之策甚善，汝能任之，何城不破？”③

打了胜仗，成吉思汗喜欢杀人（俘虏），比车轱辘高的男子都难逃厄运，但有一种人他舍不得杀——工匠。在进攻西夏和金的战争中，成吉思汗俘虏了不少工匠，并进行了特殊安排——一部分送回后方，进行武器装备的生产；一部分随军打仗，负责逢山开路、遇水架桥、攻城射炮之类。西征时，蒙古军队

---

①［美］T.N. 杜普伊：《来自蒙古的旋风》，载《武器和战争的演变》，严瑞池、李志兴等译，军事科学出版社，1985年。

②［明］宋濂、王祎主编：《元史》卷一二二·列传九《嗆木海》，中华书局，2000年，第1988页。

③［明］宋濂、王祎主编：《元史》卷一二二·列传九《嗆木海》，中华书局，2000年，第1988页。

得到的工匠就更多了：在撒马尔罕，得到3万人；在花剌子模城（蒙古人称玉龙杰赤，即今土库曼斯坦西北的坦乌尔根奇），更是得到10余万人。

这些技术工匠中，成吉思汗最重视制造和使用火炮的技术人员。1214年，成吉思汗授权木华黎选调500人，组建了蒙古第一支炮兵。其中，一种炮叫“回回炮”，重150斤，“所击无不摧陷，入地七八尺”①。这支炮兵部队用于攻城战的军械齐全，不仅有抛石器、铜制火炮、火箭发射器，还有火焰喷射器等。日本军事专家甚至认为，成吉思汗800年前就首先使用了凝固汽油弹。蒙古西征时，少见多怪的欧洲人被成吉思汗的武器库吓坏了，传言“蒙古军队用吞云吐雾的怪兽开路”②，其实就是火石炮。

成吉思汗在有生之年没能灭掉金国，儿孙们在他去世8年后实现了其夙愿。金国也是游牧民族，对蒙古骑兵不会太落下风，怎么就给灭了呢？金国国主哀宗自己给出了答案：“北军所以常取全胜者，恃北方之马力，就中国之技巧耳，我实难与之敌。”③“中国技巧”嘛，主要就是炮。

我能打败你，因为我了解你

成吉思汗是个文盲，没读过《孙子兵法》，不知道“知己知彼”这个警句，但运用得非常好。再睿智的统帅，如果决策建立在错误情报的基础上，结果可能是灾难性的，而成吉思汗不在此列。成吉思汗领导的蒙古军队之所以屡战屡胜，一个很重要的原因是，他们了解对手，而对手却不了解他们。

成吉思汗不仅重视战术情报，在打仗时派出哨探前出100～200里侦察，还特别重视战略情报，对敌人的国情、军情、民情、社情进行侦察。这样一来，成吉思汗就可以掌握非常全面的情况，做出正确的决策。但对手在明处，不了解蒙古军队，更不知道成吉思汗什么时候上门“砸场子”，结果还有什么可猜的呢？

---

①［明］宋濂、王袆主编：《元史》卷二〇三·列传九十《亦思马因》，中华书局，2000年，第3039页。

② 张有凤、高建伟编著：《中国古近代重大军事改革述评》，国防大学出版社，2015年，第143页。

③［元］脱脱等：《金史》卷一一九·列传五十七《完颜娄室》，中华书局，2000年，第1735页。

为成吉思汗提供情报服务的，不仅有军中探子，还有各部的奴隶和反对派，特别值得一提的是各国商人。余秋雨说，在古代，大多数人一辈子活动半径都不大，脚程最远的是四种人——打仗的军人、求利的商人、化缘的和尚、逍遥的诗人。[①]就数量上说，军人和商人显然远远超过和尚和诗人，各国都有"军探"，但"商探"是成吉思汗的专利。德国学者加文·汉布里指出："成吉思汗的情报是由商人提供的，而商人们则将成吉思汗及其家族看作他们的保护人。"[②]当然了，所谓"商人无利不起早"，要得到更丰富、更准确、更重要的情报，需要对探子们进行利益刺激。在这方面，成吉思汗非常大方，除了给予物质奖励，甚至将情报有功者任命为地区行政长官。

情报到手了，还有一个重要的技术难题需要解决——怎么送到成吉思汗手里？有句话说得好，"早一分钟是情报，迟一分钟是新闻，再晚一分钟是历史"[③]。当年没有电话和网络等现代通信手段，怎么办呢？成吉思汗设置了蜘蛛网般的驿站和驿马，驿站所备送信的马匹居然有 30 万匹（汉武帝为对付匈奴时大肆养马，总共也就 40 万匹）。韩国《千年历史人物》对此评价很高："成吉思汗的驿马、驿站是当时通信业的最佳最快形式，是当今世界因特网的前奏。"[④]

蒙古骑兵一个人为什么有几匹马？

1212 年底，名将哲别率军进攻金国的东都辽阳。蒙古骑兵野战没得说，但当时攻坚能力还不行，打了半天攻不下，只好撤围而去。辽军跟踪监视，见蒙军一直撤到 500 里之外，断定其已放弃进攻。哪知道，蒙古骑兵只用一个昼夜

① 余秋雨：《行脚深深》，台湾佛光山演讲，1997 年 1 月 1 日。

②［英］加文·汉布里主编：《中亚史纲要》，吴玉贵译，商务印书馆，1994 年。转引自巴拉吉尼玛、额尔敦扎布、张继霞编：《千年风云第一人》，民族出版社，2005 年，第 348 页。

③ 此为法国记者马尔什的话。转引自田聿等：《欧洲的独狼，法国的"战争轮回"》，《南方周末》2015 年 11 月 19 日第 11 版。

④ 巴拉吉尼玛、额尔敦扎布、张继霞编：《千年风云第一人》，民族出版社，2005 年，第 9 页。

就杀了个回马枪，以迅雷不及掩耳之势拿下辽阳。①

不过，这个纪录还不是最高的。一次，成吉思汗召前线的速不台开会。速不台人在里海，到会议地点有4000里，居然7天就赶回去了。这是什么概念？一天跑了近600里。②

上面两个例子说的是单纯行军，那么蒙古人边打边走一天又能跑多远呢？160里！别小看这个数字，因为欧洲军队就是只走不打，一天也只能跑80里，仅为蒙古骑兵的对折。③

蒙古骑兵能创造上述奇迹，可以用两个字作注——“从马”，这是成吉思汗的创举。何为“从马”？史书记载：“凡出师，人有数马。日轮一骑乘之（余马即称从马），故马不困弊。”④蒙古骑兵一人多骑（3~5匹），马歇人不歇。过去的战马好比今天的石油，是军队实施机动的依靠。蒙哥马利凭什么击败“沙漠之狐”隆美尔？不是因为蒙哥马利人比隆美尔聪明，而是他的油比隆美尔充足。在过去，马多就好比油多，这得占很大便宜。

蒙古马并不是世界上最高大的，也不是速度最快的，却赢得了“蒙古旋风”的世界声誉，主要是“从马”的功劳。灭掉花剌子模是成吉思汗的杰作之一，从攻打第一个城市到占领其首都撒马尔罕只用了6个月。根据花剌子模的估计，

欧洲人观察到的蒙古军队（不仅有从马，还有骆驼）

① 柯绍忞等：《新元史》卷一二三·列传二十《哲别》，上海古籍出版社，1989年，第549页。

② 杨建新、马曼丽：《成吉思汗评传》，南京大学出版社，2002年，第121页。

③ 祁鑫：《蒙古骑兵何以天下无敌》，澎湃新闻，http://www.thepaper.cn/newsDetail_forward_1301358，2015年3月2日。

④［南宋］孟珙著，［清］曹元忠校注：《蒙鞑备录校注·马政》，上海图书馆藏清光绪二十七年刻签经室丛书影印本，第525页。

蒙古人到自己门前至少要一年。为什么？花剌子模是一人一骑，以为蒙古人也一样，不可能那么快。

除了“蒙古旋风”，还有人用“闪电战”来形容蒙古骑兵之快。南宋人这样描述蒙古骑兵：“来如天坠，去如闪电，飚风迅震，千里瞬至。”[①] 美国学者布尔霖说得就直接了：“为什么一个不开化的军队，于攻击强盛开化人民时，均获得成功，其理由安在？概言之，即进行近代闪电战之方式也。”[②] 法国学者米歇尔·黄也指出，成吉思汗“在13世纪就使用了闪电战”[③]。

宰牛杀羊有讲究，细节制胜

游牧民族军队之所以在农耕民族军队面前占尽上风，很重要的优势之一是不受后勤拖累。成吉思汗的蒙古军队在这方面做得比其他游牧民族更好，体现在诸多细节上。

高手过招，由于水平极为接近，在细节上的细微差距可能直接决定双方成败。成吉思汗曾规定并统一牛羊的杀法，流程非常详细：

> “用牛羊的膀胱两个，吹满空气，把骨管伸进膀胱的管孔。骨管上刻有螺丝纹。在兽的第四、第五肋条之间，刺个穴口然后把骨管插进创口，压迫膀胱把空气注入肺脏。这样做的时候，兽立刻死去。死状好像是被电击一样。”[④]

为什么管这么细呢？因为这个杀法好处大大的，“肉量增加，滋养力充分，

---

①［南宋］彭大雅：《黑鞑事略》。

② 布尔霖：《成吉思汗》，沈颖译，1948年。

③［法］米歇尔·黄：《成吉思汗》（法文版），1988年。又见［法］米歇尔·黄：《成吉思汗》（蒙文版），扎布译，蒙古国乌兰巴托，2000年。

④［法］布鲁丁、［俄］伊万宁：《大统帅成吉思汗兵略》，都固尔扎布、巴图吉尔嘎拉译，内蒙古人民出版社，1991年，第274页。

肉质柔软，味道也美，易于更长久的保存”[1]。

纵观成吉思汗的征服足迹，纵向南下少，横向西征多。这就意味着，成吉思汗遇到的对手不少是与自己一样的游牧民族，双方实力不会悬殊太大。在这种情况下，要战胜对方，就需要在细节上下功夫。别人没想到的，你想到了，别人想到的，你做得更好，这样才能胜出，并将对手淘汰出局。

说白了，就是八个字——“人无我有，人有我优”。

成吉思汗死后，蒙古部落为什么没散伙？

亚历山大死后，马其顿大厦塌了。

阿提拉死后，“上帝之鞭”折了。

赫连勃勃死后，大夏国垮了。

…………

成吉思汗死后，蒙古帝国更猛了！

游牧民族分裂的事儿司空见惯，所谓“聚也匆匆，散也匆匆”。“胡人”在战国分裂过，匈奴在汉朝分裂过，突厥在隋朝分裂过。为什么？草原部落如果出现强人，可以实现“大一统”，但由于常常采取各部落联盟的形式，这种统一是脆弱的，如果强人死掉，联盟往往散伙——鸟归林，鱼回水。

1206年前，蒙古部落也是四分五裂，但1206年之后，蒙古族团结得像一个人。这一年，成吉思汗统一了蒙古高原，当了可汗。

成吉思汗团结内部、巩固统一的办法主要有两个：

一是组织再造。成吉思汗祭出了著名的“千户制”，打破部落原有建制，重新编组，以十进制编成十户、百户、千户。部落的首领们可以做千户的头儿，

---

①［法］布鲁丁、［俄］伊万宁：《大统帅成吉思汗兵略》，都固尔扎布、巴图吉尔嘎拉译，内蒙古人民出版社，1991年，第274页。

但所辖人马则“五湖四海”，看不到几个自己原来部落的“旧人”。“千户制”的军民一体编组模式，是游牧民族的传统。成吉思汗的创新之处在于，把各部落首领喜欢的儿子和干将等人集中起来，建立一支中央军（“怯薛”）。中央军1万人，主要担纲两个角色：一是可汗的警卫队，二是全军的教导队。奇怪的是，这么厉害的精锐部队，从来没到前线打过实战。显然，成吉思汗醉翁之意不在酒，他是把部落首领们的儿子们作为人质了，还把他们的骨干也抽走。这一招叫作“釜底抽薪”，部落首领们即使要反，但一无亲信，二有顾忌，最多也只能是想想而已。

二是依法治国。成吉思汗创设文字，并出台《成吉思汗法典》（今已散佚），使蒙古军民在各方面都有法可依。成吉思汗特别强调，法典“今后不许更改！擅自更改的人，必予处罚”。成吉思汗去世后，人死法在，使他的子孙少了许多烦恼，能够专事征伐。志费尼写道：

> “（法典）收藏在各宗王的府库中，当新可汗即大位，或是要进行大军的动员，或是宗王们召开大会，要商讨全国要务或行政之时，他们都要展开这个卷轴，从其中寻求典范；当大军前进的时候，对于（敌方）城市州县的攻占，破坏和处理，也要按其中的指示去做。”

张居正与戚继光联手的威力

——张居正军事改革

1573 年，48 岁的张居正当上内阁首辅（相当于宰相），随后搞起了变法运动。但是，在军事改革方面没啥大动作，为什么？

原来，在这之前，军事改革已经搞得差不多了，而且很成功，东南海患（倭寇）和北疆边患（蒙古军余部）基本平息，为变法提供了良好的外部环境。

在那场军事改革中，张居正发挥了主导作用。奇的是，他当时并非内阁首辅，只是内阁大学士之一，居然可以主导军事改革。那么，他是怎么做到的？

张居正搞军事改革，戚继光是其重要依托。当时不少人认为，元军余部比倭寇难对付多了，戚继光将军在南方表现不错，但到了北方未必就行，很可能水土不服，毁了一世英名。那么，戚继光南将北用效果如何呢？

比东南倭患更严重的危机

张居正主导隆庆年间的 15 年军事改革（1557—1572 年），指向和重点十分明确：北方，北方，北方。

为什么是这里？

有明一代，东南倭寇猖獗，最有名的事莫过于 53 名倭寇在浙江、安徽、江苏三省杀进杀出如入无人之境，甚至竟敢攻打 2 万明军把守的大明旧都南京……

相比之下，北敌对大明王朝的威胁有多大，而今知之者不多。其实，京城里的当权者对北患更加头疼。为何？倭患虽重，受害者主要是沿海百姓，因距首都太远，京城感受不到直接威胁。但北敌太不一样了，动不动就南犯，连皇帝在京城都能隐约听到敌军马嘶人吼，哪里还吃得香睡得好！

大明王朝前100年的日子还比较好过，仗着开国武力强盛的惯性，对元军残余屡屡采取攻势，逼得对方远遁大漠。不过，“三十年河东，三十年河西”，百年之后大明王朝不断走下坡路，朝政坏了，边防也废了，麻烦自然跟着来了。

可怜大明王朝没有自知之明，还想教训人家，尤以明英宗为杰出代表。明英宗以朱棣亲征漠北、驱逐元军的先例为榜样，梦想再现祖上荣光，遂于1449年（正统十四年）御驾亲征。可惜事与愿违，不仅50万明军有去无回，连皇帝自己也被活捉了去，真是“心比天高，命比纸薄”。这就是历史上著名的“土木堡之变”，是大明王朝永远抹不掉的耻辱。对手一看明军如此不堪，干脆乘胜直捣京城，想一鼓作气把朱明王朝给灭了，重新恢复“旧山河”。要不是兵部侍郎于谦发挥“粉身碎骨浑不怕”的大无畏精神，挺身而出组织京城保卫战，明朝的耻辱史怕是还要添上浓墨重彩的一笔。

不过，这只是大明王朝噩梦的开始。

北方游牧民族强盛的时候，往往把中原王朝当作生产基地，没东西过冬了，就越过长城杀进来抢东西。老百姓敢不给，杀；官军敢抵抗，更要杀。1542—1543年，元军连续侵犯大同、太原、平阳等38个州县，杀人越货，受害者是20多万老百姓和众多家畜。

在嘉靖的45年中，元军南犯几乎没断过，直到嘉靖皇帝去世那一年也没消停。隆庆皇帝即位第一年（1567年），元军更是觉得有机可乘，再次入侵。

张居正在京城多次见闻北敌南犯，看在眼里，急在心头。他担心北宋的悲剧在大明重演，在私人信件中表示：“今武备废弛如此，不及今图之，则衰宋之祸殆将不远。仆于此事颇殚心力。”[1] 同时，张居正还分析了宋朝败亡的教训——

① [明]张居正:《答督学曾确庵》，载王云五主编《张文忠公全集》第三册《书牍一》，商务印书馆，1935年，第222页。

“声容盛而武备衰，议论多而成功少”，并表达了“欲一起而振之”的愿望。[1]

嘉靖与隆庆父子交接班那一年，刚好是张居正入阁之时。此间，内阁已成长壮大为大明王朝最高权力机构。这样，张居正有了搞军事改革的平台，准备动手了。这时，倭患基本平息，张居正可以集中精力应对北患。

内阁大学士凭什么主导军事改革？

隆庆年间的军事改革，主导者为什么既不是隆庆皇帝，也不是内阁首辅徐阶、李春芳、高拱，而是内阁大学士之一的张居正？

这些人地位都比张居正高，但在一个关键因素上不如他——改革欲望不强，动力不足。张居正有一段非常特殊的经历：考上进士在翰林院待了一阵子之后，看不惯朝堂高官们不以国事为重就知道内斗，于是挂冠而去，回到南方家乡体察了 3 年（1554—1557 年）民间疾苦。他知道，大明王朝如果继续这样下去就完蛋了，必须改革。所以，32 岁的张居正又回到京城重新进入官场，准备将个人前途和人民利益、国家命运紧密结合在一起。

主观愿望有了，还得有客观条件，所以张居正进了内阁。这是个熬资历的地方，遵循“先来后到”的潜规则。张居正在内阁大学士中排名最后，要干到首辅，理论上至少得等个十年八年。张居正尽管不是一把手，但已经有一定权力和能量，决定开始解决最急迫的问题——北患。要实现这个愿望，必须得到内阁首辅支持。

张居正在内阁的第一个上司叫徐阶，他太喜欢这个上司了，因为徐阶是他的知遇恩人。1547 年（嘉靖二十六年），张居正考中进士，进入了翰林院庶吉士，“院长”由吏部侍郎徐阶兼任。更重要的是，徐阶很欣赏张居正。13 年后（嘉靖三十九年，即 1560 年），徐阶帮助张居正当上了太子的“文字秘书”和国子监司业，既能与未来的皇帝攀关系，又能培养未来的官场门生，如此安排大有

①［明］张居正：《答蓄伯施恒斋》，载王云五主编《张文忠公全集》第三册《书牍二》，商务印书馆，1935 年，第 237 页。

深意。再后来，徐阶又把张居正提拔到内阁，这可是最高决策层。

张居正和内阁首辅徐阶有这样的关系，在军事改革上办起事来，那还不是轻松加愉快。

1568 年，66 岁的徐阶干了 4 年多首辅后，突然急流勇退，主动退休。接班的是李春芳，嘉靖二十六年即 1547 年状元，为皇帝写青词[①]没人写得过他。李春芳是个厚道人，谁说什么他都说“好好好”。当能干的张居正提出军事改革建议，李春芳更是二话不说表示 OK。

经过李春芳的短暂过渡，张居正的上司又换成了著名的高拱（1569 年上任）。张居正要获得高拱的支持，就不容易了。为什么？高拱与徐阶是死对头，而且高拱知道张居正是徐阶的人。即使在这种不利情况下，张居正仍然获得了高拱的信任。可见，张居正不是一般的人精。

那张居正是怎么做到的呢？

张居正与高拱差不多 10 年前就认识了。张居正在吏部做侍郎的时候，吏部尚书正是高拱。在私谊上，张居正和高拱虽然不如与徐阶的关系那么亲密，但也不错。史载，两人初交时“相契如兄弟”[②]，一同骑马出游，“你笑我干鱼头，我讽你偷驴贼”。张居正比高拱小整整 13 岁，却能把玩笑开到这种程度，关系不好怎么可能？张居正给裕王（后来的隆庆皇帝）当老师的时候，高拱也是四大老师之一。两人真是有缘，一路并肩下来高拱对张居正越发了解，知道这是个非常有本事也非常有城府的高人。同时，高拱于 1567 年（隆庆元年）被徐阶排挤“退休”后能够重返朝堂，东山再起，张居正也是出过力的，这自然加深了两人的关系。

高拱极为孤傲，基本上谁都不放在眼里，却偏偏对一个人欣赏有加——张

① “青词”，道教举行法事时献给上天的奏章祝文，一般为骈俪体，用红色颜料写在青藤纸上，要求形式工整和文字华丽。明朝嘉靖帝特别好青词，善写者能够得到重用。嘉靖十七年（1558）后，内阁 14 个辅臣中，有 9 人因擅青词起家。

②［明］沈德符：《万历野获编》卷二十六《谐谑》，中华书局，1959 年，第 665 页。

居正。高拱在人前说过："满朝文武，除了张居正，其他都是无能之辈。"更重要的是，两人在公事上非常谈得拢，合得来。据史载，他俩"相得甚欢，如出一口"①，"相期以相业"②。最重要的是，张居正年龄比高拱小很多，理论上不致对他产生威胁，两人不会有核心利益上的冲突。③

早年，徐阶与严嵩水火不容，但张居正两边都结下善缘，而两边都不觉得他是两面派。现在，高拱与徐阶势不两立，张居正游走其间，同时博得双方好感。可见，张居正这个人，不是一般厉害。

除了上面三位内阁首辅，张居正和其他内阁大学士相比，更是高出一头。张居正在朝堂上发言不多，但一发便惊人。《明史》是这样说的："间出一语辄中肯，人以是严惮之，重于他相。"④隆庆时代的历任内阁大学士，除了徐阶、高拱和张居正，其他人要么待的时间太短，要么不太任事，特别是边防这个烂摊子没人想揽。不过，别人不愿干的活儿，张居正愿意，他曾上疏建言："当今之事，其可虑者，莫重于边防；庙堂之上，所当日夜图画者，亦莫急于边防。"⑤同时，他在私人书信中表示，自己心忧边防，甚至好几次做梦去巡视，一天之内看了个遍。⑥张居正是个想干事、能干事的人，把别人不愿管的事都管好了，于国于己都好。如此，大家又何乐而不为呢？所以，张居正顺理成章接下了边防事务。

张居正先后得到了徐阶、李春芳、高拱的欣赏和信任，再加上徐阶和高拱都兼任吏部尚书，掌握了人事大权，能够在军队系统的人事任免上对张居正提供方便。所以，尽管张居正只是内阁大学士之一，但在用人、调防、训练、作

① [明] 于慎行:《谷山笔麈》卷四《相鉴》，中华书局，1984年，第40页。

② [清] 张廷玉等:《明史》卷二一三·列传第一〇一《张居正》，中华书局，2000年，第3761页。

③ 高拱后来被张居正暗箭所伤，黯然下台。

④ [清] 张廷玉等:《明史》卷二一三·列传第一〇一《张居正传》，中华书局，2000年，第3762页。

⑤ [明] 张居正:《陈六事疏》，载王云五主编《张文忠公全集》第一册《奏疏一》，商务印书馆，1935年，第7页。

⑥ [明] 张居正:《答吴环洲论边臣任事》，载王云五主编《张文忠公全集》第四册《书牍七》，商务印书馆，1935年。原文为："仆内奉宸扆，外忧边境，一日之内，神游九塞，盖不啻一再至而已。"

战方面没有多少阻碍，搞起军事改革来得心应手。正如《张居正评传》所说：“当时，张居正并不是首辅，但他先后得到大权在握的徐阶和高拱的支持，成为隆庆军事改革的实际主持人。”①

张居正还不是内阁首辅就可以如鱼得水搞军事改革，等万历小皇帝上台后张居正坐上首辅的位置，那就更不在话下了。

张居正抓大放小

1567年，除了改年号为隆庆，张居正入阁，还有一个重大事件——谭纶与戚继光北调。

谭纶是两广总督，北调入京担任要职——兵部左侍郎兼右佥都御史，并分管蓟辽、保定军务。戚继光后脚入京，经过神机营副将的短暂过渡，履新为总理蓟州、昌平、保定练兵，理论上可以节制三个镇的总兵。②谭纶与戚继光这对为东南抗倭做出重大贡献的上下级，又一起“打包”北上，继续亲密合作。

谭纶与戚继光都是徐阶的故旧门生，但奏请其北调的是张居正。道理很简单，徐阶要避嫌，不便亲自出面。既然大家都是徐阶这条线上的人，张居正此后自然不遗余力地支持谭、戚。不过，张居正这样做也有“私心”——搞军事改革，需要得到两人鼎力配合。

张居正对边防进行军事改革的第一个大动作是扩大将权。

明朝与宋朝之间隔了一个元朝，却沿袭宋代旧制——“重文轻武，以文制武”。具体是怎么个轻法、制法呢？如果你是边将，部下打赢了，你无权打赏；部下打败了，你也无权惩罚，甚至指挥部队也得提前征得地方官同意才行。在这种情况下，请问你建功沙场的主动性、积极性还剩多少？

张居正既非内阁首辅，更不是皇帝，不可能把“重文轻武”的旧体制完全纠正过来，但可以巧妙利用解决北患的迫切需要以作局部调整，实践其一贯主

---

① 刘志琴：《张居正评传》，南京大学出版社，2006年，第107页。

② 北调将领本来也有俞大猷，但朝廷考虑到他年龄太大，就将其留在广西总兵任上。

张——“伸将权”①。

机会很快出现，是谭纶送来的。

谭纶的名气不如戚继光，但官位更高，任职经历也更丰富。谭纶先是文官，然后转武将。在东南领导剿倭时，谭纶甚至亲自上阵杀敌，积累了丰富的军事经验，是难得的文武全才。北调入京后，谭纶上疏提出一个石破天惊的建议：“蓟镇练兵逾十年，然竟不效者，任之未专而行之未实也。今宜责臣纶、继光，令得专断，勿使巡按、巡关御史参与其间。”②换句话说，就是要求那些只知挑刺、不干实事的人靠边站，手不要伸那么长。

当然，这样一来就有人不干了，比如当地巡抚刘应节、巡关御史孙代等。他们向皇帝告状，上纲上线，说边将企图摆脱朝廷监控，想自大作乱之类。关键时刻，张居正挺身而出，坚定支持谭纶。双方斗争的结果，“穆宗用张居正言，悉以兵事委纶”③。

谭纶这边的问题解决了，戚继光那边的麻烦又来了。戚继光的权力是主管三镇练兵事宜，但三个总兵压根儿不理睬戚继光，使他形同“光杆司令”。有人攻击戚继光，说已经有总督谭纶管总兵了，他这个职位乃“因人而设”——多余，简直是“缀疣”④。还有人说戚继光是南军将领，只能对付小小的倭寇，到北方来对阵蒙古骑兵是玩不转的。关键时刻，谭纶站出来支持老搭档戚继光，赶走了原来的蓟州总兵，让戚继光好歹有了点实权。

为什么把戚继光安排在蓟州？

明代为防御来自草原和沙漠的入侵之敌，沿北部国境线在长城内建立了九个军区，其中东部四个军区（辽东、蓟州、宣府、大同）的地位和作用超过西部五个军区（固原、太原、甘肃、宁夏、榆林）。为此，兵部的两个副职（左、

---

①［明］张居正:《陈六事疏》，载王云五主编《张文忠公全集》第一册《奏疏一》，商务印书馆，1935 年，第 7 页。《陈六事疏》是张居正在入阁次年（1568 年）上疏建议的。

②［清］张廷玉等:《明史》卷二二二·列传第一一〇《谭纶》，中华书局，2000 年，第 3891 页。

③ 同上。

④［清］张廷玉等:《明史》卷二一二·列传第一百《戚继光传》，中华书局，2000 年，第 3742 页。

右侍郎）一般都分管蓟辽和宣大军务。在东部四个军区中，蓟州乃京城门户，最为重要。说得不好听点，戚继光就是京城的“看门狗”，把蓟州交给他，充分说明朝廷对他的信任。

尽管有了实权，戚继光却一点也不开心，因为蓟州总兵力也就3万出头，不够他发挥。更重要的是，他从节制三镇到主管一镇，实际是降职使用，自然闷闷不乐。此时，突然传来好消息——戚继光不仅是蓟州总兵，还继续总理三镇练兵。戚继光大喜，再一打听，原来是张居正在皇帝那里替自己争取的，想不感激都不行，从此便决定跟定张居正了。[①] 张居正果然识货，对戚继光很是信任：“戚之威名，虽著于南土，然观其才智，似亦非拘泥于一局而不知变者。”[②]

张居正不仅在职权上为戚继光安排妥帖，还在其他方面加以妥善保障。戚继光初来乍到，没站稳脚跟，需要有个大家都服气的人替他说话。于是，张居正致信素有威望的凌云翼（兵部左侍郎兼右佥都御史），利用同年进士的私交动员其为戚继光撑腰。凌云翼都说戚继光不错了，其他人也就不好说什么了。实在还有谁不识相，非得跟戚继光过不去，张居正就让他卷铺盖走人。史书记载：“居正尤事与商榷，欲为继光难者，辄徙之去。”[③] 这就是为什么之前17年蓟州大将走马灯似的连换十任，而戚继光一个人一干就是16年的秘密。

张居正的第二条军改措施有些争议——战略方针上改“攻”为“守”。

攻势防御是明初定下的国策，一直延续下来。应该说，这一国策在初期是符合国情的，因为明军强大，完全有执行能力。但百年之后，随着朝政腐败和军力下降，战略攻势难以为继。然而，大明王朝的统治者们不敢改变祖先制定的战略方针，仍然坚持进攻，一有小胜就想直捣王巢。这样的心态和战略，很容易中对方的诱敌之计，“土木堡之变”就是深刻教训。

---

① 戚继光跟张居正太近，关系太好，所以张居正这个靠山一倒，他也被南调广东。第二年，戚继光就被强制退休。第三年，朝廷更是连工资都不给发了，也是这一年戚继光便郁郁而终。

② [明]张居正:《答凌参政》，载王云五主编《张文忠公全集》第三册《书牍一》，商务印书馆，1935年，第219–220页。

③ [清]张廷玉等:《明史》卷二一二·列传第一百《戚继光传》，中华书局，2000年，第3742页。

此时，大明王朝该认清现实、改变战略了，于是张居正主张八个字——“外示羁縻，内修战守”[①]。张居正借机与俺答汗握手言和，实现了汉蒙修好，不仅不互相掐架了，还在边境做起了生意，睦邻友好，互惠共赢。张居正这一决策，使边境和平保持了约 20 年，为国家发展赢得了宝贵的战略机遇期，也为自己当政后实施全面改革创造了良好的外部环境。按照晚清魏源的说法，“更是惠及后世 200 多年”[②]。

张居正第三条军改措施是“赏功罚过”。

“赏功罚过”现在看起来稀松平常，但在当时环境下殊为不易。大明是一个抠门王朝，给官员的工资标准定得过低，而武将的地位又低于文官，待遇更差。武将们死工资太少，就指望着打胜仗弄点赏钱。就这个，朝廷还舍不得，把赏罚权限提得很高，很少打赏。这样一来，武将们谁还愿意好好干活呢。于是，张居正决定改变这种局面。恰好，1567 年（隆庆元年）宣府总兵马芳和陕西延绥总兵赵岢出塞杀敌立功，因战果数年未见，所以马芳、赵岢不仅得到实惠的物质奖励，甚至连他们的儿子也跟着沾光当上了千户。与过去相比，奖励“破格”了，自然有不少人跳出来示反对。说白了，这些人就是“羡慕嫉妒恨”，虽然这赏钱就算收回来也到不了他们的口袋，但他们就是见不得人家好。传统的力量太大，连兵部尚书霍冀都不敢站出来为自己系统的人说句话，搞得张居正很孤立。

张居正很来气，严正指出：“不明赏罚以励之，则人孰肯冒死犯难，为国家用哉？”[③]后来李成梁立功，张居正不管这些人如何说行伍出身的人不能独当一面，直接将其提拔为辽东主将。李成梁真是争气，镇守辽东 22 年（比戚继光还多 6 年）打了不少胜仗，不仅为大明王朝看紧了东北大门，连努尔哈赤的祖

---

①［明］张居正：《答宣大巡抚计处黄把二虏》，载王云五主编《张文忠公全集》第三册《书牍四》，商务印书馆，1935 年，第 269 页。

② 刘志琴：《张居正评传》，南京大学出版社，2006 年，第 107 页。

③［明］张居正：《与蓟镇巡抚》，载王云五主编《张文忠公全集》第三册《书牍一》，商务印书馆，1935 年，第 220 页。

父和父亲都被他打死，比戚继光（镇守蓟州时）还战功卓著。

戚继光南将北用

张居正是明代最强的内阁首辅，没有之一。但张居正毕竟是文臣而非武将，所以在军事改革上的贡献主要在大政方针上，具体改革措施还得靠戚继光等人操作实现。

有人怀疑戚继光南将北调后水土不服，那戚继光自己怎么想的呢？

非常自信！

1568 年 1 月，戚继光上奏提出上中下三策：上策是给自己 10 万兵力，什么难事都可以摆平；中策是给他 5 万兵力，抵挡北敌南侵没问题，起码可以保国家数十年平安；下策是给他 3 万兵力，打防守反击也凑合。[①]

张居正该做的、能做的都做了，现在就看戚继光的了。戚继光没辜负张居正，很快就在新机构树立了威信。不过，戚继光得感谢自己的老部队。尽管戚继光是抗倭名将，但北方的明军并不买账——不服管。无奈之下，戚继光只好通过谭纶和张居正，从浙江调来 3000 人的老部队作为嫡系。1569 年（隆庆三年）春，浙兵早晨抵达时不巧下起了大雨，于是待命站在郊外，没有找地方避雨，更没有进城。史书是这样记载的：直到太阳落山，浙兵任凭风吹雨打，“植立不动。边军大骇，自是始知有军令”[②]。这 3000 浙兵成为戚继光的教导队，以之教练其他士兵，于是蓟州部队战斗力很快实现整体

戚继光

---

①［明］戚继光：《请兵破虏疏》，载［明］陈子龙等辑《明经世文编》卷三四七《戚继少保文集·疏》，崇祯平露堂刻本影印本，第 398 页。

②［清］张廷玉等：《明史》卷二一三·列传第一百《戚继光传》，中华书局，2000 年，第 3742 页。

跃升。

1572 年（隆庆六年）10 月，兵部左侍郎汪道昆视察戚继光的练兵成果，后者则准备了一次 10 余万人[①]参加的演习。演习结束后，汪道昆很满意，戚继光也很自豪，说："我从军 20 多年，也没见过 10 余万人一起演习的大场面。"[②]

当然，这还不能真正体现戚继光的水平，更能考验他的事情是能否有效应对北方新的敌人。倭寇难对付，但元军余部更麻烦。

为什么这么说？

第一，从兵力上看，倭寇来犯时 2 万人就了不得了，但元军一来就是几十万，而且北方千里战线漫长，如果敌军集中一点突破，明军往往只能用"眼神"防守。

第二，从兵种上看，倭寇是步兵，作战半径不大，相对更好防备，而元军是骑兵，机动性很强，防不胜防。

第三，从情报上看，倭寇来去受气候和季风影响大，有一定的规律性，而元军在草原上来去自由，基本不受约束，很难判断其何时来袭。

…………

不过，这一次元军运气很不好，遇到了戚继光，一个面对新的敌人能够想出新办法的狠角儿。在南方对付倭寇，戚继光创造出"鸳鸯阵"，来到北方后他想出了车、骑、步三大兵种"联合作战"的办法，以车兵为主角，将三者混编。需要提醒的是，戚继光阵中战车上不是站着士兵而是躺着大炮，作战时专门对付敌人的骑兵冲锋以打乱其阵型，然后骑兵和步兵冲杀。戚继光自言，车兵的威力"所恃全在火器"[③]。

戚继光这种战法创新的核心在于把车兵用活了。车兵在战国时期就逐渐退

---

① 蓟州兵力只有约 3.6 万人，这次 10 余万人的军事大演习，应该有其他 2 个军区的人马参加。

② [明] 戚祚国汇纂：《戚少保年谱耆编》卷十，隆庆六年十一月·上政府大阅事迹，李克、郝教苏点校，中华书局，2003 年，第 356 页。原文为："职援枹二十余年，亦未见十万之众。"

③ [明] 戚继光：《练兵实纪·杂记》卷六《车步骑营阵解下·车营解》，中华书局，2001 年，第 333 页。

出历史舞台，后来车在军事上基本只有一个用途——运粮。戚继光则根据实际情况让车兵重返历史舞台，还领衔主角儿，与步兵和骑兵联袂演出，收到了“化腐朽为神奇”的效果。

此外，戚继光还成功解决了一个老大难问题——如何在漫长战线上对付敌人集中一点突破。由于战线过长，明军不可能处处设防，遍布重兵，但又不能只顾几处，其他不管。面对这个两难问题，戚继光的办法是：根据地形和敌人重点进攻方向，将蓟州防区划为东西二协辖十六路（每路 3000 人），并规定一路有事其他各路谁先增援，谁次之，谁再次之。这样一来，既达到了应援目的，又避免了其他各路因出援而空虚为敌所乘，通过“分而能合”的方式达到了预期目标。

戚继光只能打倭寇打不了蒙军？

张居正主导、以戚继光为依托的军事改革效果如何，还得用事实说话。实践证明，至少京城的北大门——蓟州安全了，元军很少到家门口骚扰。史书记载道：“边备修饬，蓟门宴然。继之者，踵其成法，数十年得无事。”[①]

有人说，戚继光北调后，战绩似不如在南方显赫。这话不假，比如 1568 年（隆庆二年）12 月，戚继光指挥部队与元军朵颜三卫（亦称兀良哈）部第一次交战，史书上只有“大败对手，军威大振”之类的话，却没有杀敌人数记录，明显是战果不彰。

按理，元军人数比倭寇多，戚继光杀敌也该更多，但结果不是这样。难道戚继光北调后真的不行了？非也！这不是戚继光的问题，而是张居正的战略所致。张居正做决策，要考虑军事，更要考虑政治。蓟州这地方特殊，离京城太近，不能犯险。所以，张居正给北境九个军区的定位是：“在他镇以能杀贼为

---

①［清］张廷玉等：《明史》卷二一二·列传第一百《戚继光传》，中华书局，2000 年，第 3743 页。

功，此地以贼不入为功。”[①] 也就是说，戚继光没有上峰指示，不能随便越过长城主动出击，如果敌人不来，他根本捞不着仗打，自然少了许多建功立业的机会。戚继光与李成梁是当时武将中的绝代双骄，戚为何战绩不如后者？《明史》说了句公道话：“蓟门守甚固，敌无由入，尽转而之辽，故成梁擅战功。”[②] 不过，1575 年（万历三年）1 月，元军好再次来犯，戚继光总算逮着机会，忍不住追出 100 多里，硬是活捉了朵颜三卫俺答革兰台第八子长秃才罢休。

如此，北敌南侵并杀人越货的记录大大减少了，虽然导致戚继光没多少机会打仗，但这恰恰是朝廷希望看到的结果。对此，朱东润先生在《张居正大传》中有公允之论：“继光镇守蓟州十六年当中，虽然没有赫赫的战绩，但是整个的北边从此安静了。”他进一步指出：“这是继光的大功，当然也是居正的大功。”[③]

---

① [明] 张居正:《答阅边郜文川言战守攻伐》，载王云五主编《张文忠公全集》第四册《书牍八》，商务印书馆，1935 年，第 355 页。

② [清] 张廷玉等:《明史》卷二一二・列传第一百《戚继光传》，中华书局，2000 年，第 3743 页。

③ 朱东润:《张居正大传》，百花文艺出版社，2000 年，第 100–101 页。

李鸿章失败的根源

——李鸿章在洋务运动中的军事改革

有一个几乎被说滥但又值得一说再说的故事是这样的：

湘军把太平军打得节节败退，湘军大佬胡林翼（与曾国藩齐名）心情大好，策马到安庆江边欣赏风景，放松放松。突然，江面传来清脆的汽笛声。胡林翼循声望去，只见一艘外国轮船很快超越中国帆船，扬长而去。胡林翼大惊，口吐鲜血，栽倒马下……①

胡林翼的反应为什么这么大？因为他瞬间意识到，大清真正的敌人已经不是洪秀全那帮行将就"灭"的长毛，而是洋鬼子。不过，胡林翼来不及采取应对措施就过世了，而曾国藩也没什么招。于是，改革重担历史地落到新生代李鸿章身上。

在洋人眼里，李鸿章在中国官员中鹤立鸡群，不仅见识卓越，而且十分务实。日本首相伊藤博文曾如此评价李鸿章："大清帝国中唯一有能耐可和世界列强一争长短之人。"② 英国《泰晤士报》记者布兰德（J.Q.P.Bland）说："他（李鸿章）相信西方的蒸汽轮和军事技术一定会把中国古代的传统送入地狱。"③

① 徐中约：《中国近代史：1600—2000，中国的奋斗》，计秋枫、朱庆葆译，世界图书出版公司，2008 年，第 220 页。

② [日] 久米正雄：《伊藤博文传》，林其谟译，团结出版社，2003 年。

③ J.Q.P.Bland，*Li Hung-Chang*，London：Constable & Company Ltd. 1917，p.2.

大清怎么办?

出路只有一个——向对手学习。于是，洋务运动开始了，它的出发点和中心点都指向四个字——“军事改革”。正如黄仁宇所说:“自强运动表示着一种意志简单的目的:中国希望借西方之科技以充实军事力量而已。”[①]

改革念想不是天上掉下来的

不少人说中国人保守，对新事物警惕性高，会下意识地抗拒和排斥。其实，中国人真的好冤枉。

为什么这么说?

就拿太平军来说，99%都是农民出身，大字不识几个，更没见过什么世面，但对洋枪、洋炮毫无违和感，而是张开双臂欢迎;轮船出现后，中国人看到这家伙跑得可真快，真心喜欢，有事没事就上去体验一把——其实有时候也不是要到哪里去，就是尝个鲜;上海第一次建小铁路，当地人也爱上去坐坐，觉得挺好玩……[②]

中国人为什么易于接受这些新鲜的洋玩意儿?因为枪炮威力大，轮船跑得快，火车稳当，全是看得见、摸得着的东西。[③]有趣的是，西方人反倒显得保守。例如，火车刚刚在英国出现，农民非常害怕。为啥?他们担心这玩意儿一来，奶牛和母鸡会受到惊吓，奶不产了，蛋也不下了。

胡林翼看到英国小火轮就惊晕了，而李鸿章见过的比胡多多了。大清帝国豢养官僚无数，唯李鸿章一枝独秀，在思想和行动上把同行们(包括老师曾国藩)远远甩在后面。

李鸿章是怎么做到的?

---

① 黄仁宇:《中国大历史》，生活·读书·新知三联书店，1997年，第254页。

② 张鸣:《重说中国近代史》，中国致公出版社，2012年，第113–114页。

③ 中国人对“具体形象”的新事物容易接受，但对“抽象”的新事物就不行了，如电报。发电报要架电报线，老百姓只能看到电线杆和电线，看不到摩尔斯电码，就不理解，而是感到恐慌，认为电线要摄走小孩子的魂魄，顺着电线杆跑到国外去。

1862年初，年近不惑的李鸿章受老师曾国藩委托，到安徽老家组织起一支淮军，然后开到上海，准备与太平军死磕。上海市民听说前来保护自己的政府军正在登岸，自发前往参观，结果大失所望。这支“官军”和“洋军”相比，简直土得掉渣。

当时，连“反贼”太平军都用上洋枪、洋炮了，“官军”手里却还拿着国外已经淘汰的旧式前膛枪，太丢人现眼了。在现场参观淮军的，除了上海人，还有英法联军——他们刚在北京火烧完圆明园，又到上海花天酒地一番，然后准备满载抢来的宝贝乘船回国。他们的眼神里，充满了对这支淮军的鄙视和嘲笑，毫不掩饰。

李鸿章的淮军确实落后。《淮军志》说得详细：

> “小枪抬枪，均系旧式，前膛装药装弹，再加药线燃放，不仅装药时药粉易被风吹散，火线亦易被雨水浸湿，缺点甚多。[①]

李鸿章是个“知耻而后勇”的人，面对百姓的失望和洋人的嘲笑，他选择了“向对手学习”。为了亲眼见证洋人的船坚炮利，李鸿章扮作上海道台的随从，上船“偷窥”。随后，李鸿章又参观了上海的洋枪队，在和洋枪队一起与太平军作战中，更是领教了人家的厉害。

不看不知道，一看吓一跳。李鸿章大受刺激，不断写信给老师曾国藩报告所见所闻、所思所想，言语间对西洋武器充满了“羡慕嫉妒恨”[②]：

> “鸿章尝往英法提督兵船，见其大炮之精纯，子药之细巧，器械之鲜明，队伍之雄整，实非中国所能及。

① 王尔敏:《淮军志》，广西师范大学出版社，2008年，第83页。

② Teng，Ssu-yü and John K. Fairbank，*China's Pesponse to the West*，Cambridge，Mass.，1954，chs.5－14，69.

李鸿章在上海的淮军（1863年6月英国《伦敦新闻图片报》）

“洋兵数千枪炮并发，所当披靡。其落地开花炸弹真神技也。

“惟深以中国军器远逊于外洋为耻，且日戒谕将士虚心忍辱，学得西人一二秘法，期有增益……若驻上海久，而不能资取洋人长技，咎悔多矣。

“若火器能与西洋相埒，平中国有余，敌外国亦无不足。”[1]

在上级曾国藩那里，李鸿章是这样说的。在下级面前，李鸿章也是这样讲的：

“本人于炸炮一事，坚意要学洋人，请你们大家务必努力。”[2]

“中土若于此加意，百年之后，长可自立。”[3]

李鸿章是个实干家，说干就干。

①《李文忠公全集·朋僚函稿》第三卷，商务印书馆，1921年，第16–17页。

②［清］吴汝纶编：《李鸿章致潘鼎新书札》，台海出版社，1980年，第4页。

③《李文忠公全集·朋僚函稿》第三卷，商务印书馆，1921年，第16–17页。

我改，我改，我改

洋务运动是中国近代史上的重要名词，表现最出色、最具代表性的人物当然是李鸿章。

洋务运动以军事改革为核心，最大成就莫过于创建北洋海军。这事儿说得够多了，此处不再饶舌，只说一点——不少人指责李鸿章花钱买国防，而不是立足于自力更生——这就是书生之见了。李鸿章何许人也，难道不清楚自个儿造军舰更好？问题是：一是有本事造得出来才行；二是有足够的经费投入。李鸿章掐指一算，只能叹气："中国造船之银，倍于外洋购船之价。"[①]

大件儿咱造不了，小件儿能造还是自己造比较好。李鸿章算过一笔账：一枚普通的英国炮弹，市价 30 两银子，1 万发铜帽子弹 19 两银子，这些东西造起来不是那么难，为什么不自主制造而要花钱进口呢？

都说李鸿章务实，这就是了。

关于办洋务，李鸿章认为搞好两件事就 OK 了。哪两件呢？"以广购机器为第一要义，精求洋匠为第二要义。"李鸿章认识到，"欲学外国利器，则莫如觅制器之器"[②]，这就意味着得开兵工厂；"欲觅制器之器与制器之人，则我专设一科取士"[③]，这就意味着要开设新式学堂。

李鸿章虽贵为督抚，乃地方大员，但开厂这种事也不是他想干就能干的——得请示。李鸿章向朝廷上了奏折，强调"机器制造一事为今日御侮之资、自强之本"[④]。政府这次倒是开明，点了头。

日本在明治维新中建立了四大著名兵工厂，而洋务派也有四家著名的兵工厂，其中李鸿章一个人就办了三家——江南制造局、金陵机器局、天津机

① 林雄辉：《李鸿章与近代中国军事》，《学术界》1988 年第 6 期，第 50 页。

②［清］文庆等纂辑：《筹办夷务始末》第二十五卷，同治三年四月二十八日。

③ 同上。

④［清］李鸿章：《置办外国铁厂机器折》，同治四年八月一日，载《李鸿章全集》二《奏议二》，安徽教育出版社，2008 年，第 201–202 页。

器局。[①] 全国主力部队所需要的枪炮和弹药，几乎由这三家厂子包了。江南制造局可以仿制后膛枪和大型后装炮，尽管有“山寨”嫌疑，但“山寨”水平还不赖；金陵机器局在德国马克沁机枪发明 4 年后（1888 年）就可以仿制；天津机器局也成为北方最大的军火供应基地。

洋务派第一家兵工厂是曾国藩开的，比李鸿章早 4 年（1861 年），叫作安庆军械所。但安庆军械所的名气远不如李鸿章的江南制造局，后者名声在外，连日本人也忌惮，扬言要拿下上海，摧毁该厂。[②] 曾国藩的兵工厂居然没有用一台西方机器，也没有聘用一个西方人员，乃纯手工仿制。与老师曾国藩比起来，李鸿章洋化多了。江南制造局除了厂长是中国人，机器靠进口，技师请洋人。

江南制造局从美国进口机器，花了 6 万余两银子。这是什么概念？实际上，从美国人手中买下整个厂，也就6万两银子。可见，李鸿章投入之大，下了血本。江南制造局是李鸿章办得最成功，也最引以为傲的兵工厂。为此，李鸿章不无自得地说：“上海机械局（江南制造局——笔者注）为各省制造最大之厂，该局员等苦思力索，不殚繁难，奋勉图功，竟能于数年之间创造新式枪炮，与西洋最精之器无异，为中国向来所未有。”[③]

我们常听到这样一句话，“改革是个系统工程”，因为改革措施往往需要配套，需要衔接，需要接力。李鸿章的兵工厂开起来了，请洋人当技师没问题，可厂子里也不能全是洋人，而且洋技师多是合同制，十几年就要回国，所以归根结底还得自己人会。于是，新式军事人才的培养提上了议事日程。为了“批量生产”这类人才，无非两途：一是自办新式军校；二是送到国外培训。

---

① 1865 年，李鸿章时任江苏巡抚，在上海创办了江南制造局。升任两江总督后，又在南京办起了金陵机器局。1870 年，调任直隶总督兼北洋大臣后，又接管了天津机器局。至于第四大兵工厂，则是左宗棠创办的福州船政局。

② 赵健：《李鸿章创办洋务述评》，硕士学位论文，江西师范大学，2010 年，第 11 页。

③ 李鸿章：《上海机器局请奖折》，光绪十九年六月十六，载《李鸿章全集》十五《奏议十五》，安徽教育出版社，2008 年，第 129 页。

近代各国军事改革，多有创办军校之举。对此，李鸿章非常认同："泰西各国讲究军事，精益求精，其兵船将弁必由水师学堂，陆营将弁必由武备学堂造就而出，故韬略皆所素裕，性习使然。"① 甲午战争前，洋务派办了 20 所军校，李鸿章创办或属于北洋系统的就有 13 所，占一半还多。其中，最具代表性的是两所——天津水师学堂（培养海军军官）和天津武备学堂（中国近代第一所陆军军官学校），后来北洋水师还专门办有自己的水师学堂和鱼雷学堂。

李鸿章为新式军校倾注了大量心血，考虑得非常周到。由于科举大门未对新式军校的学员开放，用今天的话来说，这类学员不能参加"高考"（科举考试），拿不到官方颁发的正规"文凭"，也就做不了官。结果，新式学堂挂牌开张后，门可罗雀，招不到什么人。为学员们争取参加"高考"（科举考试）资格失败后，李鸿章只好退一步，利用手中的权力和资源，采取其他办法吸引生源：一是提高学习期间的待遇，比如天津医学堂的学生，不仅吃饭免费，每个月还有 10 两银子的津贴——这些银两在清末可使"八口有资"②；二是保证毕业后包分配，承诺"今日之学生，即他年之将佐"③。

自己办军校，好处是方便，但也有不足——操心这个操心那个，而且老师是"二道贩子"，学生也学得不是太好，花钱多，收效少。于是，李鸿章双管齐下，在请洋教官到新式军校任教（"请进来"）的同时，选派人员留洋学习军事（"走出去"）。

1871 年，李鸿章与老师曾国藩商量好，联名上奏请求派遣 10～16 岁的幼童到美国留学（最初设想由容闳提出），甚至连细节都考虑好了——先试行 4 年，每年选 30 人，在美国学 15 年，回国时刚好 30 岁左右，年富力强，正好报效祖国。朝廷准了，但总理各国事务大臣奕䜣对计划做了"二个不准"的局部修改：不

---

① 李鸿章：《创设武备学堂折》，载吴汝纶主编《李文忠公全书·奏稿·卷五十三》，商务印书馆，1921 年，第 42 页。

② 安宝洋：《李鸿章与近代中国新式学堂的创立》，《兰台世界》2013 年第 7 期，第 67 页。

③ 张焘：《津门杂记》，天津古籍出版社，1986 年，第 297 页。

留美幼童

准加入外国籍，不准学成后不回来报效祖国。

留学生们挺争气，在筑造炮台、制造机器等方面学得不错。看上去，李鸿章“使西人擅长之技中国皆能谙悉，以培养人才而图自强”的夙愿就要实现了。可惜，留学生们出国不到10年（1881年）就被清政府悉数召回。

什么情况？

反对的人太多。

在保守派眼里，留学生们岂止“离经叛道”，简直“大逆不道”。他们认为，这帮少年完全学坏了，再这么下去，以后回国不仅不能为国作贡献，还会危害社会。留学生们究竟做了什么事情，让保守派那么看不顺眼呢？

例如，加入基督教（自然不拜皇帝、不拜孔子了），参加各类社团（自然减少了对王朝的忠诚度），留平头（自然要剪辫子），与女生跳舞（自然要搂抱），穿西服（自然要脱长衫），运动时间多一点（自然影响课堂学习），见长者不叩头（自然目无尊长）……

在处理这件事情上，李鸿章暴露出保守的一面。第一，留学生的总负责人是个保守派，叫陈兰彬，副团长才是思想解放的容闳，两人“尿不到一个壶里”。

第二，朝议召回留学生时，李鸿章虽然反对，但态度并不坚决，也没有采取有力措施加以阻止。究其原因，固然是李鸿章力量有限，但别忘了他也坚持一个基本原则——“中学为体，西学为用”。按照原计划，这些留美幼童中学毕业后应当进军校，结果却进了耶鲁等地方大学。这显然违反了李鸿章把这些人培养成军事人才的初衷，让他不好向组织交代。

1881年7月23日，《纽约时报》发表如下评论：“令人不可思议的是，中国政府认为这些学生花的是政府的钱，就应该只学工程、数学和其他自然科学，而对周围的政治和社会影响无动于衷。这种想法是非常荒唐可笑的。”①

改革后的清军碰上改革后的日军

兴办洋务，李鸿章事业丰收，官场得意。创设北洋海军是李鸿章的最大成就，同时作为陆军的淮军也没耽误改革。这次军事改革效果怎样？李鸿章自己挺满意，在给清政府的报告中说，北洋各军“使用枪炮全系西方精利之器”②。

从对日、对法的两件事看，李鸿章似乎没吹牛。

大清帝国在两次鸦片战争中一败再败，对洋鬼子又恨又怕，但对日本还看不上眼。1874年，明治维新才搞了6年，日本人就蠢蠢欲动，想学西方搞殖民地。于是，日本人看上了台湾，派柳原前光（明治天皇的小舅子）来见李鸿章。柳原前光说了半天，意思是不打台湾了，给点钱就成。李鸿章答复：“要钱没有，要打奉陪。送客！”③

1880年，洋务运动已经搞了20多年，李鸿章手里有了筹码，自然心里也有底气了。所以，当法国对大清帝国的藩属国越南动手并威胁南疆时，整个朝廷都心慌了，只有一个人很淡定，而且十分自信，这个人就是李鸿章。其时，

---

① 转引自凤凰卫视纪录片：《血色黄昏：李鸿章的洋务生涯》，第5集。

②［清］李鸿章：《复奏停购船械裁减勇营折》，光绪十七年八月初八日，载《李鸿章全集》十四《奏议十四》，安徽教育出版社，2008年，第154页。

③ 端木赐香：《傲慢李鸿章》，《名人传记》2012年第12期（上），第92页。

1894 年英国漫画：中日相争，西洋看景

光绪皇帝问军队战斗力如何。李鸿章从容答道："如遇内地贼匪，臣兵力虽单，饷力虽薄，才虽甚竭蹶，自忖尚能制胜。如遇各国凭凌激厉，孤军支持门户，胜负即不可知，断不至闻风溃散，贻君父忧。"[①]

从纸面上看，李鸿章确实没瞎说。

军事改革的结果，可以用八个字概括——"纵比有余，横比不足"。

从纸面上看，清军的实力不比日军差。有国内研究者进行了仔细比较，结论是："与甲午战争期间日军的武器装备水平相比较的话，则难分伯仲。"[②] 单论海军，北洋水师甚至比日本联合舰队强。1891 年，西方军事家将各国海军实力进行了打分排名，北洋水师第八，日本海军落后八个身位。[③]

然而，甲午实战一碰，海上的事大家太清楚了，就不说了。陆上淮军的表现呢？那个丢人啊，比海战还差，简直不忍直视。

中国人民大学教授张鸣有本书写得非常好，叫作《重说中国近代史》（这也是他开的选修课，据说人气很高）。书中有一段对甲午战争前清军训练的描述简直让人难以置信：当下令射击时，一排士兵的眼睛居然不看靶子，把子弹

---

① [清] 李鸿章：《复奏防兵情形片》，光绪六年二月十九日，载《李鸿章全集》九《奏议九》，安徽教育出版社，2008 年，第 21 页。

② 关伟：《论洋务运动时期淮军的改进和建设》，硕士学位论文，华中师范大学，2013 年，第 42 页。

③ 刘义程.《中国与日本的现代化之路》,《井冈山学院学报（哲学社会科学版）》2006 年第 3 期，第 57 页。

打出去就了事。更要命的是，这并非个别情况，而是普遍现象。书里还说，甲午战争中，清军把喜欢乱放枪的毛病从训练场带到战场，不管看没看到敌人，手里的子弹都一口气统统打光。日军很快发现这个规律，于是任由清军表演放枪，等清军没子弹了再冲上来，清军自然崩盘。①

当初看到这里，笔者很怀疑张鸣教授是不是太夸张，甚至搞错了——有这么蠢的军队吗？后来，看到日方也有类似的证据，这才相信了。日军士兵稻垣三郎是甲午战争的亲历者，他这样描述对面的淮军：

> “他们对乱用弹药并不介意，也不管在这距离远近能否命中，一看见敌人在 2000 米远的地方也开火，对少数斥候（日军侦察兵——笔者注）也费了不少弹药，特别是向斥候开 12 厘米的大炮也在所不惜。这就是他们的劣势，他们从不主动出击敌人，主要是防御战。”②

甲午战争中清军为什么一败涂地？上面这个例子给人印象够深刻了。笔者摩拳擦掌准备再深挖找找深层次原因，却发现人家日本学者早就有令人信服的结论了：

> “北洋新军装备毛瑟枪和克虏伯炮。所以，在武器方面，它比使用村田式步枪和青铜山炮的日军优越。但它不过是内战用的、示威用的军队，它没有完全近代战争所必需的给养、运输机构和兵站设备。因此，它不能把兵力集中到一个地方，并且机动能力太低，部队转移时总是发生很大的混乱。在这种情况下，它不可能进行运动战，退守防卫就成了它作战

① 张鸣：《重说中国近代史》，中国致公出版社，2012 年，第 112 页。

② [日] 龟井兹明：《血证——甲午战争亲历记》，高永学、孙长信译，中央民族大学出版社，1997 年，第 231 页。

的中心。”[①]

说到底，还是那八个字——“内战内行，外战外行”。难道李鸿章不知道吗？李鸿章知道，他说过：“以剿内寇，尚属可用，以御外侮，实未可信。”[②]

嫡系部队如此不争气，李鸿章自然气急攻心。据李鸿章幕僚吴汝纶回忆，平壤失守消息传来，“李相痛哭流涕，彻夜不寐”，旅顺再失，更是“痛不欲生”。[③]

李鸿章军事改革三大败笔

很多人指责李鸿章搞洋务肤浅，只注重器物层面，政治层面根本不敢动弹。笔者以为，这是典型的事后诸葛亮。

其一，“应该怎么做”和“能不能这样做”“做不做得成”，完全是两码事。戊戌变法就是从政治层面动手，结果呢？试问：在李鸿章办洋务的时代，在当时的大环境下，政治改革能搞吗？能搞成吗？答案，李鸿章很清楚。

其二，能不能打胜仗和政治制度没有必然的直接联系。历史上，野蛮民族征服文明社会的例子多了，难道那些蛮族比被征服的文明社会进步？

李鸿章在洋务运动中的军事改革，成就不小，问题也多。这里，只拣要紧的、挑新鲜的说。

第一，缺创新。

兴办军事工业虽然取得了一定成就，但有一个瓶颈始终未能突破——“山寨”。如果说初期仿制洋人武器装备还可以理解，那么到后来还不知创新就不合适了，结果只能跟在别人屁股后面跑，无法超越。这个道理，用脚趾想也

---

① [日] 藤村道生：《日清战争》，岩波书店，1985 年，第 116 页。

② [清] 李鸿章：《筹议海防折》，同治十三年十一月二日，载《李鸿章全集》六《奏议六》，安徽教育出版社，2008 年，第 160 页。

③ [清] 吴汝纶撰，吴闿生辑：《桐城吴先生全书·尺牍》卷一，1904 年，清光绪三十年王恩绂刻本，第 115 页。

能想到——人家怎么可能把最先进的武器装备和军事技术给你呢？洋人又不是“雷锋”，不过是想用过气的东西赚你的钱而已。

李鸿章何等人物，他当然清楚，却只能百般无奈：“中国仿造皆其初时旧式，良由师资不广，见闻不多。官厂艺徒虽已放手自制，只能循规蹈矩，不能继长提高。即使访询新式，孜孜效法，数年而后，西人别出新奇，中国又成故步，所谓随人作计，终后人也。”[①] 在洋务运动中，军工厂像雨后春笋一样往外冒，一派欣欣向荣的景象。但是，在英国人贝斯福眼里，中国人玩得太 low、太 blind 了。1889 年，贝斯福参观金陵机器局后，感叹道[②]：

> “厂中机器设备很好，主要购自英国，间或也有德国和瑞士的。没有外国技师或工头。中国总办和官吏们似乎不了解他们在制造什么，为什么制造。机器是现代化的、头等的，但用来制造过时的、无用的军需品……看他们高兴而努力地在制造一些浪费钱但又无用的军需物品，使人心中感到悽怆。”

第二，欠考虑。

这里的“欠考虑”，指的是缺乏顶层设计和通盘考虑。

在李鸿章的努力下，大清国开办了新式军事学堂，并向西方派出了留学“幼童”，看上去不错。但是，这些学生毕业回国后怎么安排？没有设身处地为人家考虑。譬如，留学生是否可以参加科举考试？李鸿章争取过，没有成功，直到他死后 4 年，科举才向留学生们开放，结果却让人啼笑皆非。1905 年 7 月 4 日，大清国第一次为留学生举行殿试，光绪皇帝亲自监考。留学生打开试卷一看，

---

① [清] 李鸿章等：《奏闽厂学生出洋学习折》，载高时良等编《中国近代史资料汇编·留学教育卷》，上海教育出版社，2007 年，第 229–230 页。

② [英] 贝斯福：《中国之瓜分》(*The Break-up of China*)，1899 年，第 298 页。转引自苑书义：《李鸿章传》，人民出版社，2004 年，第 211 页。

留美幼童回国前合影，基本都剪了辫子

当场傻眼。题目有二：其一是《楚庄王日训国人申儆军实论》；其二是《汉武帝诏举茂才异等可为将相及使绝国者论》。这，他们怕是连题目都读不懂，还怎么写作文？[①]

李鸿章对创办军校和派员出洋留学曾抱极大希望，认为："设局制造，开馆教习，所以图振奋之基也。远适肄业，集思广益，所以收远大之效也。"[②]结果呢？留学生们回国后，除了少数人用起来，多数人不能"人尽其才"，基本都当翻译去了。史料记载："学成回华后，皆散处无事。饥寒所迫，甘为人役。上焉者被外国聘为办事，其次亦多在各国领事署及各洋行充当翻译。"[③]说白了，这与朝廷对留学生们的身份设定有直接关系——不是要他们做官，而是"中国

① 姚宏：《只拘一格选奴才》，《百家讲坛》2015年第11期，第67页。

②《同治十年七月十九日大学士两江总督曾国藩等奏》，载中国史学会编《洋务运动》卷二，上海书店，1961年，第154页。

③《总理各国事务衙门复奏整顿福州船政折》，光绪二十六年六月十八日（1896年7月28日），载张侠、杨志本等编《清末海军史料》，海洋出版社，1982年，第129页。

旧式官僚手下之技术助手”（黄仁宇语）[①]。

和日本一比，差距就更明显了。大清方面，不管军校培养出来的1600多名军官，还是派出去的100多名留学生，都是最基层的军官，培养层次很低。日本则有低、中、高级梯次搭配的军事教育系统，出洋学习军事的人也涵盖了各级军官。

换句话说，“器”的改革失当，“人”的改革也失利。

第三，改兵不改官。

李鸿章的军事改革，“洋化”程度既高又低。高在哪儿？连训练时喊“稍息”“立正”的口号都用英语。低在哪儿？练兵不练官。

军官不行，指挥必然不行。剿灭捻军后，淮军暮气淤积，军官逐渐脱离训练。淮军名将周盛传曾要求所部各营营官、哨官[②]和士兵一起参加西式训练，但得不到落实。这些军官级别不高，但架子挺大，喜欢摆谱，觉得和士兵一起训练是“降格”，没面子。[③]清军指挥官（统领）都在干吗呢？训练交给洋人，自己在旁边优哉游哉，连部队调度也交给将弁，真是名副其实的“甩手掌柜”。训练不与，调度不管，打仗了却让这些人指挥，结果可想而知。史学家罗尔纲怒评：“如此则永远练习不成，何论战胜外国？”[④]

日军将官野津道贯是甲午战争的亲历者，他这样比较中日军官的区别：[⑤]

> “我日军将校经历过戊辰、丁丑（明治元年、明治十年）之战，通晓欧洲中德国、法国战术要领者甚多。然而‘支那’，恰恰相反，其将校中最著名的如左宝贵、叶志超、卫汝贵、马玉崑、聂士成，都是多年在国内以

① 黄仁宇：《中国大历史》，生活·读书·新知三联书店，1997年，第254页。

② 淮军每营约500人，设营官1人，下辖4哨，每哨设哨官1员。

③ 关伟：《论洋务运动时期淮军的改进和建设》，硕士学位论文，华中师范大学，2013年，第76页。

④ 罗尔纲：《晚清兵制史话——淮军训练的失败》，《国防周报》1941年第9期，第8页。

⑤《“支那”征伐胜利之要素》，载《日清交战录》（第11号），春阳堂（东京）明治二十七年（1894），第1–7页。转引自关捷：《中日甲午战争全史》第二卷《战争篇·上》，吉林人民出版社，2005年，第434页。

发捻、捻匪、回匪或马贼之凶暴无赖的贼匪为好对手，进行战斗。这等‘支那’将校，虽历经百战，但他们的对手仅是这样的贼匪，所以‘支那’将校虽有梁山泊式的赌徒头目的勇气，但是有关19世纪实用的维新战术知识极其缺乏甚至绝对没有。”

看到这里，还能做什么呢，只有叹气。

画虎不成反类犬

——蒋介石三学外军

苏联、德国、美国，这是近现代史上军事最强大的三个国家。如果把三家的本事都学到手，那得有多厉害？

巧的是，有一个人先后拜苏、德、美为师，学艺数年。这个人，就是蒋介石。按说，这种博采众长的做法，应该让中国军队的战斗力直线飙升，跃居各家之上。但事实是，中国军队似乎只学到皮毛，没学到精髓。

蒋介石“三学外军”的往事，不由让人联想到金庸小说《天龙八部》中的人物鸠摩智。这个异域的大耳朵和尚想方设法兼习各家武学，最后走火入魔，武功尽失。

蒋介石学苏军 3 年（1924—1927 年），学德军 10 年（1928—1938 年），学美军 8 年（1941—1949 年），依葫芦画瓢搞军事改革，怎么就学不到家呢？

学苏联，半真半假

1937 年，毛泽东接受英国记者贝特兰采访，曾这样回忆第一次国民革命战争：

“那时军队有一种新气象，官兵之间和军民之间大体上是团结的，奋勇向前的革命精神充满了军队。那时军队设立了党代表和政治部，这种制度是中国历史上没有的，靠了这种制度使军队一新其面目。一九二七年以后的红军以至今日的八路军，是继承了这种制度而加以发展的。”①

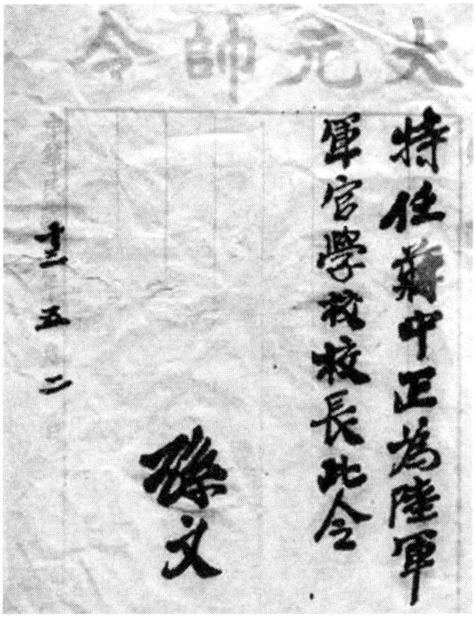
大元帥令

特任蔣中正為陸軍軍官學校校長此令

孫文

十三 五 二

蒋介石被孙中山委任为黄埔军校校长

说起这段旧事，黄埔军校是绕不过去的。1924 年，孙中山在广东黄埔创办“中国国民党陆军军官学校”，即黄埔军校，蒋介石被任命为校长。1925 年，以黄埔军校为基础组建了国民革命军，蒋介石完成了从过去的“光杆司令”到拥有一支精气神十足的革命军的转变。1926 年，以蒋介石为总司令的国民革命军竟然“出人意料”地取得了北伐成功，掀翻北洋军阀，统一全中国。这太不容易了，要知道，中国历史上一般是北方灭南方，北伐成功的情况极少，似乎就两次——朱元璋和蒋介石。

蒋介石能创造历史，离不开苏联顾问和共产党的帮助，离不开借势而行的军事改革。

1923 年夏，苏联第一批军事顾问来到广州。截至 1927 年，陆续到广州的苏联顾问有 100 余人。②蒋介石就任黄埔军校校长以前，曾率代表团访苏③，对苏军的一些做法比较欣赏，这是他在黄埔军校进行军事改革的思想基础。黄埔时期，蒋介石说过这样一段话：“当我到俄国研究赤卫队的时候，见着赤卫队那样能守纪律，不骚扰人民，完全是为人民做功夫的，和人民、大家很相亲爱的——人民同他们那么好，那么团结，这样的军队有什么仗打不胜啊！所以我

① 毛泽东：《和英国记者贝特兰的谈话》，1937 年 10 月 25 日，载《毛泽东选集》（第二卷），人民出版社，1991 年，第 380 页。

② 周利生：《鲍罗廷在黄埔建校中的贡献与作用》，《社会科学辑刊》2006 年第 5 期，第 163 页。

③ 代表团成员还有 4 人：沈定一、张太雷、邵元冲、王登云。1923 年 8 月 16 日，代表团从上海启程，9 月 2 日抵达莫斯科，在苏联待了约 2 个月。同年 11 月 29 日，代表团离苏，12 月 5 日返回上海。

回国之后，就决定了，如果使军队真正为人民求自由安乐去打仗，真个能为党实行‘三民主义’去打仗，非用俄国赤卫军这种编制不可。”[1]

蒋介石主持黄埔军校开展的军事改革，深深打上了苏军的红色烙印，具体表现在“三个关键词”。

第一个关键词——党代表。党代表，顾名思义，就是党派去控制部队的代表，负责监督军事长官，使部队行动符合组织的意图和意志。蒋介石认为：“中国的军队如果不能受党的指挥，不能以党的主义为中心，那是无论什么军队都不能利国富民，只能害国殃民的。”[2] 黄埔军校的规章制度对党代表的角色和职能有详细规定，说白了就是苏军的“政委制度”（当然，如果硬要理解为中国古代的“监军”制度，意思也差不多）。黄埔军校首任党代表是廖仲恺，象征其权力的标志是“副署”制度——校长蒋介石的一切命令和指示，只有党代表廖仲恺“副署”后才能生效，否则不作数。学校、学员队、教导团几个层面都有党代表，而且多由共产党员担任。

第二个关键词——政治部。黄埔军校一成立，就设立了政治部，专管政治教育。蒋介石得意地说：“本校唯一的特点，就是有个政治部，政治部是要使军人了解现在的经济政治与明了主义。”[3] 黄埔军校政治部主任前后有七任，名头最响的当然是身着戎装的周恩来。不过，周恩来并非首任，而是第三任，却是干得最出色的一任。周恩来之前，政治部虚有其表，除了偶尔请“名家”来上个课，几乎啥事不干，甚至当时的报告就说政治部“很闲谈”[4]。周恩来一上任就“招兵买马”，调入 20 名共产党员充实到政治部[5]，使这个新部门立马有了新

---

① “《蒋校长东征训话集》”，广州国民革命军总司令部，1927 年，第 113–114 页。

②《中国国民党陆军军官学校丛书·精神教育》（第一辑），广州，1925 年，第 95 页。转引自黄道炫：《蒋介石与黄埔建军》，《史学月刊》2004 年第 2 期。

③《中国国民党陆军军官学校丛书·精神教育》（第一辑），广州，1925 年，第 126 页。转引自黄道炫：《蒋介石与黄埔建军》，《史学月刊》2004 年第 2 期。

④《一年来本校政治部之概况》，《黄埔潮》1926 年第 24 期。

⑤ 同上。

气象，焕发了新活力，成为最繁忙的部门。国民党也说，在黄埔军校，“政治工作，几乎全为共产党一手包办，主要人物固属周恩来”①。

第三个关键词——政治工作。无论是欧洲还是日本的军校，他们就是学军事，至于政治教育，不是靠边站的问题，而是基本没有。黄埔军校的特色，恰恰就是政治工作和军事工作并驾齐驱。苏军创造了军队政治工作，但对中国军队而言，这完全是个新玩意儿，不少将领难以接受。例如，冯玉祥也向部队派了政工干部，但这些人全是他自己的亲信。蒋介石不一样，派的不是自己的亲信，也不是国民党，而是共产党。②这一点，苏联首任驻华大使加拉罕在联共（布）会议上作报告时专门表扬过蒋介石。当看到一些教官单纯强调军事训练而忽视政治训练，蒋介石甚至出面纠正，发布了《勉官长学生研究政治令》，并指出：“党军所以异于其他军队者，全在将士一致对于主义有信仰之热忱，有实行之决心……舍主义则无所谓党军，舍政治训练，何从知有主义”，要是不搞政治教育，黄埔军“与其他骄兵悍将无异矣”。③蒋介石会不会就是嘴上说说，装装样子呢？似乎不全是。中共一大代表、曾任黄埔军校政治部代主任的包惠僧回忆说，蒋介石“对政治工作也很重视”④。

除了政治方面的革新，军事上也有变化。蒋介石参照苏军进行了编制体制方面的改革——三三制。之前，中国军队师从日本和德国，采用的是“四四制”编制。“三三制”与之相比，部队更加精干和灵活。在北伐战争中，“三三制”接受实战检验，被证明比吴佩孚和孙传芳的部队更好使。⑤

蒋介石主持黄埔军校，对苏军的特色制度几乎进行了全盘照搬，后来又几

---

① 刘天：《赤黄埔系的形成与没落》，《社会新闻》1935年第10卷第7期。

②《加拉罕在联共（布）中央政治局使团会议上的报告》，载《联共（布）共产国际与中国革命革命运动（1926—1927）》（上），北京图书馆出版社，1998年，第77页。

③ 毛思诚编撰：《民国十五年以前之蒋中正先生》（第十二册），民国二十六年（1937），石刻本，第65–66页。

④ 包惠僧：《第一次统一战线的回忆》，手抄本，第21页。

⑤［苏联］勃拉格沃托夫：《中国革命纪事》，李辉译，上海三联书店，1982年，第225页。

乎全部抛弃，前后判若两人。

为什么会出现如此巨大反差?

很简单，蒋介石学苏军搞军事改革，本来就半真半假。1923 年，为期 2 个月的访苏，蒋介石看到苏军确实有值得借鉴的好做法，但对苏联的整体印象欠佳。一来，蒋介石受孙中山委托，主要目标是争取苏联支持“西北军事计划”(在库伦即今天的蒙古首都乌兰巴托建立军事基地，从北方直接进攻北京，夺取政权)，但对方先是答应，后又食言；二来，蒋介石认为苏联虚伪，和英国等西方帝国主义是一路货色。十月革命成功后，苏方一面宣布放弃对外签订的一切不平等条约，一面又把蒙古从中国分裂出去。① 对此，蒋介石对苏观感自然很差。回国后，他于 1924 年 1 月 16 日向孙中山报告访俄情况，建议反对与之合作。孙中山大感意外，尽管也对苏联失望，但他毕竟是个成熟的政治家，在有求于苏联的情况下只能忍。

既然蒋介石内心不想学苏军，为什么表面上又要学? 因为孙中山要争取苏联在武器、钱财、专家等方面援助②，自然要接受苏方附带要求——搞党代表、设政治部、开展政治工作等。在黄埔军校开学典礼的演讲中，孙中山当着俄国人的面明确说了:“现在开办这个学校，就是仿效俄国。”③ 蒋介石作为部下，只得遵照执行。所以，蒋介石在黄埔军校时期的军事改革，不乏“表演”的成分。例如，蒋介石在公开训话时特别强调“党代表”制度:“中国军队，党代表制是第一回实行，本校长对此制度志在必行，常以为‘宁可无军队，不可无代表’。”④ 其实呢，蒋介石内心不太愿意设党代表。苏联顾问提议设党代表时，他最初的

① 1911 年中国发生辛亥革命时，沙俄乘机派兵进入蒙古，导演蒙古“独立”。

② 据统计，苏联前后一共提供了 200 万卢布支援。

③ 孙中山:《陆军军官学校开学典礼的演说》，1924 年 6 月 16 日，载《孙中山全集》(第十卷)，中华书局，1986 年，第 297 页。

④《中国国民党陆军军官学校丛书·精神教育》(第一辑)，广州，1925 年，第 185 页。转引自黄道炫:《蒋介石与黄埔建军》，《史学月刊》2004 年第 2 期。

反应是三个字——“没有人”，其实就是不想设。[①]

总之，蒋介石不喜欢苏军也得学苏军。随着孙中山于 1925 年 3 月去世，蒋介石又设法赶走胡汉民、许崇智和汪精卫，取得了党政军大权，很快就抛弃了向苏军学习的特色内容。

学德国，半途而废

1927 年，蒋介石发动“四一二政变”后赶走了苏联顾问，打算重新找洋师傅，并看上了德国人。有人可能会问：德国是一战的战败国，有什么好学的？错！恰恰因为德国是战败国，才不至于像美、英、日那样盛气凌人。相反，德国和中国“同病相怜”，一定会“联合起来”[②]（孙中山语）。更重要的是，德国尽管战败，但军事上并不弱——不然战胜国为什么一定要德国削减军队到 10 万以内，不就是害怕吗？

不过，学外军这种事儿得你情我愿。蒋介石想请外援，也得人家愿意来才行。德国人愿意吗？太愿意了。德国复兴需要大量原料和市场，特别是钨砂（生产武器必不可少的材料），而中国恰恰有且还不少。

“围剿”红军、中原大战、淞沪会战、台儿庄战役、花园口决堤、教导队、“中央军校”、庐山军官训练团……这一切，无不打上了德国顾问的烙印。1938 年，英国驻东京大使甚至说过这样一句话：“事实上，是德国人在组织中国的抗日战争。”[③]德国和日本是盟国，日本打中国，德国却帮中国，这是什么情况？

其实，德国人帮助蒋介石，早在 10 多年前的 1928 年就开始了。蒋介石本人是德国的铁杆粉丝，曾这样说过：“德国民族的伟大精神乃是我们未来的

---

① 朱敏彦、周智伟：《苏联顾问与黄埔军校》，《军事历史研究》1988 年第 2 期，第 82 页。

② 孙中山：《三民主义》第一讲《民族主义》，1924 年 1 月 27 日，载《孙中山全集》（第九卷），中华书局，1986 年，第 193 页。

③ 刘峰：《德国顾问团参与中国抗战活动之剖析》，《军事历史研究》2006 年第 2 期，第 48 页。

榜样。”[①] 为此，蒋介石于 1912 年和 1918 年曾二度想去德国留学，并两次恶补德文。[②]

在 1928—1938 年的 10 年间，前后来华的德国顾问约 135 人[③]，有过五任团长，依次是鲍尔（总体战的提出者）、克里拜尔（希特勒的密友）、佛采尔（德军总参谋部作战处前处长）、赛克特、法肯豪森。其中，中国人比较熟悉的是最后两人。

赛克特何许人也？德国国防军原总司令，一战时被誉为“最杰出的参谋长”；战后成功改造德军，被称为“国防军之父”。蒋介石为了请赛克特来当自己的军事顾问，使出了浑身解数。赛克特名气太大，一言一行、一举一动很容易受到外界关注。蒋介石邀请赛克特的事，日本人当然也知道，然后就是各种办法阻挠，如向德国施加压力。蒋介石也不甘示弱，“威胁”德国：不放赛克特来，就遣返全部德国军事顾问团，然后从法国聘请军事顾问（法国可是德国的宿敌）。

面对中日两国的压力，德国掂量之后，决定给蒋介石面子。1934 年 4 月，赛克特正式抵华就职，受到蒋介石超规格待遇：物质上，月薪 2000 美元。这是什么概念？美元的价格当时相当于黄金，2000 美元月薪甚至是蒋介石的 2～3 倍！[④] 更重要的是，蒋介石给了赛克特极大权力，连赛克特本人都不好意思了，说：“蒋介石元帅给我的权力之大，简直出乎我意料之外。”[⑤] 蒋介石对赛克特可谓言听计从。赛克特在家信中不无得意地表示：“我在这儿被当成是军事的孔夫子，一位充满智慧的导师。”[⑥]（赛克特曾在山东曲阜游览了孔庙）那么，赛克特

---

① 黄庆秋编：《德国驻华军事顾问团工作纪要》（4），1969 年，第 89–94 页。

② 傅宝真：《在华德国军事顾问史传》，《传记文学》1973 年第 23 卷第 3 期。

③［德］费路（Roland Felber）：《国民党中国的德国顾问》，陈谦平译，《民国档案》1994 年第 1 期，第 61 页。

④ 王丰：《蒋介石与德国顾问》，《两岸关系》2014 年第 8 期，第 62 页。

⑤ Bandesarchiv-Militarchiv，Freiburg W02－44/5，199（德国政府档案，弗赖堡，军事部分，编号 W02－44/5，199）。

⑥［美］柯伟林：《蒋介石政府与纳粹德国》，陈谦平、陈红民等译，中国青年出版社，1994 年，第 144 页。

1935 年，由德国顾问协助建立的“中央军”机动部队

对蒋介石印象又如何呢？赛克特认为，蒋介石当然不能与俾斯麦和拿破仑那样的“盖世英雄”相比，但也是一个复杂环境中能够屹立不倒的枭雄式人物。[①]

只可惜赛克特年事太高，病重之下，在华仅做了 10 个月（至 1935 年 5 月）顾问就回国了，临走推荐了追随他来华的顾问团参谋长法肯豪森。[②] 法肯豪森 1900 年曾随八国联军到过中国，后来又担任过驻日军事武官，和赛克特一样都位列上将。

蒋介石采纳德国顾问建议，主要在以下几个方面进行了军事改革。

组建教导队训练部队。“教导”者，教而导之也，也就是建立样板部队进行示范，然后其他部队照这个模子打造。根据德国顾问的设想，教导队不参加战斗，专门负责对其他部队的军官和士兵进行一对一训练，使之达到和“教导队”同样的水准。这是一战后德国重建国防军的经验，蒋介石将之引入中国。教导队建设最有代表性的是第 88 师，全部德式装备，连军乐队的鼓号都是德国造。随后，又组建了第 87、第 36 两个教导师，它们后来成为国民党军五大主力之一第 5 军的骨干力量。德意志民族特别讲求严谨和标准化，教导队就是这一民族特性在军事领域的产物。只是，中国人缺乏这种特质，所以教导队在

① 杨智友：《蒋介石最器重的德军顾问——赛克特将军》，《档案春秋》2010 年第 11 期，第 22 页。

② 赛克特于 1936 年病逝，蒋介石特地在南京为他举行了追悼会。

"推而广之"时未免打折扣，其他部队不可能达到三个教导师的水准。

创建军校培养军官。蒋介石采纳德国军事顾问的建议，除提升"中央军校"办学质量，又新建了一批特种军校，如炮兵学校、坦克学校、无线电学校、高射炮学校、要塞建筑学校等，教员全由德国人包干，专门培养军事技术人才。同时，蒋介石还派人到德国德累斯顿步兵学校等军事名校学习，其中最出名的当然是蒋介石的二公子蒋纬国。此事乃赛克特促成，蒋介石非常感激，特地写信致谢："尤为重要者，乃中国军官及候补军官，在贵国国防军官内受同等军事训练，实深铭感者。"①除了长期的军校学习，还有短期速成培训。培训国民党军高级将领，是蒋介石赋予德国军事顾问团的重要任务之一。鲍尔任顾问团团长时期，顾问们在每周五轮流给国民党军官高级将领上课。听课者都是什么人呢？冯玉祥、阎锡山、李宗仁，甚至蒋介石有时也亲自参加。②当然，更系统、全面和持久的培训是大名鼎鼎的"庐山军官训练团"，陈诚将其比作"黄埔军校"。③仅 1937 年 7 月 18 日至 9 月 18 日的两个月间，该机构就训练了 3 批共 7600 人，蒋介石嫡系的军队从排长到团长级别的低级和中级军官几乎都训练了一遍。德国人太较真了，以致部分军官学员吃不消，竟出现重病者 300 人以上。

至于战术上的改革，那就要数"碉堡战术"了。此前，蒋介石数次"围剿"红军，都无功而返。最后，蒋介石的第五次"围剿"为什么能部分成功？很重要的一点，蒋介石采纳了德国顾问的建议——采取"碉堡战术"，逐步压缩红军的活动空间，迫使红军打硬碰硬的阵地战。

在德国人建议下，蒋介石还计划建立独立自主的国防工业。不过，这速成不了，就算打肿脸也充不成胖子。蒋介石费了很大劲，也只能实现"轻武器"弹药自给自足，其他方面基本还是老样子。

---

①《国民政府资源委员会档案》，南京中国第二历史档案馆。

② 周亚卫：《蒋介石对德国顾问的幻想》，载《文史资料选辑》(19)，中国文史出版社，1961 年，第 190 页。

③《老实话》1933 年第 3 期。

正当德国顾问在蒋介石帐下干得热火朝天时，突然接到来自德国国内的指令——回国。1934 年，希特勒曾亲自接见蒋介石派去的“政府考察团”；4 年后的 1938 年，希特勒下令遣返全部在华德国顾问。道理很简单，在希特勒眼里，日本比中国强大和重要，“拥抱日本，抛弃中国”是他的“全球战略”。

顾问团团长法肯豪森不肯回去，要求以“个人名义”留下，继续帮助中国。但德国政府不同意，还发出威胁：不回去将以“叛国罪”论处，国内的家人也将被殃及。法肯豪森等人与德国政府僵持了 4 个月，最后被迫回国。值得一提的是，仍然有 5 名德国顾问不惧威胁留了下来。

不过，在英美等国对日绥靖，未予中国实际支援的情况下，德国的武器装备却源源不断抵达中国，这种情况甚至在中日全面开战后还持续了近一年，十分难得。德国顾问们离开时，留下了一份不错的成绩单：计划进行德式整编的 30 万中国军队已完成 80%。[①]

学美国，形似神无

德国人走后，苏联人又来了。不过，由于苏联在 1941 年遭德军突袭，自顾不暇，随后又撤走了。接着，美国人来了。

中国对日全面抗战的前 4 年，美国人几乎袖手旁观。飞虎队队长陈纳德爆料说，中国在美国人眼里无足轻重，并透露了一个重要细节——直到 1940 年，美国“连张完备的中国地图都没有”。后来，美国之所以向中国伸出援手，地球人都知道原因——1941 年发生了珍珠港事件。

日本人居然骑到“山姆大叔”头上拉屎拉尿，岂有此理。但美国人的反应出人意料——不向日本报仇，而去攻打德国。听到珍珠港事件的消息，蒋介石十分兴奋，认定美国会出手教训日本，所以迫不及待向日本正式宣战（打了 4 年竟未宣战）。不过，令蒋介石意外和失望的是，美国人竟将战略重心置于欧洲。

① 王春：《1928—1938 年德国驻华军事顾问团历史考察》，硕士学位论文，西北工业大学，2003 年，第 16 页。

当然，美国总统罗斯福也没有完全不理会蒋介石，随后派来了史迪威，并送来“三温暖”——武器、美元、顾问。

学苏联，黄埔军校绕不过去；学德国，赛克特绕不过去；学美国，史迪威绕不过去。美方给史迪威的任务是：“增加美国对中国政府援助的效率以便进行作战，帮助改善中国军队的战斗力。”[①] 与史迪威同来中国的还有 35 名军官、5 名士兵、400 多名教官和技术人员，在他们的指点和帮助下，蒋介石展开了美式军事改革。

最亮眼的改革是建立空军。抗战时，日本人欺负中国没空军，飞机动不动就跑来轰炸一番。中国人没办法，只能往防空洞里躲。美国人看不下去了，决定帮助蒋介石建立空军。据美国国务院档案显示：“美国政府更采取步骤，实施一项强大而装备完善之中国空军计划。”[②] 可中国实在太穷，连训练场地都没有，只好把学员送到美国左纳的雷鸟机场以及印度培训。两年后的 1943 年 11 月，中国空军之中美混合大队成立，中国小伙子们开始出现在自己的领空。当然了，空中主要还是美国人，中国人更多负责地勤。

空军改革成本太高，所以蒋介石军事改革的重点对象还是陆军。陆军改革最见成效的，当属“Y 部队”（Yoke Force）和“Z 部队”（Z Force），即驻印军和驻云南部队。训练改革采取美国军校的教学模式，士兵主要接受武器装备操作的技术训练，军官除了这些还要接受战术训练。前后共 13 个军 39 个师（“三三制”）接受了美式装备和训练，其中两支发展为蒋介石五大主力——新 1 军、新 6 军。

史迪威回重庆把部队训练的照片带给蒋介石看，蒋介石很满意。史迪威回去后，在日记中写下一段有趣的话：“他显然感到满意。小傻蛋，他凭什

---

① Charles F Romanus etc. *Stilwell's Mission to China*, Office of the Chief of Military History, Dept. of the Army, 1953. pp.73–74.

② 美国国务院编：《美国与中国之关系：特别着重一九四四到一九四九之一时期》（上卷），华盛顿，1949 年，第 25 页。

美国教官在指导中国士兵训练

么不满意呢？我们费了九牛二虎之力来帮助他，而他批准时倒显得似乎作了让步似的。”①

美方还提出过一项措施，本可提升中国军队的士气和战斗力，但蒋介石拒绝接受。什么措施呢？美国人掏腰包给蒋介石改善军队待遇，每个月除了给 500 万军费，再给 500 万军饷。其中，军饷的分配如下：每个月给 100 万中国军队的每个士兵发 5 美元，连续 4 年，算下来 4.8 亿美元，凑个整数 5 亿美元。当时，财政部长宋子文觉得，这多好的事儿啊，赶紧给蒋介石报喜。不料，蒋介石一点不高兴，送给他两个字——“糊涂”。蒋介石何出此言？在蒋介石看来，“有奶就是娘”，如果中国军人领美国人的钱，以后听美国人的还是听我蒋介石的呢？

蒋介石当然想通过军事改革提高战斗力，但有个雷打不动的前提条件——控制权。因为这个前提，有的军事改革措施没法搞。例如，史迪威打算撤换一些不称职的指挥官，换能干的上，但蒋介石死活不同意。原来，史迪威要拿下的不少是蒋介石的人，如果换成了李宗仁、冯玉祥的部下，那肯定不行。蒋介石坚持部队要对他个人绝对忠诚。可见，军事改革离不开政治，受制于政治。

尽管改革有限，但经过美式训练和改造的中国军队，在实战中仍表现出极强的战斗力。1943 年底，史迪威不顾蒋介石要他按兵不动的指令，率军展开了著名的缅北反攻。首战于邦告捷，中国士兵们几乎不敢相信自己居然打败了不可战胜的日军，非常兴奋。这印证了史迪威的一句话：“中国士兵受过良好的训

①［美］巴巴拉·W. 塔奇曼：《逆风沙：史迪威与美国在华经验（1911—1945）》，汪溪等译，重庆出版社，1994 年，第 432 页。

练，可以和世界上任何军队媲美。”[①]二战史专家戈叔亚则说：“原来我还是很崇拜美国军队的。第二次世界大战，认为美国军队打得很好，但是在密支那，中国军队表现比美国军队要好一些。”[②]日军遭到前所未有的惨败，意志彻底崩溃，要渡过伊洛瓦底江逃命，但船不够，没赶上船的用手牢牢把住船帮不让走，船上的军官就拿刀剁战友的手……

史迪威

蒋介石在政治上是把好手，但在军事上并非行家。李宗仁曾讽刺蒋介石打仗只会使用金钱收买的“下三滥”手段。其实，蒋介石还有一个致命弱点——只重视有形的、见效快的东西（如装备），反之对无形的、见效慢的东西（如训练）不怎么看在眼里。

蒋介石总想利用史迪威向美国争取尽量多的援助，而后者认为这并非自己的“分内之事”。史迪威通过对蒋介石的近距离接触和观察，发现蒋介石嘴里常念叨的是卡车、飞机和枪炮，于是得出结论——这“暴露了他对军队训练、补充兵员、领导方法、医疗保健、后勤供应等方面的必要性一无所知”[③]。

在史迪威反攻缅北节节胜利时，蒋介石却在国内战场遭遇豫湘桂大溃败，充分暴露了他统军的无能。因此，罗斯福竟三次要求蒋介石把指挥权交给史迪威。蒋介石本已打算让出总司令的位置，但被史迪威刺激，最后关头没有让步，

① 此据史迪威之孙 Joseph Stilwell 回忆。参见凤凰卫视纪录片：《一个老兵的传奇：史迪威中国往事》（4），00：07：36－00：07：44。

② 此据史迪威之孙 Joseph Stilwell 回忆。参见凤凰卫视纪录片：《一个老兵的传奇：史迪威中国往事》（4），00：17：49－00：17：58。

③［美］巴巴拉·W. 塔奇曼：《逆风沙：史迪威与美国在华经验（1911—1945）》，汪溪译，重庆出版社，1994 年，第 397 页。

反倒把史迪威逼回美国了。

当年，蒋介石访俄时曾得出如下结论[①]：

“无论为个人，为国家，求人不如求己。无论亲友、盟友之如何亲密，总不能外乎其本身之利害。而本身之基业，无论大小成败，皆不能轻视忽置。如欲成功，非由本身做起不可，外力则最不可恃之物也。”

讽刺的是，蒋介石一生都未能摆脱对“外力”的依赖。正如南京大学中美文化研究中心的任东来先生所说：“自1895年之甲午战争中国惨败以来，中国历届统治者自身已经没有力量平息较为严重的内忧外患，他们只能靠借助外国势力来维持自己的衰败统治。”[②]事实上，李鸿章、袁世凯、蒋介石，莫不如此。

当然，洋人不是“雷锋”，不会把最强的人派来帮你，更不会把自己最厉害的武功传授给你，所以自力更生才是正道。可悲的是，蒋介石连洋人愿意教给自己的本事都学不全、学不到家。

---

① 杨天石：《1923年蒋介石的苏联之行——蒋介石日记解读之一（下）》，《世纪》2007年第3期，第6页。

② 任东来：《略论美援与中美抗日同盟》，《抗日战争研究》1996年第2期，第141页。

世界篇

东方进攻西方的帝王，他是第一个

——大流士一世军事改革

波斯帝国留给世人的印象不佳，似乎除了被雅典人击退，成为“马拉松”的“背景帝”，就是被亚历山大在高加米拉战役中暴打，简直是“耻”痕勒身。

其实，这是偏见造成的刻板印象。真正的波斯帝国没有那么弱：

> 波斯是世界上第一个横跨欧、亚、非三洲的大帝国；
>
> 世界五个文明发源地，波斯帝国征服了三个（印度、巴比伦、埃及）；
>
> 波斯帝国对世界影响深远，不在于500多万平方公里的广阔疆域，而是开创性的制度，如行省制、军区制。

这一切离不开大流士一世的贡献，所以他非常自恋地称自己为“伟大的王，万邦之王，波斯之王，诸省之王”。

靠一匹马上位的帝王

大流士一世不是太子，甚至连太子的兄弟也不是，而只是一个贵族。正常情况下，帝王的位子怎么也轮不到他。大流士一世成为波斯帝王，是发生了“非正常”事件。

实际上，波斯帝国是靠“造反”得天下的。波斯之前，中亚霸主是米底王国，波斯人是受压迫、被剥削的对象。公元前550年，波斯人上演了“逼上梁山”的故事，纷纷揭竿而起，而且成功了。所谓“多年的媳妇熬成婆”，波斯人上位后摇身一变，却成了新的“恶婆婆”。

对新崛起的波斯帝国来说，“对内压迫，我所欲也；对外扩张，亦我所欲也”。开国帝王居鲁士（被伊朗人称为“国父”）的主要精力在巩固内部上，到了二世冈比西斯则着眼对外扩张地盘了。扩张就扩张吧，派个得力统帅去就行了，可冈比西斯偏要御驾亲征。不仅如此，他居然一出去就是 3 年，在埃及待着不回国。

冈比西斯几年不回国，“后院起火”了，是一个叫高墨达的人放的。

高墨达何许人也？

僧侣，主持祭祀和占梦。从波斯开国，高墨达就跟着开国帝王居鲁士，对波斯宫廷政治和帝国内情非常熟悉。高墨达太了解这个新兴的帝国了，知道国基还不稳，也知道什么时候扔根火柴就可形成燎原之势。巧的是，冈比西斯上台后，居然主动给了高墨达一根火柴。

冈比西斯在埃及征战时，梦到弟弟巴尔迪亚取代自己做了皇帝。尽管只是个梦，但他并未如释重负，反而认为这是提醒他要提防篡位者。为此，冈比西斯一不做二不休，马上派人回去把弟弟巴尔迪亚杀了。

波斯皇宫里一个大活人——还是皇弟突然失踪，这事自然骗不过掌管冈比西斯家族事务的高墨达。于是，高墨达觉得“摘桃子”的时机成熟了，何况他还有一个天然优势——弟弟长相酷似死去的巴尔迪亚，而且连名字都一样。公元前 522 年，高墨达振臂一呼，让弟弟顶替真正的“巴尔迪亚”欲篡夺皇位，并提出了十分诱人的口号——“3 年不当兵，3 年不纳税”。

冈比西斯以为把亲弟弟巴尔迪亚的肉体消灭，就彻底消除了隐患，不料竟弄巧成拙。于是，他急忙率军回国准备镇压，不料竟于途中暴毙，死因扑朔迷离。

冈比西斯统治波斯近 8 年，离世时没有留下一男半女。这就给了很多人机会，大流士一世才有了机会登上历史舞台。

冈比西斯死后，天下大乱。很多人想浑水摸鱼趁机当皇帝，36 岁（一说 28 岁）

大流士一世

的大流士一世也是其中之一。他是帕提亚宗族、安息省省长希斯塔斯佩斯之子，他老子是冈比西斯的堂兄弟，也算皇亲国戚，但只是偏支。冈比西斯远征埃及时，大流士一世曾当过皇帝近卫军“不死军”总指挥。

波斯大乱时，大流士一世已卸任“万人敌”指挥官回国，身边只有区区500名佣兵。因此，他只有一个选择——“结盟”。大流士一世找来六个贵族，组成同盟。7个月后，高墨达的谎言被戳穿，仓皇逃走，被大流士一世等追杀。接着，他们趁热打铁，用了13个月，通过18次大战，摆平了至少8个竞争者（不包括高墨达），天下稍安。

现在，最敏感的核心问题来了——谁来当新国王？

大臣欧塔涅斯主张“集体领导”，大家都当国王，但大流士一世坚持“独裁统治”。于是，他们投票决定，大流士一世的主张获得4票，涉险通过。不过，谁来当国王的问题还是没解决，他们商量的结果是“在日出时大家乘马在市郊集会，而谁的马最先嘶鸣，谁便做国王”[①]。次日清晨，他们骑马来到郊外，大流士一世的马先叫，于是他上位了。

你真以为大流士一世是天命所归？

其实，大流士一世用了伎俩，具体是马夫欧伊巴雷司办的。头一天晚上，马夫找了匹漂亮的母马，拴在约定集会的地方，然后再把大流士一世的马带去幽会。第二天早上，大流士一世的马看到那匹漂亮的母马还在老地方等着自己，兴奋极了，便撒欢叫了起来。[②]这是著名历史学家希罗多德在《历史》一书中写的。

---

①［古希腊］希罗多德：《历史》，王以铸译，商务印书馆，1959年，第234页。

②［古希腊］希罗多德：《历史》，王以铸译，商务印书馆，1959年，第235页。

大流士一世在贝希斯敦山（位于今伊朗克尔曼沙汗省）留下的图文并茂的铭文

这件事是大流士一世人生中最重要的转折点，自然要隆重记录。于是，大流士一世命人勒石为记："大流士因他的马和他的马夫欧伊巴雷司之功勋而赢得了波斯王国。"[①] 马的名字也刻在石头上，可见大流士一世对这匹马是多么感激。

大流士一世是个很特别的帝王，与中国的乾隆有得一拼。他有个嗜好，走到哪里，喜欢留下石刻碑文，把自己的"伟大事迹"保存下来。这是虚荣心极强的表现，希望留下永世名声。不管大流士一世动机如何，历史学家们还是挺感激他的，否则波斯帝国和西亚的历史就会一片"黑暗"。

此话怎讲?

两河流域文化是世界文化的重要组成部分，但 1847 年前该文化在世人面前只有两个字——"神秘"。尽管人们在大流士一世的宫殿里发现了楔形文字，但有如天书，根本读不懂。直到 1835 年，在通往德黑兰大道的贝希斯敦村附近，"新大陆"终于被发现了——450 米高的参天大石崖上，刻着 400 多行铭文，而

① [古希腊] 希罗多德:《历史》，王以铸译，商务印书馆，1959 年，第 236 页。

且用古波斯文、埃兰文、巴比伦文三种楔形文字记载。对这段文字，专家们花了13年时间，总算完全读懂了。这段铭文，就是著名的“贝希斯敦铭文”。终于，沉睡1800年左右的楔形文字变成了活文字，古代两河流域乃至整个西亚文明重见天日。[①]

登上帝位，是上天送给大流士一世的一份大礼。不过，他坐上王位后，发现国内仍是乱糟糟的，国外也在趁火打劫。于是，革故鼎新的时刻就该来到了。

“没有我的改革，你们都要在黑暗中摸索好长时间”

大流士一世上位后，做了不少开创性的大事，比如规范文字、统一货币和度量衡等，与中国的秦始皇有得一比。不过，大流士一世比秦始皇早，他的改革对波斯帝国乃至后来的帝国影响深远。这里，只说说他在军事改革上搞了什么花样。

首创近卫军。成吉思汗的近卫军“怯薛”非常有名，不过有个人比大汗至少早1500年就首创了近卫军，这个人就是大流士一世。大流士一世的近卫军由清一色的波斯人组成，包括骑兵1000名、枪兵1000名、步兵10 000名。注意，骑兵和枪兵都是三位数，只有步兵是四位数，而且号称“无敌”。在波斯大军中，名头最响的非这支“不死队”莫属（作为波斯的老对手，希腊人称大流士一世的近卫军为“不死队”）。再强的军队，也不会一点伤亡没有，减员是难免的事。那么，大流士一世的近卫军为什么敢叫“不死队”呢？原来，近卫军如有伤亡，立即补充，人数始终不变。

首创“大军区”体制。大流士一世把全国划分为五大军区，每个大军区又管几个行省军区（一共23个省）。行省军区司令不受行省省长管辖，而是直接向国王负责。这样一来，每个省就形成了行省军区司令、行省省长、税官“三足鼎立”的局面，互相制衡。一个管军事，一个管行政，一个管财政，简直就

① 李忠存:《略论大流士一世》,《零陵师专学报》1993年第2期，第80页。

是波斯版“三权分立”。有兵的没权没钱，有权的没兵没钱，有钱的没兵没权，总之都是“三缺二”，谁想造反都很难搞成。大流士一世还不放心，又规定每个行省的驻军人数、兵种人数，甚至个别军事要塞和据点的人数，并且把数量维持在最低限度。管这么细，就是怕地方随意扩军，尾大不掉，起兵生事。此外，大流士一世还规定本行省籍士兵不得驻防本行省，从制度上限制了内部暴动和叛乱的发生。这一套“组合拳”打出来效果不错，不然有可能上演“唐朝式藩镇割据”。要是打仗了兵不够用咋办？大流士一世当然考虑到了这一点，所以规定了各行省“应”服兵役人数，扩张时就按这个数征兵，人头不够唯行省军区司令是问。当然了，这一规定也有一个问题：临时征召的兵，战斗力能行吗？这可能是波斯军队给人留下“兵力庞大，打仗不行”印象的重要原因。

首创阅兵制度。阅兵大家看得多了，可要追溯老祖宗的话还是大流士一世。大流士一世每年都要检阅部队，可以起到一石二鸟的作用：一来督促军队搞好训练，二来显示对军队领导的绝对权威。波斯帝国那么大，军队那么多，大流士一世不可能都检阅得过来，只能瞅瞅都城附近的部队。那么，边远地区的部队是不是就山高皇帝远，可以刀枪入库、马放南山呢？门儿都没有，因为大流士一世会让特派员前去“代阅”。

修路“大跃进”。这是大流士一世“最伟大的一个策略”，大大便利了军队的机动。在中国农村，经常可以看到这样的标语——“要想富，先修路”。其实，不仅赚钱需要交通方便，打仗更需要畅通无阻。为了赚钱和打仗两不误，大流士一世至少修了三条大干道（小道就不说了）。第一条向西，全长约 2500 公里，从首都苏撒[①]一直到爱琴海。每 20～25 公里设一个驿站，一共 111 个，都有军队驻防，以保证大道安全。这条主干道最重要，被称为“御道”。著名历史学家希罗多德专门考察过“御道”，不由赞叹：“全部道路所经之处都是安全的！”[②]除了安全，大道更有效率。走完这条御道，一般商旅要 90 天，而紧急

① 又译为“苏萨”，此从阿卜杜·侯赛因·扎林库伯《波斯帝国史》。

②［古希腊］希罗多德：《历史》，王以铸译，商务印书馆，1959 年，第 367 页。

军情传递只需 7 天！[①] 第二条大道向东，也是几千里，从都城巴比伦横贯伊朗高原，直到大夏和印度。首都不是苏撒吗，怎么又是巴比伦？因为大流士一世一共建了四个首都，苏撒是新建的第一首都，其他三个首都除巴比伦外还有爱克巴坦那和帕赛波里斯。大流士一世在这个都城待腻了，就到下一个都城耍耍。第三条大道则将爱琴海、南高加索和小亚细亚北部连接起来。这些交通要道的效率究竟有多高？希腊人曾“羡慕嫉妒恨”地说：“坐在自己都城里的波斯国王，吃着爱琴海的鲜鱼。”[②]

马拉松之战，波斯帝国为什么打不过小小希腊？

大流士一世是实干家，他利用军事改革成果进行着扩张事业。在西面，巩固了北非的埃及，在东面，征服了中亚的花喇子模，一直打到印度河北；在欧洲，侵占了爱琴海两岸部分岛屿。这样一来，波斯成为世界上第一个横跨欧、亚、非三洲的大帝国。正如日本学者谢世辉所说：“世界上大帝国以公元前 6 世纪建立的波斯帝国为滥觞。”[③]

大流士一世还是个感性的帝王。有一次，他率 8 万大军远征希腊，站在高处看着大军踏桥西渡，不禁潸然泪下，感伤道：“如此生龙活虎的战士，就算没有战死沙场，几十年后同样会化作尘埃。”[④]

大流士一世进行的征服事业中，最为人津津乐道的是与希腊人的战争。公元前 491 年，大流士一世派人出使希腊各城邦，带去谕旨——“臣服于我”。当然了，大流士没说这么直接，而是“委婉”地要求“土”和“水”。

希腊诸城邦，反应最大的是斯巴达和雅典，不仅大声说“NO”，还把大流士的大使给杀了。雅典人把波斯来使扔下了土坑，而斯达巴人干脆将来使扔

① 曹菁：《外国名家重大军事改革述评》，国防大学出版社，2015 年，第 6 页。

② 曹菁：《外国名家重大军事改革述评》，国防大学出版社，2015 年，第 7 页。

③［日］谢世辉：《世界历史的变革》，蒋立峰译，人民出版社，1989 年，第 8 页。

④ 赵艳东：《大流士一士的哀叹》，《作文新天地（高中版）》2012 年第 6 期。

下井，还不忘挖苦一句："这井里有水又有土，你要多少就拿吧！"[①]两国交兵，不斩来使，希腊人的反应把大流士一世激怒了。如果大流士一世忍气吞声，无论在国外还是国内都太没面子，还如何在世上混下去？

结果，只能是一个——出兵。大流士一世派出兵马出征希腊，领兵指挥官是老将丹提斯和侄子阿尔特法兰。其中，老将丹提斯[②]率领1.5万人，直奔马拉松；侄子阿尔特法兰[③]率领1万人，直取雅典城。波斯士兵是什么形象呢？历史学家希罗多德描述道："他们头上戴着称为提阿拉斯的软毡帽，身上穿着五颜六色的带袖内衣，上面有像鱼鳞那样的铁鳞，腿上穿着裤子。他们没有一般的盾牌，而用的是细枝编成的盾，盾的背面挂着他们的箭筒。他们使用短枪、长弓、芦苇制成的箭，此外还有挂在右胯腰带地方的短剑。"[④]

大流士一世为何不集中兵力形成拳头，而是兵分两路呢？

他的如意算盘是：老将丹提斯一路下船后不急于进攻，而是在马拉松平原扎营。他主要是负责把雅典军队诱出城，造成其城内空虚。这样一来，大流士一世侄子阿尔特法兰那一路就可以乘虚直取雅典，并在内应的接应下[⑤]一举拿下该城。[⑥]看上去，大流士一世的战略安排还是很高明的，如果两路波斯军队按计划行事，雅典恐怕招架不过来。

公元前490年9月，1.5万波斯军队乘600艘军舰踏浪而来，在爱琴海边下船，扎营马拉松。这里离雅典约40公里，杀过去要不了多久。雅典得到消息，派军前往阻挡，双方并未立即开打，而是形成对峙，长达10天之久。

阵势摆开了，但波斯军队不打，是因为已经达到预期战略目标——把雅典

---

① [古希腊]希罗多德：《历史》，王以铸译，商务印书馆，1959年，第514–515页。

② 又译为"达提斯"。

③ 又译为"阿塔弗列涅"。

④ [古希腊]希罗多德：《历史》，王以铸译，商务印书馆，1959年，第493页。

⑤ 雅典的前执政官希庇亚斯投靠了大流士一世，他鼓动大流士进攻希腊，并承诺自己在雅典城内有内应可以帮忙里应外合。

⑥ [美]杰弗里·帕克等：《剑桥插图战争史》，傅景川译，山东画报出版社，2004年，第21页。

城中的军队吸引出来，然后坐等城内浓烟滚滚。到时候，马拉松的雅典军队必然军心大乱，再开打岂不稳操胜券？

那么，雅典军队怎么也不动呢？

因为他们在等援军。

雅典人得知波斯人要来“踢场子”，赶紧向兄弟城邦求援。雅典人最想看到的是斯巴达援军，理由很充分：斯达巴也拒绝了大流士的要求，而且他们能打是出了名的。问题是，雅典和斯巴达是死对头，在希腊世界是最强的两极，一直在争领导权。现在，波斯人来了，斯巴达正好可以借刀杀人。不过，所谓唇亡齿寒，雅典要是完蛋了，波斯人下一步就该杀到斯巴达家门口了。所以，斯巴达最后还是决定出兵，毕竟在雅典地盘上打，不用担心自家坛坛罐罐被砸碎。斯巴达提出一个条件：要在 9 月中旬之后才能派出援兵。为什么呢？按照传统，斯巴达人要过一个卡尼亚节（类似宗教节日），过完才能去。同时，斯巴达只答应派出 2000 人马。斯巴达人在路上慢慢吞吞，难逃拖延时间的嫌疑，赶到战场时人家雅典人都打完收工了。

雅典人对援军望眼欲穿，斯达巴人就是不见踪影。还好，总算有另一支来自小城邦普加提亚的援军赶到了。这个城邦过去得到过雅典帮助，这次派来 1000 援兵帮忙。算上雅典自己的 1 万人，总共 1.1 万人。尽管援军对雅典来说是杯水车薪，但大大增强了雅典军队的士气。

雅典人打算继续等待斯巴达援军，但一个坏消息传来，使雅典统帅米太亚[①]不得不主动发起进攻。

另一路波斯军正在急袭雅典的路上。

原来，大流士一世侄子阿尔特法兰率领的另一支万人部队，在直捣雅典之前去打了另一个叫埃雷特里亚的希腊城邦。雅典援军还没赶到，探子就传来埃城被拿下的消息。现在，雅典这支部队继续赴援已经失去意义，于是紧急转用

① 又译为“米泰亚德”。

于马拉松战场。

如今，雅典只有两个选择：要么撤回雅典，集中兵力守城；要么主动进攻，把马拉松的波斯人打回老家，然后再赶回去对付另一路波斯军队。最后，雅典人在第二个选项上打了钩。

波斯军队中央和两翼都是10排，雅典人中央为4排，两翼为8排。后来的事实证明，这一调整决定了战役的胜败。开打后，波斯军队很猛，特别是中央部队，把雅典人杀得步步后退。不过，雅典人两翼使劲发力，不断向前推进，结果逐渐形成了波斯军队被雅典军队“包饺子”的局面。

记得汉尼拔最经典的坎尼会战吧，马拉松战役就是这样发展的。难道米太亚比汉尼拔聪明？非也。汉尼拔那样干是经过精心盘算的，而米太亚则有点歪打正着。其实，米太亚把两翼布置得比中间厚实，主要是为了防止波斯骑兵从两翼包抄。马拉松平原呈新月形，长9公里，最宽的地方3公里。当时正值雨季，中间地势较高，两边都是泥沼地，而这种地形不利于波斯骑兵包抄。雅典人因势利导，把两翼延展到泥沼地，避免了两翼被包抄的危险。

波斯军队被夹在中间，阵形开始混乱，心里开始慌乱，不由得向船上败退。雅典人紧追不舍，打算痛打“落水狗”。一个叫基纳尔的雅典战士夺船时被对方用利斧砍下一只手，但他没有退缩，竟用另一只手抓住敌舰，最后将其“俘虏”。值得注意的是，雅典人在对决中损失不大，伤亡主要发生在追击战中，甚至最高行政长官（相当于轮值主席）卡利马什也战死沙场。

马拉松战役（19世纪版画）

大流士一世的侄子阿尔特法兰率军杀到雅典城下，没有看到内应，只看到雅典大军严阵以待。显然，战机已失，只能班师回国。

马拉松之战太出名了，但如果只看希腊人的描述就上当了，因为他们太夸张。例如，大流士一世只派了不到2万人，希腊人却说波斯军队有10万之众，杀掉其6400人，自己仅伤亡192人。为此，历史学家指出，希腊人的说法“与其说是历史，不如说是史诗和神话”[①]。

马拉松战役雅典统帅米太亚

平心而论，大流士一世两路出击的战略部署并无不妥，相反还挺高明。问题在于，波斯军队没有能够实现这一计划。就战役和战术层面而言，波斯军队很大程度上吃了“天时”和“地利”的亏。如果不是雨季造成泥泞，波斯骑兵就可以对雅典人进行两翼包抄，最后被包围甚至歼灭的就是对方。

大流士一世的部队在马拉松战败，但实力尚存——雅典人只俘获了波斯600艘军舰中的7艘。再者，大流士一世侄子阿尔特法兰率领的那一路没有受到损失，如果两军会合，加上波斯国内再派来援军，还可与雅典人一战。不过，大流士一世还是把军队撤回了，因为国内发生叛乱，已经顾不上希腊了。[②]

《剑桥插图战争史》对雅典人在马拉松战役中的表现评价不错：“希腊人在此地取得了胜利，它奠定了一个此后300年间没有在实质上发生改变的东西对抗的模式：任何时间、任何地点，不管拥有多大的兵力，如果东方步兵居然愚蠢到去进攻西方全服甲胄、纪律严明的持枪方阵的话，必然会惨遭失败。”[③]不过，难道大流士一世的儿子薛西斯后来再征希腊，在温泉关砍下斯巴达国王莱昂尼达斯的头这件事不存在吗？也许，学者们对大流士一世改革的评价是中肯

① [伊朗]阿卜杜·侯赛因·扎林库伯：《波斯帝国史》，张鸿年译，复旦大学出版社，2011年，第126页。
② 同上。
③ [美]杰弗里·帕克等：《剑桥插图战争史》，傅景川等译，山东画报出版社，2004年，第20页。

的："在军事方面，他的成功与失败参半。他的成就主要是在政治方面。"[①]

公元前 486 年，大流士一世去世。约 150 年后，亚历山大东征，波斯帝国沉入历史的夜色。

① 谢玉珊、徐虎：《大流士一世改革与波斯帝国的全盛》，《天中学刊》1996 年第 2 期，第 77 页。

第一个征服世界的步兵方阵

——腓力二世、亚历山大军事改革

马其顿，在当代世界版图上这个国家面积确实不大。但历史上一个横跨欧、亚、非三大洲的世界大帝国也叫此名。

提到马其顿，绕不开“一人一阵”。这人，叫亚历山大；这阵，叫马其顿方阵。

西方文明的源头是希腊。马克思说过这样一句话：“希腊内部极盛时期是伯利克里时代，外部极盛时期是亚历山大时代。”[①] 还有一种说法，亚历山大不是要赶超前人，而是为了让后人无法超越。著名历史学家汤因比写过一本书，曾假设亚历山大没有死，而是病愈后继续东征，与战国时代的中国交战。

亚历山大的成功，离不开赫赫有名的马其顿方阵。

腓力二世

腓力—亚历山大，虎父虎子

鉴于马其顿不大，恐怕不少人连这个国家具体在什么位置都不太清楚。马其顿位于希腊北部，不属于传统希腊城邦。在希腊人眼里，马其顿乃化外之地，是一群“没有文明的野蛮人”。直到公元前6世纪，马其顿才统一为君主制国家。

① 《马克思恩格斯全集》（第一卷），人民出版社，1956年，第113页。

亚历山大的名字几乎无人不知，而他父亲腓力二世[①]（Philippe）的名字知道的人也许不多。没有腓力打基础，亚历山大能否创建不世帝业，实在要打个大大的问号。西方史著述记载了这样一件事：远征波斯后期，亚历山大的挚友，曾救过他一命的克雷塔斯，有一次借着酒劲对他大讲腓力二世的功劳，大喊："你根本比不上你的父亲！"[②]亚历山大一怒之下，从卫士手中抢过长矛刺死了这位挚友兼救命恩人。[③]这事儿说明，亚历山大的父亲腓力二世也是个厉害角色。

腓力二世怎么个厉害法？

这样说吧，如果腓力二世不遭横死，现在我们熟悉的第一个世界征服者的名字就不会是亚历山大而是腓力二世。正是腓力二世把国家和军队变得强大，并征服了瞧不上马其顿的希腊人。父亲腓力二世胜利的消息传来，亚历山大却高兴不起来，反而嫉妒地对玩伴说："我的父亲已经征服了一切，却没有给我留下能让我与你们一起实现的丰功伟绩，也没有留下一块可以让我与你们一同去征服的地方。"[④]

腓力二世是马其顿最小的王子，这就决定了他的命运——当哥哥帕迪卡斯三世（后阵亡，其子阿明塔四世即位）即位为马其顿国王后，就把他送去希腊当了3年人质（15~18岁）。公元前364年，腓力二世结束人质生涯后回国，开始谋划自己当国王。公元前359年，腓力二世成功了，把年幼的亲侄子阿明塔斯四世赶下去，自己坐上了王位。

腓力二世开始整顿国家，提升国力，其中一项重要举措就是军事改革。此时，他在希腊城邦底比斯当人质的经历派上了用场。

希腊文化昌盛，武力发达，其中文明程度最高的是雅典，武力最厉害的

---

① 又译为"菲利普二世"。

② Sébastien Lapaque Patrick Rambaud：《亚历山大大帝超越神的功绩》（下），龙海、俞少英等译，《文明》2008年第10期，第100页。

③ 当然，亚历山大也是酒后冲动，克雷塔斯死后他非常后悔，绝食3天。

④ Sébastien Lapaque Patrick Rambaud：《亚历山大大帝超越神的功绩》（上），龙海、俞少英等译，《文明》2008年第9期，第91页。

是斯巴达。[1]不料，一个叫底比斯的希腊城邦居然击败了斯巴达，成为继雅典和斯巴达之后希腊世界第三个霸主。当时，腓力二世刚好寄居在底比斯指挥官帕曼尼斯家中，因此得知底比斯如何用斜形战术击败斯达巴的步兵方阵。腓力二世回到马其顿当上国王后，综合了两家的优点，并修正了双方的不足：一方面，对斯巴达方阵进行改进，增加侧后的保护；另一方面，借鉴底比斯的战术，利用重骑兵部队用于进攻。于是，腓力二世打造出了举世闻名的马其顿方阵。

师傅厉害还是徒弟厉害，得当面较量才能分出高下。公元前 338 年，腓力二世决定征服希腊，而希腊人也想摁住这个蓬勃发展的蛮邦。结果，腓力二世这个徒弟赢了。

腓力二世打败希腊联军（以雅典和底比斯为主）第二年，向各城邦广发英雄帖，通知召开“盟主大会”。这次大会，各城邦基本上都参加了（除了斯巴达），腓力二世宣布了三项决议：第一，马其顿是希腊联盟的“盟主”；第二，希腊内部不要再打内战了，谁打“盟主”就打谁；第三，枪口一致对外，远征波斯。

临出征前，腓力二世打算先为女儿办完婚事。不幸的是，年仅 46 岁的国王腓力二世在婚礼上被近身护卫官刺杀，喜事变成了丧事（公元前 336 年）。一般情况下，国王横死，远征也会取消。不过，波斯帝国的运气实在太差，因为腓力二世的儿子亚历山大比父亲更猛。

虎父无犬子，亚历山大 12 岁时就做出了一件让所有人（包括父亲腓力二世）惊讶的事。马其顿有一匹烈马，无人能驯服，但亚历山大驯服了。因为亚力山大发现了别人都没注意的秘密——这匹马害怕看到自己的影子，所以他让马朝着太阳的方向，这样马就看不到自己的影子了，也就很容易被驯服。腓力二世赞叹道：“我的儿子，去另外寻找一个和你自己相称的王国吧，因为马其顿对于

---

① 逃亡离国的斯巴达国王狄马拉塔斯曾向波斯国王泽尔西斯说过这样一句话：“法律禁止他们临阵脱逃，不管敌人的数量是如何强大，他们都必须挺身战斗，不是战胜就是战死。”参见［英］富勒：《亚历山大的将道》，李磊、琚宏译，广西人民出版社，2006 年，第 29 页。

亚里士多德教导亚历山大

你是太小了！”[①]

众所周知，亚历山大有一个著名的家庭教师——亚里士多德。那么，大哲学家具体教了些什么给 13～16 岁的亚历山大呢？亚里士多德曾这样教导亚历山大[②]：

“有些人在诞生时就注定将是被统治者，另一些人则注定将是统治者。”

“对于原来应该附属于他人的卑下部落，倘使竟然不愿附属，人类向他进行战争，也应该是合乎自然而正当的。”

“（你要）做希腊人的领袖，野蛮人的主人。”

…………

父亲腓力二世事业的激励，伟大导师亚里士多德的指引，在这种环境下成长起来的亚历山大，血液里奔流着扩张的血液。亚历山大从 16 岁起随父征战，尤其在与希腊联军的决定性战役中担任左翼军统帅并表现出色，受到父亲腓力二世嘉奖。到 20 岁即位时，亚历山大已经有了 4 年的指挥经验。

腓力二世去世后，希腊各城邦认为亚历山大年幼，觉得机会来了，于是纷纷宣布脱离马其顿统治。他们万万没想到，亚历山大比腓力二世还厉害，半年内就把“造反派”们收拾得服服帖帖。亚历山大的办法很简单，收拾最不听话的底比斯。亚历山大“先礼后兵”，打败了底比斯后，以会议决议的形式将该

---

① [古希腊] 塔普鲁克：《亚历山大大帝之死》，吴奚真译，团结出版社，2005 年，第 10 页。

② 余东、杨东：《试论亚历山大成功的主客观因素》，《散文百家》2012 年第 3 期，第 15 页。

亚历山大（左）与好友克雷提拉斯一起猎杀狮子

城邦夷为平地，并把幸存者贱卖为奴。

其后，亚历山大像父亲腓力二世一样，眼睛开始望向东面的波斯帝国。

令罗马将军生畏的马其顿方阵

“每个罗马人都被逼处于十支矛尖的攻击之下，作为靶子上的敌方士兵对那些矛尖来说简直是‘供不应求’。”

“他回想着当时武器林立的前线那种令人胆寒的情景，再次被带入到恐惧和震惊之中，他以前的任何所见都不能与之匹敌。”

上面两段话，分别来自与马其顿方阵交过手的人的回忆，一个是普通的罗马士兵，一个是叫埃米鲁斯·保罗斯的罗马将军①。虽然罗马人最终把马其顿方阵赶下了历史舞台，不过他们最初碰到马其顿方阵时不知所措，恐惧万分。

腓力二世为什么发明马其顿方阵？就是为了克制希腊方阵。腓力二世的灵感来自希腊步兵方阵，但完全做到了“青出于蓝而胜于蓝”。“胜”在什么地方

① [美] 杰弗里·帕克等:《剑桥插图战争史》，傅景川等译，山东画报出版社，2004 年，第 36 页、第 41 页。

呢？细节！在冷兵器时代，“一寸长一寸强”，希腊长枪只有 2~3 米，而马其顿长枪长达 6 米，2 倍于对手。这样的长矛有多重呢？至少 7 公斤。一个成年男子得用双手举起这样的长矛，一般只能持续 15 分钟左右。

要拿起那么长、那么重的矛，当然得有相当的臂力，一般人吃不消，而马其顿人不在话下。马其顿是个多山国家，常有熊、豹、野猪和狮子出没。因此，马其顿有个不成文的规矩：男孩长大后，得徒手杀死一只狮子，才有资格参加宴会。打狮子和打老虎的难度应该差不多，中国也就出了个武松，还是小说里的人物，而在马其顿遍地都是“武松”。除了杀死狮子，马其顿人还要练习杀人。如果说杀狮子是练臂力，那么杀人就是练胆量。如果哪个马其顿人没杀过人，身上就会系上一根象征软弱和耻辱的绳子。①

马其顿方阵究竟什么样子？

马其顿方阵最小的战术单位叫“辛塔格马”，由一个 16×16 的正方形构成（相当于一个营）。16 个“辛塔格马”组成一个 4096 人的中型方阵（相当于一个师），4 个中型方阵组成一个 16 384 人的大型方阵。作战时，前五排士兵平持长矛，后排士兵把长矛搭在前排战友肩上，使长矛呈倾斜状，再后面的士兵则竖持长矛。为了预防被敌人的弓箭和投枪击中，每名士兵在左臂上绑了一个盾牌（把左手解放出来握矛），并采取跪姿，这样可以有效保护整个身体。

马其顿方阵的长矛一枝独秀，交战之前在阵势和气势上往往就给敌人以极大的心理震慑。罗马时代的军事理论家奥纳山大评论说：“华丽的装备使行军中的队伍显得危险万分，单是那可怕的景象就使敌人魂飞魄散。”② 实战中，马其顿方阵是什么样子呢？按照《剑桥插图战争史》的描述，这堵矛墙“鱼叉般地攻向敌人——像鬃毛一样——将敌人的进攻有力地反弹回去”。③

看上去，马其顿方阵似乎牢不可破，但如果眼力好，大概已经看到它的不

---

① Sébastien Lapaque Patrick Rambaud：《亚历山大大帝超越神的功绩》（上），龙海、俞少英等译，《文明》2008 年第 9 期，第 86 页。

②［美］杰弗里·帕克等：《剑桥插图战争史》，傅景川等译，山东画报出版社，2004 年，第 35 页。

③［美］杰弗里·帕克等：《剑桥插图战争史》，傅景川等译，山东画报出版社，2004 年，第 34 页。

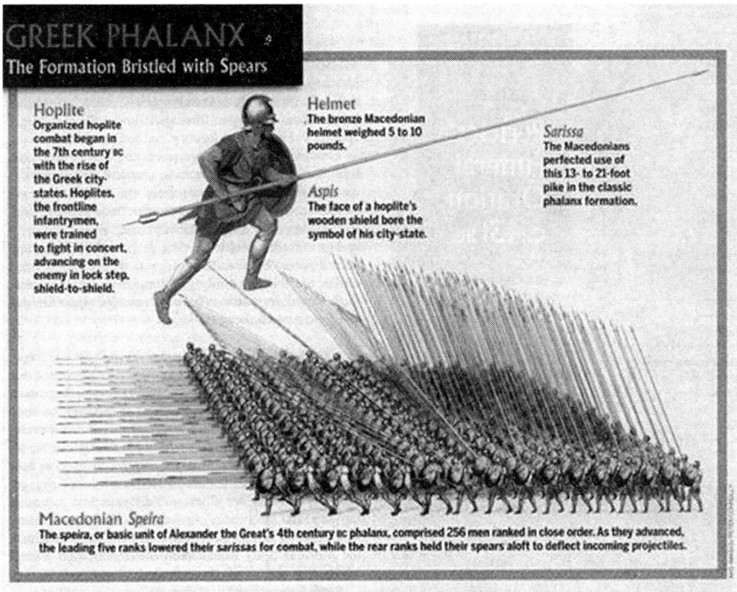

马其顿方阵

足——笨拙。马其顿方阵如果要变换队形或者调转方向，会比较慢，这在战场上很容易被敌人利用。因此，腓力二世和亚历山大十分重视训练，以加快阵型转换速度。

有趣的是，亚历山大还发动了一项特别的改革——剪胡子。胡子是男人的象征，为什么不能留？亚历山大认为：“在激烈的近身战中，胡子常常成为对手揪抓的目标。”[①] 不过，笔者以为是多此一举。马其顿方阵的长矛那么长，就是为了不让敌人靠近，如果对方都能揪住胡子了，那不就意味着方阵已经被破了吗？

马其顿的王牌居然不是马其顿方阵？

马其顿方阵令人生畏的长矛，确实令人印象深刻。不过，腓力—亚历山大父子能够征服希腊和波斯，仅靠步兵方阵还不够。

① Sébastien Lapaque Patrick Rambaud：《亚历山大大帝超越神的功绩》（上），龙海、俞少英等译，《文明》2008 年第 9 期，第 90 页。

马其顿骑兵

马其顿方阵知名度很高，但实际上只是希腊步兵方阵的“升级版”，算不上革命性改革。腓力—亚历山大父子的创新之处，在于把骑兵引入方阵，而且大大加重了其在实战中的“戏份”。实战中，马其顿方阵并非唱独角戏，而是与重骑兵和轻步兵、轻骑兵一起“三重唱”。

在马其顿方阵，右翼是重骑兵，左翼是轻步兵和轻骑兵组成的联合部队。三个战斗群分工明确：方阵是明线上的主角，主要吸引敌人注意力；重骑兵是暗线上的主角，作为突击力量对敌人薄弱的侧翼和后方进行包抄、突击；轻步兵和轻骑兵则扮演“保镖”角色，保护方阵左右和后方三个面（因方阵只能面朝前方）。

雅典将军伊菲克拉特斯有一个形象的比喻：“轻装部队好比人手，骑兵像脚，步兵方阵恰像胸部和胸甲，而将军则像人体中的头。”① 英国军事理论家富勒也形象地描述道：“三者联合在一起，就好像左面是运动迟缓的墙，右面是一个迅速运动的门，而中间就是一个铰链。”②

马其顿方阵看上去威风凛凛，其实是为重骑兵作嫁衣裳。古希腊著名演说家德摩斯梯尼曾警告雅典人：“你们听说菲利普（腓力二世——笔者注）锐不可当，那并非因为他率领的重装甲步兵方阵，而是因为他拥有散兵、骑兵部队、弓箭部队、雇佣兵等。”③ 英国军事理论家富勒则进一步指出：“方阵并不突出，

① [美] 杰弗里·帕克等:《剑桥插图战争史》，傅景川等译，山东画报出版社，2004 年，第 35 页。

② [英] 富勒:《西洋世界军事史》(1)，钮先钟译，广西师范大学出版社，2004 年，第 91 页。

③ [美] 杰弗里·帕克等:《剑桥插图战争史》，傅景川等译，山东画报出版社，2004 年，第 37 页。

而只是表示此种威胁，其前进足以形成一种恐怖，使敌人精神瘫痪，不能动弹，以便骑兵来做决定性的冲锋。”[①] 方阵与重骑兵密切协同，有人形象地称之为“砧锤战术”——以方阵为砧，以重骑兵为锤。

表面上，马其顿方阵是主角；实际上，骑兵才是腓力—亚历山大父子手中的王牌。所以，《哈珀-柯林斯世界军事历史全书》指出：“菲利普把正规常备兵组成的重步兵当作骑兵实施突击冲锋的后卫。”[②] 同时，恩格斯也说亚历山大是“历代最优秀的骑兵指挥官之一”[③]。重骑兵多由年轻贵族组成，腓力—亚历山大父子经常率这支重骑兵发动突击。当然，重骑兵得手后，方阵也可以冲上去“再补一刀”。

没有军事改革，就没有亚历山大帝国

公元前 334 年，亚历山大带着 4.5 万人（步兵 4 万，骑兵 5000[④]）踏上了远征之途。他仅用 10 年左右的时间，就建立起横跨欧、亚、非三洲的大帝国。凭什么？英国军事理论家富勒指出：“亚历山大最大的资本就是从他父亲手里所继承得来的军队。”[⑤]

腓力—亚历山大父子征战 10 余年，其实大的会战只有五次，其中具有代表性的有三次：与希腊人的喀罗尼亚战役（位于希腊中部），与波斯人的高加米拉战役，与印度人的希达斯佩斯河（今杰赫勒姆河）战役。

公元前 338 年，腓力二世迎来人生中最重要的一天——与希腊联军对决。雅典和底比斯是希腊联军主力，底比斯负责防守，雅典人负责进攻。雅典人想通过进攻抢功，但他们很快就非常后悔自己的选择。当碰到“刀枪不入”的马其顿方阵时，雅典人又惊又惧，崩溃而逃。这样一来，被盟友抛弃在战场

① ［英］富勒：《亚历山大的将道》，李磊、琚宏译，广西人民出版社，2006 年，第 34 页。

② ［美］杜派等：《哈珀-柯林斯世界军事历史全书》，传海等译，中国友谊出版公司，1998 年，第 40 页。

③《马克思恩格斯军事文集》，人民出版社，1964 年，第 448 页。

④ 亚历山大没有带走全部兵力，因为他需要维持马其顿的稳定，所以留下了 1.2 万名步兵和 1500 名骑兵。这支部队在亚历山大远征期间，大败不老实的斯巴达。

⑤［英］富勒：《亚历山大的将道》，李磊、琚宏译，广西人民出版社，2006 年，第 225 页。

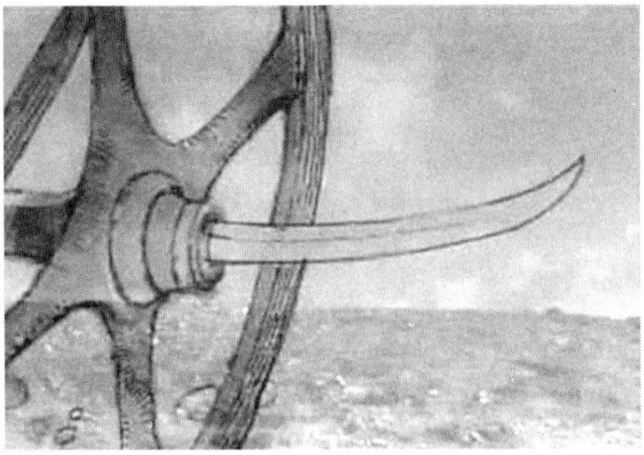

大流士三世准备用来对付马其顿方阵的“刀轮战车”

上的底比斯人就惨了，只能是一种结局——惨遭屠杀，其中包括战斗力非常强悍的“神圣联合”（由150对同性恋组成），而他们此前从未吃过败仗。

马其顿与波斯的战争，最有代表性的当数高加米拉（Gaugamela）会战。此役，大流士三世有25万人，差不多是亚历山大的5倍！而且，有了上一次战败的教训，大流士三世还制造出对付马其顿方阵的“新式武器”——200辆刀轮战车。

鉴于兵力悬殊，为增加胜算，有人建议亚历山大夜袭。意外的是，亚历山大拒绝了，更意外的是他拒绝的理由——“我不愿偷取胜利”①。

次日，双方拉开阵势。开打不久，亚历山大率军向右翼运动，做出要包抄波斯人左翼的样子。大流士三世赶紧命令左翼向外移动，防止被侧击。同时，大流士三世还以颜色，命令右翼部队猛攻马其顿左翼，刀轮战车向马其顿中军冲将过来。马其顿左翼死死顶住波斯人的优势兵力进攻，中央的马其顿方阵也表现出临机应变的出色能力，迅速散开避开了刀轮战车的攻击。

就在此时，亚历山大下达了一个扭转战局的命令：不再包抄波斯人的左翼，而是返身杀向其中军，直取大流士三世。波斯军队左翼赶紧回援，但被隐藏在亚历山大重骑兵后面的轻步兵阻挡。大流士三世身边虽然有护卫，而且护卫们手中有矛，但只有1.5米，仅为马其顿人的1/3不到（6米）。大流士三世见势不妙，赶紧撤退。但这一“怯懦”举动是致命的，造成波斯人全军溃败。

在上一次战役中，亚历山大看出大流士三世是个“懦夫”，只要能干掉他或者迫使他逃离战场，比杀死多少波斯人都管用。后来，大流士三世被自己卫兵刺死——早知如此，还不如当初与亚历山大拼死一搏，对方未必能赢。

---

①［古希腊］普鲁塔克:《亚历山大大帝之死》，吴奚真译，团结出版社，2005年，第48页。

亚历山大俘虏印度王波罗斯

亚历山大的远征事业之所以顺风顺水，还要感谢马其顿遇到的敌人不强。波斯帝国崛起于公元前 6 世纪，在鼎盛时期已然打不过一团乱麻的希腊，到亚历山大东征时更是衰败腐朽了。波斯军队数量上非常庞大，却是纸老虎，不堪一击。更可笑的是，大流士三世第一次与亚历山大对阵时（伊苏斯战役），把自己的母亲和妻子也带上了战场，想让她们看看自己怎么收拾马其顿人。结果，大流士三世独自逃命，母亲和妻子都成了亚历山大的俘虏。可怜这两个女人，她们还以为大流士三世死了，所以才会不管她们。

当亚历山大进入波斯帝国统治中心波塞保利斯时，收到了波斯人主动奉上的 12 万塔兰特黄金。这是什么概念？按今天的币值换算，相当于 600 亿美元！[①]

最后，轮到马其顿与印度一决雌雄了。印度盛产战象，亚历山大如何应对呢？

决战中，印度王波罗斯（Porus）有 200 头战象，亚历山大也有，但数量仅 25 头，而且远不如对方的战象凶猛。一开始，马其顿人不是对手，被大象的鼻子卷向空中，然后重重摔下来，死得惨不忍睹。但亚历山大很快发现对方弱点——那些在象阵间和象背上对这些牲畜发号施令的“象奴”，于是下令用长矛向人而不是大象刺去。印度战象失去指令后不知所措，胜利的天平开始向马其顿倾斜。波罗斯没有像大流士三世那样逃走，但最后仍免不了力尽被俘的命运，他的两个儿子也战死了。当然，亚历山大也付出了沉重代价，除了他本人再次受伤外，心爱的战马也阵亡了。

① *Conquerors*，00∶36∶49 – 00∶36∶56，the Learning Channel，Mars Productions Limited，1996.

之后，亚历山大想再接再厉，抵达“世界的尽头和大外海”。然而，将士们经过 10 年征战，太疲惫了，不想干了。亚历山大做出最后一次努力，发表了一次非常动情的演说。但这次无人响应，亚历山大的“思想政治工作”失败了。最后，马其顿军队开始西返，下命令的居然不是亚历山大本人而是他手下的将领。亚历山大知道，马其顿军队已是强弩之末，自己也无能为力了。在“回家前”，亚历山大在伊帕斯河畔竖起 12 座祭台，并留下了铭文：“亚历山大止步于此。”[①]

公元前 323 年，亚历山大死在归途中的巴比伦，不到 33 岁。临死前，他留下三个奇怪的遗愿，没有一个是托付麾下将军们照看好自己打下的江山，而是下面这样的[②]：

1.“必须由我的医生们亲自抬运我的灵柩。”

2.“我希望我的灵柩在被抬往墓地时，通向墓地的路上要撒满我在国库里珍藏的黄金、白银和宝石。”

3.“我的双手要垂放在棺材外。”

人都死了，抬棺还要医生干吗？不把财宝埋进坟墓，却撒在路上，这是什么道理？至于双手放在棺材外面，就更让人搞不懂了。

其实，不只现在我们看不懂，当时亚历山大的部下们也搞不明白，只好求教。亚历山大的回答是：

第一个愿望——“因为人们应该意识到，没有一个医生真的可以包治百病，令人起死回生。所以请大家不要把生命当作理所当然的，要珍惜生命。”

---

① Sébastien Lapaque Patrick Rambaud：《亚历山大大帝超越神的功绩》（下），龙海、俞少英等译，《文明》2008 年第 10 期，第 101 页。

②《亚历山大大帝的三个遗愿》，玉兰花开编译，《新东方英语》2009 年第 11 期，第 58–59 页。

第二个愿望——“是要告诉人们，没有一丁点黄金会随我而去。我用一生来赚取财富，但最终什么也带不走。我要让人们意识到，追逐财富纯属浪费时间。”

第三个愿望——“是希望人们知道我双手空空来到这个世界，又两手空空离开这个世界。”

亚历山大没留下任何子嗣——尽管后宫美女如云。他把所有精力都用在了征服世界上。按照西方史家的说法，“较之女色，他更喜欢被一群年轻的男子或骁勇的猛将所簇拥”[①]。当被问到谁来继承偌大的帝国，亚历山大说了三个字——不是某个人的名字——而是“最强者”[②]。谁配得上“最强者”呢？只好互相打。结果，马其顿帝国被一分为三。

马其顿方阵破于何人？

亚历山大一死，他刚刚创建的马其顿大帝国也分崩离析。不过，马其顿方阵仍然继续横行了不短的时间，最后被罗马人所破。

马其顿方阵的标配是长矛，罗马方阵的标配是西班牙短剑和标枪。两者对阵，结果怎样？[③]

“(马其顿士兵)身体被西班牙短剑砍成了残废，胳膊被沿着肩膀切下来，脑袋离开了身体，脖子被完全割断，内脏裸露在外面，还有其他许多场面令人作呕。”

---

① Sébastien Lapaque Patrick Rambaud:《亚历山大大帝超越神的功绩》(上)，龙海、俞少英等译，《文明》2008 年第 9 期，第 99 页。

② Sébastien Lapaque Patrick Rambaud:《亚历山大大帝超越神的功绩》(下)，龙海、俞少英等译，《文明》2008 年第 10 期，第 101 页。

③［美］杰弗里·帕克等:《剑桥插图战争史》，傅景川等译，山东画报出版社，2004 年，第 46 页。

对阵的结果成了一边倒的屠杀，倒霉的一方是马其顿方阵，胜利的一方是罗马人。

有人说，马其顿方阵的弱点和它的优点一样突出——这话非常到位。马其顿方阵的优点前面说得很多了，缺点又是什么呢？四个字——“防御薄弱”。马其顿方阵的正面几乎无法突破，但两翼和后方是软肋，如果能够杀进去近身肉搏，长矛便没了用武之地，而士兵们只能任人宰割。

腓力二世和亚历山大当然知道马其顿方阵的弱点，所以派了步兵和骑兵保护方阵的两翼。问题是，新的马其顿国王并不了解马其顿方阵所向无敌的精髓（骑兵与方阵联合作战），而是理解得十分片面，认为有方阵就OK，所以一边增加长矛的长度，一边减少骑兵数量。

难道马其顿方阵就不能360°无死角？倒不是不行，但要做到这一点，就不能所有人朝一个方向，而是站成环形，面向四方。问题是，这样的方阵还怎么前进呢？

马其顿方阵的告别演出是彼得那战役。起初，马其顿人占据优势，把罗马人打得连连朝山坡上撤退。然而，在追击过程中，由于离开平原后受地形所限，方阵开始出现缺口。于是，罗马人乘隙而入，反败为胜。

如果马其顿方阵由亚历山大来指挥，他会怎么做呢？在方阵胜利的基础上，亚历山大会让骑兵去追击，同时保持方阵的“密封性”。可惜，马其顿方阵的指挥者是珀尔修斯，直到他自己被活捉时，他的骑兵都完好无损，根本就没派上用场。随后，马其顿被罗马肢解为四个部分。至此，马其顿的辉煌彻底结束。

马其顿方阵的弱点其实一直都存在，只是腓力—亚历山大父子指挥出色，用骑兵的进攻掩盖了方阵侧后防御的软肋。亚历山大的伟大远征，使马其顿方阵的威名传遍世界。接下来的200多年，马其顿方阵一直吃老本，墨守成规，没有改进和改革，最后只能是被淘汰的命运。

罗马帝国设计师

——马略军事改革

没有他，就没有罗马帝国。

这个强人是谁呢?

恺撒?

NO。

庞培或克拉苏?

非也。

屋大维?

还没有猜对。

正确答案是——盖约・马略（Gaius Marius）。

罗马军团也许是古代世界最能征善战的军队了。是谁最快地改变了罗马军团的面貌?《剑桥插图战争史》的答案还是盖约・马略。[①] 在这本书中，恺撒、庞培和屋大维所占篇幅加起来不过 1 页，而马略一个人就占了 4 页。

作为恺撒的姑父和偶像[②]，马略是一个有些生疏但又绕不过去的重要人物。

马略，从一介草民到国家执政官

公元前 157 年，世界上发生了一件大事——西汉文帝去世，景帝即位。在西方，这一年似乎没有什么值得史家记上一笔的大事。不过，一个乡村小男孩

① [美] 杰弗里・帕克等:《剑桥插图战争史》，傅景川等译，山东画报出版社，2004 年，第 51 页。

② [古希腊] 普鲁塔克:《希腊罗马名人传》(中)，席代岳译，吉林出版集团，2009 年，第 745 页。

马略（雕像）

的出生，将使未来的罗马发生天翻地覆的变化。此人便是马略。

马略先后七次当选为执政官，是罗马第一人，创造了空前绝后的纪录。按照中国名人传记叙事传统，如此人物从娘胎里出来时应该有异象，如红光满屋之类。可惜，马略的出生稀松平常，和邻家孩子没什么两样。

马略投胎的地方也很普通——阿皮隆地区的色里顿（在今意大利东部），一个边陲的小村庄而已。马略的父亲既不富也不贵，只是一个破产骑士的后代，靠给地主当佃农为生，全家人一起过着“粗野而简朴的乡村生活”①。在这样的家庭，马略当然没有书念。这样说吧，马略连当时西方通行的希腊语（会希腊语是受过高等教育的标志）都不会。

一个身处金字塔底层的人，有何德何能当上罗马执政官，还搞起了卓有成效的军事改革？

马略这样的乡村男孩要是生在中国，长大后一般只有两条出路：一是当农民，二是当兵。在中国，一向有“好男不当兵”之说，走入军营是最后一个选项。在罗马就不同了，兵不是想当就能当的——得是罗马公民才有资格。马略祖上是骑士，父亲没混出名堂，就把希望寄托在儿子身上，希望他到军营建功立业、光宗耀祖。好在马略出生前不久（公元前 188 年），所在村庄获得了罗马公民权，而马略的父亲多少有些积蓄，七凑八凑算是够了当兵的资格。

公元前 134 年，年仅 17 岁的马略换上了军装，成为罗马在西班牙殖民地的一名骑兵，而他的最高指挥官正是击败军事天才汉尼拔的小西庇阿。马略的目标是引起长官的关注，他做到了。马略的秘诀很简单——“英勇行为远超过

---

①［古希腊］普鲁塔克:《希腊罗马名人传》（中），席代岳译，吉林出版集团，2009 年，第 742 页。

长官的要求”[①]。一次，一名敌将在阵前挑战，马略挺身而出将其斩杀，给小西庇阿留下了深刻印象。这样喜欢出风头的性格，正是改革家所必需的。据说小西庇阿后来表示，23 岁的马略将来很有可能是自己的接班人，他是能干一番大事业的人。

随后，马略步步高升，先后担任参将和军队财务官。别小看了“财务官”，以为只是个管钱的，其实这个官是由罗马公民大会选出来的，不仅管钱还分担军事统帅的部分指挥权。公元前 119 年，当西汉名将卫青、霍去病在漠北决战中大败匈奴时，38 岁的马略也有喜事——当上了保民官。这个名词在罗马史中出现的频率非常高，实际上保民官是罗马平民通过“分离运动”[②]争取到的位置，负责维护平民利益，其有两项特权：一是人身不可侵犯；二是对元老院和公民大会通过的决议具有一定程度上的否决权。

马略从零开始，靠自身打拼，由底层爬到保民官的位置，很不容易。所以，马略非常看不起那些贵族，曾用两个贬义词形容他们——“优柔寡断”“弱不禁风”。[③]值得玩味的是，马略一边骂贵族，心里却盼望成为其中的一分子。尽管马略当上了保民官，但本质上并非国家官位，说白了只是“民意代表”，算不上严格意义上的执政官。

马略性格坚毅，绝不会仅仅满足保民官这个位置。于是，马略身上就发生了类似“关羽刮骨疗毒”的故事。一次，马略因腿上长了很大的肉瘤，得做手术。由于当时没有麻药，手术会产生剧烈疼痛，医生建议把马略绑起来。马略拒绝了，手术过程中“保持泰然自若的神色，不仅毫无畏缩之感，甚至连一句抱怨的话都没有”[④]。保民官一年任期满后，马略又参加竞选市政官（有资格进

① [古希腊] 普鲁塔克：《希腊罗马名人传》（中），席代岳译，吉林出版集团，2009 年，第 743 页。

② “分离运动”，罗马贵族与平民是对立的两个阶级，公元前 494 年，平民为了反抗贵族，利用强敌压境的机会，携带武器离开罗马，到阿尼奥河对岸的圣山单独建立的自己的营地，是为“分离运动”。为此，贵族不得不让步，允许平民选举自己的官吏，即保民官。

③ [古希腊] 普鲁塔克：《希腊罗马名人传》（中），席代岳译，吉林出版集团，2009 年，第 747 页。

④ 同上。

入元老院做议员），不过以失败收场。这是马略遭遇的第一次挫折，但他没有知难而退，而是于公元前115年再次竞选公职。这种无所畏惧和不折不挠的精神意志，正是实施改革所必需的软实力。这一次，马略与时俱进用上了“贿赂”的方式，当上了法务官。尽管这只是行政长官的“老末”——最没地位，但总算更上了一层楼。经过官场的一圈历练，马略深刻认识到“关系网”的重要性，于是千方百计攀亲戚，终于在年过40岁的时候娶到了尤里乌斯家族的朱利娅（Julia，恺撒的姑母），改善了自己的政治地位。

法务官任期结束后，马略奔赴曾经战斗过的西班牙担任总督，成为封疆大吏。马略是一个“中国吴起”式的爱兵将领，士兵们在家信中告诉家人：马略统帅“不仅与他们共进晚餐，也与他们一起挖战壕，在战场上他比任何人都勇敢”。有这样贴心的长官，士兵们在战场上自然拼命。

公元前107年，马略迎来人生中最宝贵的机会。

第三次布匿战争[①]后，汉尼拔战败，迦太基灭亡，北非地盘易主，由曾助罗马一臂之力的努米底亚王国接管。努米底亚王国的老国王与罗马关系不错，很听话，但新国王朱古达接班后，想脱离罗马独立，还利用国人对罗马的仇恨情绪杀死了基尔塔城所有的罗马人，逼得罗马不得不出兵惩戒。不过，罗马军队在北非打了几年，不仅没能消灭朱古达，反而屡战屡败。

罗马连汉尼拔都打败了，怎么就打不过朱古达呢？实际上，罗马虽然打败了汉尼拔，但也付出了很大伤亡，导致兵源不足。而且，罗马军团在消灭汉尼拔这个劲敌后产生了松懈思想，军纪也败坏了，战斗力也下降了。北非战事迟迟没有结果也不是个事，罗马元老院决定走马换将。马略知道后，积极为自己活动，并向元老院承诺生擒朱古达。

公元前107年，刚刚年过半百的马略实现了人生最高理想，当选为罗马执

---

① 布匿战争，罗马和迦太基两个古代奴隶制国家之间为争夺地中海西部统治权而进行的著名战争。当时，罗马称迦太基为Punici（布匿库斯），故名。公元前264—公元前146年，战争打了三次，迦太基战败被灭。在三次战争中，迦太基只在第二次作战中获胜，其中汉尼拔以坎尼会战闻名世界军事史。

政官，出为最高军事统帅，入为最高行政长官。从这一年开始，历史上著名的马略军事改革开始了。

兵源，从有产公民到无产游民

马略踌躇满志，准备用战功向全罗马证明自己，但他发现一个巨大难题摆在面前——兵不够用。

怎么会这样?

其实，在北非对付努米底亚王国的时候，罗马兵力就已经捉襟见肘。南面的麻烦还没完全解决，罗马又在北方遭遇更大的灾难。公元前 105 年，在今法国东南部的罗讷河谷，16 个罗马军团 12 万人几乎全军覆没。[①] 按照诺贝尔奖获得者、德国大史学家蒙森的说法，这是“一场双倍于坎尼惨败的军事毁灭”[②]。其实，这只是罗马多次败仗中最惨重的一次。截至公元前 104 年，罗马与日耳曼人交手四次，再加上与高卢人（被日耳曼人赶往更南面从而与罗马产生武装冲突）交战三次，罗马军团 9 年内七战七败，3 名执政官阵亡，26 个军团一去不返，再加上同盟军的伤亡，这样算下来，罗马三次败仗的伤亡总和，已超过三次布匿战争。

按说，罗马统治的地盘那么大，兵不够了，再招就是。问题是，罗马军制不允许这么干。要解释清楚这个“奇葩”现象，得费点工夫聊一聊罗马的兵役制度。

在罗马，兵不是想当就能当的，一来得是罗马公民，二来家里得有钱。家里有钱才有资格当兵，这是什么道理？洋人早有研究：指挥官“把执干戈以卫社稷，如同其他的特权，当成身份的象征，只赐给那些够资格的人士，认为一

① 一说阵亡 11.2 万人，其中罗马军团 8 万。

② 坎尼，在今意大利东南部巴列塔附近奥凡托河入亚得里亚海口处，因公元前 216 年的一场战事名垂青史。迦太基名将汉尼拔以 3 人对阵罗马 8 万人，运用高超战术以弱胜强，只用了一个下午就以 6000 人的代价歼敌 5.4 万人，每一分钟就杀掉 100 名罗马士兵。其中，罗马统帅、执政官鲍鲁斯和 80 名元老院成员一同阵亡，罗马震动。

个市民的财产是表现良好行为的保证”[1]。为此，罗马人正儿八经立了法，规定有产者才可以进入军营，而且门槛不低。以财产多少为量化标准，罗马人分为5个等级[2]：

1等，10万阿斯；

2等，7.5万阿斯；

3等，5万阿斯；

4等，2.5万阿斯；

5等，1.1万阿斯。

也就是说，家里存款至少要有1.1万阿斯才有资格当兵。拥有的财富越多，需要承担的军事义务和掌握的政治权力也越大。国家要打仗了，那些有资格当兵的罗马公民一起集中到神庙，由军事保民官从不同等级的公民中抽选，直到满足规定的兵员数量为止。仗打完了，大家各归其位，该干啥干啥。

罗马这种征兵制与中国唐代的府兵制相似，战争时武器自备，战争结束解甲归田。不过，土地兼并是全世界普遍现象。中国唐朝是这样，罗马也不例外；府兵制走向崩溃，罗马征兵制也一样。在马略之前，兵源紧张的问题已经暴露出来，高层也想过一些办法：一个办法是重新把土地分配给失地农民，使其有可能恢复兵役资格。这等于让大地主们把吃到嘴里的肉吐出来，阻力重重，自然行不通；另一个办法是降低最低财产资格，最低时甚至降到1500阿斯。这与最开始的最低财产资格1.1万阿斯相比，降低了86.4%，可谓相当大胆。

马略的办法更加大胆和激进，迈出了革命性的一步——取消财产限制，将当兵的门槛彻底抹平，只要是罗马公民（奴隶等仍不能当兵）都可以当兵。马略相信，无产者当兵，在作战意志和作战能力上不会比有产者差——他自己就

---

① [古希腊]普鲁塔克：《希腊罗马名人传》（中），席代岳译，吉林出版集团，2009年，第747页。

② Gabba，*Republican of Rome, The Army and the Allies*，London：Blackwell，1977，p. 20.

是一个典型的例子。规定罗马军队向所有罗马公民开放而没有最低财产资格限制，这无疑是革命性的突破。《剑桥插图战争史》评价道："罗马军事自耕农义勇步兵向职业军团的最后过渡，在罗马将军盖尤斯马里乌斯（马略——笔者注）一生的经历中得到了极好阐释。"[①]

兵源不足的问题解决了，还得有配套措施。以前，当兵的罗马公民家里都比较有钱，所以当兵不仅不领薪饷，连武器装备什么的都自备，打完仗回去以后还有地可种。现在，当兵的多是无产者，哪有钱置办这些武器装备，而且退役即失业，还有后顾之忧。为解决这些新问题，马略采取了三个新办法：第一，武器装备由国家提供，而且不从士兵的薪饷中扣除；第二，每月给士兵发放固定薪饷；第三，退役后，在被征服地域发给份田（此举曾遭元老院极力反对）。

这样一来，当兵就从一项义务变成一种职业。士兵打仗有工资拿，抢到的东西归自己所有，这对那些无产者来说充满了诱惑。同时，由于没有地种就无牵无挂，不必惦记着春天要回家播种，秋天要回去收割，而是专心打仗，多抢东西。

由于外敌急迫而强大的军事压力，元老院对马略的改革方案除了点头也别无选择。

改革，从一点突破到全面开花

兵役制度改革，是马略军事改革的第一项，也是最重要的一项，但不是唯一的一项。在兵源问题上取得突破性进展的基础上，马略进行了全方位军事改革。

解决"士兵"不够用的问题后，马略又瞄准了"军官"不听话的问题。

罗马对外用兵，一般程序是这样的：执政官亲自担任统帅，但跟随其出征的军官和幕僚居然不能自己挑，而是由公民大会选举产生。这意味着什么呢？

---

①［美］杰弗里·帕克等：《剑桥插图战争史》，傅景川等译，山东画报出版社，2004年，第49页。

军官就会想，我是大家选出来的，不是你执政官任命的，所以不用买你的账。因此，军官与统帅名义上是下级与上级，却常常不把统帅放在眼里，打了胜仗与统帅争功是家常便饭。

马略也遇到了这个闹心的事。在北非作战时，马略是统帅，副手是苏拉。活捉努比底亚新国王朱古达是北非战争的最高荣誉，苏拉竟不顾统帅的面子，把生俘朱古达的功劳抢了去[①]，随后还将对方献俘的画面刻在指环上，写信时用来盖印。[②]为此，马略吸取教训，事后迅速出台新规——军官和幕僚改由统帅任命。这样一来，军官要获得任用和升迁，再也不敢不把统帅放在眼里。

马略军事改革的另一重大贡献是改造罗马军团，将中队升级为大队。以前中队士兵所持武器各不相同，可以互相配合，但缺陷是不能独立作战，结果造成两点严重不足：防御上，如果一个中队被突破，就意味着整个军团崩溃；进攻上，无法自由灵活调度。现在，改造成大队后就 OK 了，按照《剑桥插图战争史》的说法："指挥官现在领导的是一支庞大的统一军队（每个大队 480 人，10 个大队组成一个军团——笔者注），这个军队可以部署成熟悉的三重队列，也可以根据地形或敌兵的性质以指挥官认为需要的任何方式来安排队列。"[③]这样，罗马军团才真正成为攻防兼备的常胜军。

既然是全方位改革，自然少不了武器装备革新。在这方面，对重标枪的改造是最大亮点。传统的重标枪，铁制枪头与木制枪身之间用两颗铆钉来固定。马略的创新之处在于——留下一颗铆钉，另一颗则用木栓代替。表面上，这是倒退，实际上则不然。这样的重标枪投出去扎在敌人盾牌上，木钉因承受不了整支标枪的重量（8 斤）而折断，只有一颗长钉的铁制矛头就会弯曲。结果，枪头牢牢钉在盾牌上，135 厘米长的枪身却拖在地上，如此"一举三得"：其一，

① 苏拉与马尼塔尼亚国王波库斯（Bocchus）对朱古达的岳父诱之以利，明之以害，使后者诱捕自己的女婿，并交给了苏拉。

②［古希腊］普鲁塔克：《希腊罗马名人传》（中），席代岳译，吉林出版集团，2009 年，第 749 页。

③［美］杰弗里·帕克等：《剑桥插图战争史》，傅景川等译，山东画报出版社，2004 年，第 53 页。

断枪不可能被敌人捡起掷回来，避免了资敌；其二，敌人不可能再拖着盾牌继续前进，只能放下盾牌“裸奔”；其三，最前面的敌军被重标枪袭击后突然止步，而其全军冲击的惯性却不会停止，结果造成阵型大乱，如此便为罗马军队进攻制造了战机。这一招是为日耳曼人量身定做的，特别奏效。

马略的军事改革全面开花，在后勤上也有创举——发明了“马略的骡子”。罗马军团的远征之路越来越漫长，后勤负担太重，于是马略决定将部分后勤物资分摊到个人，要求每名士兵必须背负 40 公斤重的行李和口粮。为减轻士兵负担和加快行军速度，马略发明了“mariani muli”——在背负的重物下加个底板，用绳子将底板绑到肩上，以减轻重量。士兵们由于背负重物又安静无怨言，于是得到一个绰号——“马略的骡子”。实践证明，“马略的骡子”行军效率明显提高：改革前，马略曾率领一个中队从黄昏到黎明整夜行军，230 公里的路走了 9 天，每天不到 26 公里；改革后，恺撒享用了成果，行军 66 公里只用了两天，一天 33 公里。[①] 按照改革后的速度，230 公里的路不到 7 天就能走完，可以提前 2 天。打仗讲究“兵贵神速”，这一改进无疑非常重要。

和平时期如何保持军队的战斗力？这一向是困扰指挥官们的难题。马略的办法是劳动，而且是有战略意义的劳动——进行基础工程建设。最典型的例子是，公元前 102 年，马略领导修建了一条地中海直达罗讷河口（Rhone，在今法国东南部。公元前 105 年，罗马正是在此地被日耳曼人生生干掉 12 个军团）的运河。士兵们“习惯辛苦的劳动工作，经常进行各种操练，在炎热季节长途跋涉去迎战敌人，没有人会汗如下雨或是气喘如牛”[②]。后世史家评价很高，认为此举“确定了驻扎各地的罗马军队无战事时从事土木工程的惯例”[③]。此外，该战略工程不仅促进了高卢地区的繁荣，还为运送军用物资提供了方便，为 3

---

① Christopher Anthony Matthew, *On the Wings of Eagles: The Reforms of Gaius Marius and the Creation of Rome's first professional Soldiers*, Cambridge Schloars Publishing, 2010, p. 46.

②［古希腊］普鲁塔克：《希腊罗马名人传》（中），席代岳译，吉林出版集团，2009 年，第 764 页。

③［日］盐野七生：《罗马人的故事》第 3 册《胜者的迷思》，刘锐译，中信出版社，2013 年，第 93 页。

年后在旧地向日耳曼人复仇一雪前耻奠定了后勤基础。

最后，不得不提一下罗马军队的标志性军徽——雄鹰。在反映罗马军团的影视片中，经常可以看到绣着雄鹰的军旗迎风招展，而雄鹰作为军徽的发明者就是马略。之前，罗马出现过多种动物的军徽，除了鹰，还有狼和马，甚至还有猪以及人头牛身的怪物。① 马略规定一律以雄鹰代替，从此成为罗马军队的唯一标志。鹰徽是军队荣誉的象征，士兵们对鹰徽的疯狂崇拜甚至到了不惜性命去保护的地步。② 这一传统泽被深远，影响到恺撒时期。公元前 55 年，恺撒率军进击不列颠，大家都不愿意上岸。旗手看到后第一个下船，"其他士兵由于害怕丢失他们的旗帜，也跟着旗手进入敌人的区域" ③。

罗马，从共和国到帝国

马略军事改革最直接的成果，当然是取得一系列对外战争的胜利。

首先是搞定了北非的朱古达。这场旷日持久的战事史称"朱古达战争"，不要小看了这场战争，古罗马史家曾专门写下专著，2009 年还被商务印书馆作为"汉译世界学术名著"翻译出版。朱古达这个努米底亚国王曾随罗马军团征战，非常熟悉罗马的战术，曾把前来教训他的罗马军团围困而迫使其放下武器，并限令 10 天内滚回去。罗马军团在北非耗了 6 年之久，胜多败少。要不是马略出山，还不知耗到猴年马月。马略在北非军事上的成功，为他捞取了第一桶金。

马略更大的军事成就是击败日耳曼人。日耳曼人强壮、强大、强悍，把精锐的罗马军团打得落花流水，令整个欧洲不寒而栗。公元前 104 年，马略第二次当选为执政官。当时，马略从北非返回罗马，人还在路上，就缺席选举为执政官。接着，马略又连续 4 年当选，实现"五连庄"。按照罗马法律，本来不

---

① [美] 杰弗里 · 帕克等:《剑桥插图战争史》，傅景川等译，山东画报出版社，2004 年，第 53 页。

② Caesar，*The Civil War*，London：Penguin Books，1967：3，p. 64.

③ Christopher Anthony Matthew，*On the Wings of Eagles: The Reforms of Gaius Marius and the Creation of Rome's first professional Soldiers*，Cambridge Schloars Publishing，2010，p. 57.

允许缺席参选，而且执政官卸任后必须间隔一段时间才可以再次参选。但是这些障碍统统被马略踩在脚下，可见罗马是多么需要他。

马略临危受命，要是不成功，罗马就完了。他不负所望，三次大战，歼灭日耳曼人三个强大部落共几十万人。罗马著名史家李维写道："自从世界诞生以来，意大利的乌鸦肯定还没有吃到过这么丰盛的人肉宴席……"[①]这，只是对三次大战中其中一处战场的描写。

马略击败日耳曼人，非常了不起。论单兵作战技能，罗马士兵根本不是日耳曼人的对手。日耳曼人中最著名的部落是条顿，首领伯德非常了得。伯德被俘送到罗马后，曾被迫表演一项技能——从并排站立的 7 匹马上一跃而过。这是什么概念？相当于跳过一座 1.5 米高、5 米长的巨型障碍。同时，伯德的麾下也是个个能打，连女人都敢"赤手空拳抢夺罗马人的盾牌，或者抓取他们的长剑，无论是遍体鳞伤还是刀斧加身，她们忍受到最后都不屈服"[②]。那么，马略的罗马军团战胜这样的强敌靠什么？武器、阵型、战术、组织和纪律，这些都是军事改革的成果。

击败日耳曼人，马略的声望达到了顶峰，至少得到两项桂冠——"罗马的救星""罗慕路斯第二"（罗慕路斯是罗马王政时代首位国王）。马略的军事改革，不仅使罗马军团在其在世时屡战屡胜，而且也是罗马军团此后所向披靡的重要因素。西方史家评价道："改革中对军队发展有益的措施被后来的指挥官作为罗马军团的标准保留了下来。"[③]

马略的军事改革，使罗马军团在征战中更加无敌于天下。不过，这次改革也有危险的一面，正如《剑桥插图战争史》所说："在提早结束罗马业余民团的土地制传统中开了一个危险的先例。职业军队恰似后来几个世纪所证实的那样，

---

① 郭强、顾晓绿：《德意志，你在哪里》，《条顿悲歌：一口气读完的德国战史》序言，团结出版社，2014 年。

②［古希腊］普鲁塔克：《希腊罗马名人传》（中），席代岳译，吉林出版集团，2009 年，第 758 页。

③ Christopher Anthony Matthew，*On the Wings of Eagles: The Reforms of Gaius Marius and the Creation of Rome's first professional Soldiers*，Cambridge Schloars Publishing，2010：ix.

可能很容易将对国家的效忠转向某一位将军个人。”①

在马略军事改革之前，罗马军团也很能打。究其原因，很重要的一点是军人对国家的无限忠诚，可称之为“罗马精神”。当时，罗马公民没经过专业训练，放下锄头就拿起刀剑，到了战场上一样“呱呱叫”，靠的就是忠诚的精气神。

马略军事改革之后，罗马军团的精神面貌发生了质的变化。军人出战，不再是为了国家和荣誉，而是追求薪饷和战利品，但这些只有指挥官能够带给他们。所谓“有奶就是娘”，罗马军人不再将自己的忠诚奉献给国家，而是奉献给将领。所以，有人戏称马略征召的“新军”为“马家军”，倒是很贴切。

有了“私人军队”这个资本，马略之后的统帅们发现向政治进攻变得容易了，造就了一个特殊名词——“军人政治家”，而最先效法马略的是他的老部下苏拉。公元前 88 年，苏拉以经济利益为诱饵，率军进军罗马——这是罗马军队第一次向自己的首都开进。马略不得不吞下自己改革的苦果，被苏拉追杀得东躲西藏，成天提心吊胆。公元前 87 年，马略趁苏拉率主力东征，重占罗马，并于公元前 86 年第七次当选执政官，成为罗马第一人。但是，马略太老了，听说苏拉要杀回罗马，仅仅 13 天后就去世了，享年 70 岁。3 年后苏拉才重返罗马，见马略已死，就杀掉了他的儿子，甚至连他的外甥恺撒也险些被杀。随后，苏拉干脆把共和制丢在一边，成为无限期的独裁者。

苏拉之后，无论是庞培、恺撒还是屋大维，都实行独裁统治，成为共和体制向帝制过渡的加速器。正如西方史家所评价的：“在共和国后期五十年里发生的一系列事件，如内战的发生、庞培和恺撒的崛起，以及恺撒的继承者奥古斯都（屋大维——笔者注）的兴起，他们所建立的政权除了名字不是君主专制，其他所有一切都相当于君主专制的政体。”②公元前 27 年，屋大维称帝，标志着罗马帝国诞生。从“共和国”到“帝国”，绝不仅仅是“一字之差”，它标志着

①［美］杰弗里·帕克等：《剑桥插图战争史》，傅景川等译，山东画报出版社，2004 年，第 50 页。

② Michael R. Hanna，*BA: Land reform and the fall of the Rome Repubilc, 133-183BC*，Graduate Faculty of Baylor University，2006，p. 94.

罗马政体发生了颠覆性变化。

马略是一个成功的军事家和改革家，同时也是一个笨拙的政治家，除了在军职上大放异彩，在其他职位上表现平庸。德国史学家蒙森指出，马略的“致命伤在于缺乏政治素养”。像马略这样一个人，自然无法预料军事改革将会造成的政治后果。

拿破仑：此人可与亚历山大、汉尼拔、恺撒相提并论

——瑞典国王古斯塔夫二世军事改革

中学时代学历史，老师讲到二战时总喜欢问中立国是哪几个国家。笔者印象最深的是“两个瑞”——瑞典和瑞士，其“中立国”形象从此牢不可破地刻在脑海里。有一天，听说瑞典在几百年前曾是欧洲军事强国，大杀四方，不禁惊奇。原来，瑞典也强过，特别是横空出世了一个赫赫有名的大人物——古斯塔夫二世（Gustav Adolf）。

欧洲人说，他是“北方雄狮”；

拿破仑说，他可以与亚历山大、汉尼拔、恺撒相提并论[①]；

恩格斯说，他是17世纪伟大的军事改革家；

…………

16岁的娃娃国王

玩过扑克牌的人知道，从J到K是大胡子人物，能出现在上面当然都不是等闲之辈。其中，梅花K的原型人物就是古斯塔夫二世。

古斯塔夫二世的父亲是瑞典国王查理九世，他十分重视儿子的教育，很早就送儿子去国外留学，而且到过好几个国家。所以，古斯塔夫二世懂8种

---

①［英］富勒：《西洋世界军事史》（第2卷），钮先钟译，广西师范大学出版社，2004年，第44页。

古斯塔夫二世英姿和他在扑克牌上的形象

语言。[①] 为了培养好接班人，查理九世还让儿子早早进入角色，积累治国经验。11 岁，古斯塔夫二世就和大臣们坐在一起讨论国家大事了。

为证明古斯塔夫二世乃天纵之才，有一个网上流传的故事是这样的：瑞典法律规定，当国王必须年满 20 岁。为了让古斯塔夫二世早日上位，带领国家走向富强，瑞典人民居然把法律都改了，提前了 3～4 年。笔者承认，古斯塔夫二世的确厉害，但那是后来的事，不等于他从小就强到这个程度。

1611 年 10 月，查理九世被中风夺走性命。当时，古斯塔夫二世只有 16 岁，不到法定即位年龄，但国王的位置空着，国家没法正常运转。瑞典人纠结了半天，只好改法律。所以，古斯塔夫二世提前上位是客观形势使然，不是因为他有多强。瑞典人自己写的《瑞典史》也说："谁也不知道这个青年人有没有制胜三个强国的才干。"[②]

古斯塔夫二世坐上王位后，发现自己继承的是一个烂摊子。从古斯塔夫二世爷爷那辈开始，瑞典才从丹麦取得独立，国家底子薄，随时都有被丹麦"收

---

① 除了母语，古斯塔夫二世还懂得拉丁、希腊、日耳曼、荷兰、意大利、波兰和俄罗斯 7 种语言。

②［瑞典］安德生：《瑞典史》，苏公隽译，商务印书馆，1963 年，第 236 页。"三个强国"，指丹麦、波兰、俄国。

复”的危险。查理九世活着时就面临这个问题，要命的是当时的瑞典军队不怎么样。时人曾这样描述：“瑞典骑兵普遍装备非常之差，连盔甲都没有；步兵衣衫褴褛，武器简陋，事实上连一支单兵长矛都没有，外表近似于农民……”①

面对丹麦的进攻，查理九世提出一个特殊要求——与对方国王单挑，来一场骑士般的对决。人家根本不接招，还笑他幼稚。查理九世又急又气又羞，被中风找上门，不久就死了。丹麦看到即位的古斯塔夫二世不过是个十几岁的毛头小子，更加不把瑞典放在眼里。

如何化解这一危机？刚上台的古斯塔夫二世面临严峻考验。按照辩证法的理解，“危机”既意味着“危险”——亡国的严重危险，但也是个机会——向全国人民证明自己的机会。于是，古斯塔夫二世率军迎敌。结果如何呢？输了个稀里哗啦。这是古斯塔夫二世人生第一战，可惜遭遇“开门黑”。为了不被灭掉，古斯塔夫二世忍辱求全，破财消灾，用 100 万瑞典元赎回被丹麦占领的重要海港埃耳夫斯堡——这是通往西方的必经之路。

励精图治 5 年后，古斯塔夫二世再次领兵出击。不过，他没有找丹麦报仇雪耻，而是对付西面的俄国。俄国空有一身大块头，和瑞典这个灵活的小伙子打起来还真不是对手，何况瑞典获得了新伙伴荷兰的帮助。结果，瑞典顺利夺取了芬兰湾，把波罗的海变成了内海。古斯塔夫二世得意地说：“以后俄罗斯人必难跨越雷池一步。”②

对丹麦战败，古斯塔夫二世有了军事改革的危机感和紧迫感；对俄国获胜，古斯塔夫二世则拥有了改革的信心和经验。那么，古斯塔夫二世的军事改革影响有多大？对比一下 17 世纪的一头一尾，就一目了然了：

> 17 世纪初，军队中还有长矛兵，到 17 世纪末基本消失。士兵们在枪

---

① Richard Brzezinski and Richard Hook, *The army of Gustavus Adolphus: Infantyr*, Londion Osprey press, 1993, p.4.

② ［瑞典］安德生：《瑞典史》，苏公隽译，商务印书馆，1963 年，第 239 页。

口装上刺刀，可以在近战中自卫，不劳长矛兵保护了；

17 世纪初，军队还在沿袭古希腊方阵，17 世纪末已经进化到线式队形；

17 世纪初，炮兵还没有什么机动能力，17 世纪末已经能跟着步兵到处跑；

…………

对此，《哈珀-柯林斯世界军事历史全书》评价道："所有这些变革，应主要归功于伟大的瑞典国王——古斯塔夫二世。"①

古斯塔夫二世具体干了些啥？

第一个把炮兵作为独立兵种使用的君主

作为杀伤力最大的兵种，炮兵是古斯塔夫二世军事改革的重点。《竞逐富强：西方军事的现代化历程》这样评价炮兵改革的地位和作用："瑞典人战术革命的目的是在战场上更有效地发动进攻，能够用手工操作的小型野战炮齐射加强了火力。"② 英国军事评论家富勒干脆直接归功于古斯塔夫二世，"虽然他的骑兵和步兵都很优秀，可是其会战的基础却是炮兵的威力"，并送给古斯塔夫二世一个称号——"第一个伟大的野战炮兵专家"③。

古斯塔夫二世亲自操作大炮

火器发明之前，指挥官

① [美] 杜派等:《哈珀-柯林斯世界军事历史全书》，传海等译，中国友谊出版公司，1998 年，第 432 页。

② [美] W.H. 麦克尼:《竞逐富强：西方军事的现代化历程》，倪大昕等译，学林出版社，1996 年，第 130 页。

③ [英] 富勒:《西洋世界军事史》（第 2 卷），钮先钟译，广西师范大学出版社，2004 年，第 45–46 页。

们面临的难题是如何把敌人从要塞中赶出来。火器发明之后，特别是大炮登上历史舞台后，如何最大限度杀伤对方，造成敌人的混乱，成为指挥官们的新课题。

古斯塔夫二世之前，瑞典对炮兵实在太不重视。举个例子，瑞军的炮手居然不是士兵，而是临时雇用老百姓充当。古斯塔夫二世一看，这哪行？炮兵必须得专业化。仅做到这一步，古斯塔夫二世还对不起恩格斯送给他的“17 世纪伟大的军事改革家”称号，他的创新和突破在于进一步考虑到炮兵与骑兵、步兵联合作战。要做到炮、步、骑“三军联合”，得解决一个瓶颈问题——让火炮动起来，提高炮兵的机动性。

为减轻火炮重量，古斯塔夫二世双管齐下：一方面缩短炮管，另一方面减小炮管壁厚度。成功瘦身后，一门炮连同炮架才 400 磅，一匹马就可以拉走，如果没有马，2~3 个人也可以搬动——这就是著名的“四磅炮”[①]。一比较，改革的优势就显出来了——当时其他国家的炮重达半吨，得 3 匹马才能拉动。

机动的优势有了，但古斯塔夫二世还不满足，又琢磨起射速来。关于这个，咱中国人应该有切肤之痛——北洋海军在甲午海战中败给日本海军，很大程度上就是输在射速。改革后，古斯塔夫二世的炮兵在射速上有多快？当步兵发出 6 枚子弹，古斯塔夫二世的炮兵居然能射出 8 发炮弹。[②]那个时代，步兵打一发子弹出去可不像现在这么方便，只要扣个扳机就行了，当年用的是滑膛枪，装填弹药费事又耗时。

瑞典军队的炮兵司令叫托斯特森，非常年轻，1630 年是 30 岁，比古斯塔夫二世还小 6 岁。古斯塔夫二世不喜欢老气横秋的将领，特别是超过 60 岁的，因为他觉得“老人将领”比较保守，不合他的改革口味。

顺便说一句，古斯塔夫二世对枪的改进也很具革命性。当时的滑膛枪可知

---

① 因炮弹实际重量为 3~4 磅，有的论著也称“四磅炮”。此从权威的《哈珀-柯林斯世界军事历史全书》。

②［英］克里斯托尔·约根森等:《图解世界战争法：近代早期（1500—1763）》，周桂银等译，宁夏人民出版社，2008 年，第 25 页。

有多重？说出来吓你一跳——7～11 公斤，就算两只手一起上，要瞄准好恐怕也有难度。如果穿越回到当年的欧洲战场，你会发现士兵们除了带枪，还得带个叉形架。遇到敌军，用来架枪，好有个依托，才好射击。古斯塔夫二世一瞧，这多麻烦，改！于是，在瑞典军队中，枪的重量减到 5 公斤。如此，士兵们不仅减轻了负担，而且射速也提高不少，一分钟至少就能打出一枚子弹。

炮兵实现机动后，就可以与步兵和骑兵共进退、同生死了。今天看来，这种多兵种协同作战的战术思想似乎没什么高明之处，但当时具有相当的革命性意义。《哈珀–柯林斯世界军事历史全书》评价说，这“是古斯塔夫对战争最伟大的贡献”[①]。

欧洲军纪最好的部队

古今中外历代军事改革，在军纪上下重手的不算多，古斯塔夫二世是其中一个。

当时的欧洲军队，普遍军纪败坏，最典型的一个例子来自一支神圣罗马帝国[②]（德意志第一帝国）的军队。据一部欧洲战史揭露，一支 3.8 万人的军队，乱七八糟的随营人员竟达 12.7 万。[③] 也就是说，不打仗的人比打仗的人多 3 倍以上。他们都是些什么人呢？商人、老人、妇女、小孩、流氓、乞丐、小偷、妓女……这样的队伍，有个词语简直就是给他们量身定做的——“乌合之众”。

这里单独说一下随员中的“女人”。绝大多数欧洲军队都带女人，古斯塔夫二世的军队也不例外，但两种部队带的女人是有区别的。其他欧洲军队中的

---

① [美] 杜派等:《哈珀–柯林斯世界军事历史全书》，传海等译，中国友谊出版公司，1998 年，第 435 页。

② 962 年，德意志国王奥托一世在罗马被教皇加冕为罗马皇帝，后腓特烈一世改国名为神圣罗马帝国。1806 年，拿破仑勒令弗朗茨二世于 8 月 6 日放弃神圣罗马皇帝尊号，仅保留奥地利皇帝称号，神圣罗马帝国瓦解为奥地利帝国、莱茵邦联等。算下来，神圣罗马帝国存在了 844 年，也被称为德意志第一帝国，与第二帝国（1871 年建立）和第三帝国（1933 年成立的纳粹德国）并称。不过，伏尔泰说神圣罗马帝国“既不神圣，也不罗马，更非帝国”，因为它没有得到神圣教会的认同，也不包括罗马，而且也不是统一的帝国。

③ [德] 弗里德里希·席勒:《三十年战争史》，沈国琴、丁建弘译，商务印书馆，2009 年。

瑞典的骑兵部队

女人多是"慰安妇"，而古斯塔夫二世军队中的女人必须是军人的妻子。西方战史这样描述瑞典军队："在军营生活中严禁酗酒、赌博和说下流的言语。他也不准有放浪的妇女，他坚持所有的随营妇女都必须与士兵具有婚姻的关系。"[①]

古斯塔夫二世长年在国外征战，深知要是得不到当地人支持就难以为继。为此，他决定整肃军纪。在古斯塔夫二世帐下的兵，最好不要去偷去抢，不要侮辱女人，更不要临阵脱逃，因为这几类行为的结果都只有一个——绞刑。同时，对手在被古斯塔夫二世赶走之前，常常会以"不给瑞典人留下任何粮食"为借口而大肆洗劫。古斯塔夫二世的军队来了以后则秋毫无犯，买东西给钱，"不拿群众一针一线"，与敌军形成鲜明对比。结果，"城市和乡村的人均张开双臂欢迎瑞典军队"[②]。

西方人所著《瑞典史》写道："他的军队道德品质良好，纪律严明，加强了人们对他的信心。"[③] 如果说瑞典人的书有吹捧自己先王的嫌疑，那么被古斯塔夫二世"侵犯"的德意志人写的书总有说服力吧。德意志人写的《三十年战争史》有这样的"白纸黑字"："整个德意志为瑞典军队在德意志土地上初期表现出来的良好军纪而感到惊讶，它与其他军队有着天壤之别。所有的放

① [英] 富勒:《西洋世界军事史》(第2卷)，钮先钟译，广西师范大学出版社，2004年，第42页。
② [德] 弗里德里希·席勒:《三十年战争史》，沈国琴、丁建弘译，商务印书馆，2009年，第112页。
③ [瑞典] 安德生:《瑞典史》，苏公隽译，商务印书馆，1963年，第259页。

纵行为均会受到最严厉的惩罚……”[①] 另外，连古斯塔夫二世的劲敌华伦斯坦（Wallenstein）也承认，人们期待古斯塔夫二世，就像“古时犹太人盼望救世主”。

瑞典军队除了“群众纪律”不错，“组织纪律”也相当不赖，这对战事更有直接助益。例如，瑞典军队曾在17天内急行军走完380英里的路程，平均每天22英里，而且减员很少。如果没有严明的组织纪律，这是不可能做到的。[②] 又如，在著名的布莱腾菲尔德会战中，古斯塔夫二世左翼的友邻军队[③]（萨克森军队）被击溃，全军兵力损失了40%。这是全局崩溃的前兆，甚至连敌军统帅梯利[④]都已经在高呼“胜利！胜利！”。在这种情况下，古斯塔夫二世及时指挥瑞典军队补防，堵住缺口，以15分钟的速度非常高效地规避了风险。[⑤] 西方军事著作《图解世界战争法》认为，古斯塔夫二世之所以化险为夷，得感谢“他的阵列部署和军队纪律”[⑥]。

从西班牙方阵到古斯塔夫横队

只要有些军史常识，不可能不知道大名鼎鼎的古斯塔夫横队。这是军事史上的一次飞跃，也是由古代、中世纪向近代转变的标志之一。

16世纪和17世纪初，欧洲流行的是西班牙方阵。这种队形由大约3000人组成，在1534—1704年间曾大放异彩，被誉为“步兵之花”，独领风骚100多年。英国军事评论家富勒评价道：“对于一个训练不够良好的敌人而言，却是一个几乎无敌的力量。”[⑦] 不过，从本质上看，西班牙方阵仍是古希腊方阵的变种，并

---

①［德］弗里德里希·席勒：《三十年战争史》，沈国琴、丁建弘译，商务印书馆，2009年，第106–107页。

②［美］阿彻·琼斯：《西方战争艺术》，刘可俭等译，中国青年出版社，2001年，第178页。

③ 古斯塔夫二世在国内实行征兵制，10个瑞典人就有一个要当兵，已经到了极限。所以，远征德意志时，古斯塔夫二世不得不征召大量雇佣兵。萨克森这支盟军也算是雇佣军。

④ 又译为“蒂利”。此从《哈珀-柯林斯世界军事历史全书》的译法。

⑤［美］阿彻·琼斯：《西方战争艺术》，刘可俭等译，中国青年出版社，2001年，第173页。

⑥［英］克里斯托尔·约根森等：《图解世界战争法：近代早期（1500—1763）》，周桂银等译，宁夏人民出版社，2008年，第31页。

⑦［英］富勒：《西洋世界军事史》（第2卷），钮先钟译，广西师范大学出版社，2004年，第42页。

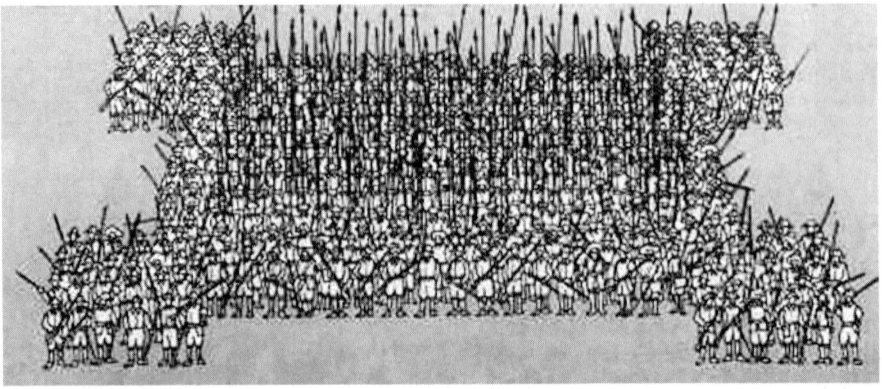

西班牙方阵

无质的进步。当杀伤力越来越大的火器登场后，动辄几千人、纵横30~40排的方阵逐渐不适应时代要求了。方阵的防御不行，进攻也不得劲，最大的尴尬是什么呢？前排的人放完枪后得闪开，后面的才可以继续开火，这就是当时欧洲军队普遍流行的“半旋转式火枪射击”。

当时，西班牙方阵名气实在太大，以致很多人看不到或者不愿承认它暴露的缺陷。只有一个人眼睛是雪亮的——古斯塔夫二世，他的办法是一个字“改”——减少纵深，增加横队长度。古斯塔夫二世将军队的基本战术单位定位为“中队”：中间是6排长矛手，每排36人，一共216人；左右两边各有6排滑膛枪士兵，每排16人，一共192人。[①]算下来，一个中队共408人。此外，每个中队还额外配备96名滑膛枪士兵，担任侦察和警戒等任务。

古斯塔夫二世这样改革的目标很明确——增强火力。30排变成6排，纵深减少5倍，力度着实够大。如果需要，双排士兵可以插空到单排士兵中间，使6排缩减为3排。这样做有什么用呢？第一排跪着，第二排弯腰，第三排站着，可以做到同时射击而不伤到自己人。英国军事专家评价道，这样的一次齐射可以达到“一箭双雕”的效果[②]：

---

①［美］杜派等：《哈珀-柯林斯世界军事历史全书》，传海等译，中国友谊出版公司，1998年，第436页。

②［英］迈克尔·罗伯特：《古斯塔夫·阿道夫：1611—1632年瑞典历史》（第2卷），伦敦，1958年，第261页。

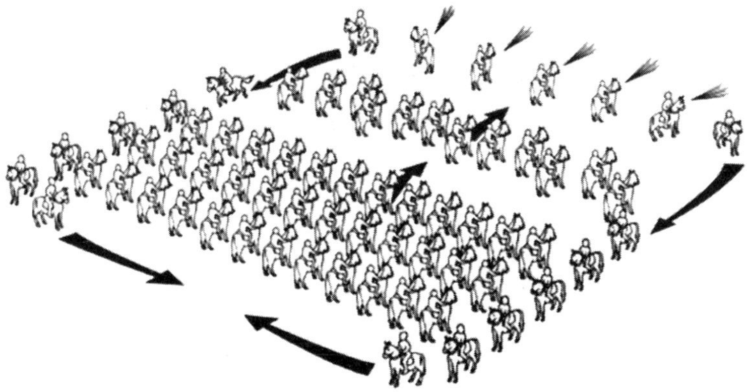

欧洲流行的火枪骑兵“半旋转式射击”

“不仅可以予敌‘更大的杀伤’，而且‘还可以对敌人造成3倍于以往单排射击所带来的恐惧和震惊效果，可极大地挫伤敌人的勇气。道理很简单，对于一般人来说，一声持续时间长的惊雷所带来的震撼和可怕效果，会比十个间断的雷声的震撼和恐吓效果之和还要大’。”

古斯塔夫二世的敌人沿用方阵队形，使用“半旋转式射击”战术，由火枪骑兵开枪，机动性挺强，但存在难以克服的软肋：他们手中虽然有枪，但由于枪管变短，在射程、杀伤力、精确度方面都比步兵的长管枪差。为了印象直观，这里有一组数据：滑膛枪10枚子弹一磅重，火绳枪20枚子弹一磅重，前者的杀伤力是后者的2倍。[①]同时，“半旋转式射击”还有最脆弱的时候——前排火枪骑兵放完枪向两边撤退之际。

古斯塔夫二世之所以能成为军事改革家而别人不行，就是因为只有他看到了“半旋转式射击”的弱点，并进行针对性改革。他干脆抛弃火枪骑兵，让步兵用长管枪对付敌人的“火枪骑兵”，效果很好。在著名的布莱腾菲尔德会战中，古斯塔夫横队曾七次击退对方进攻。[②]

---

①［英］克里斯托尔·约根森等：《图解世界战争法：近代早期（1500—1763）》，周桂银等译，宁夏人民出版社，2008年，第10页。

②［美］阿彻·琼斯：《西方战争艺术》，刘可俭等译，中国青年出版社，2001年，第173页。

正所谓“硬币皆有两面”，古斯塔夫横队崇尚进攻，在防御上也存在软肋——由于纵深浅，只能面朝一个方向，导致侧翼和后方容易被突破。我们看到了这一点，古斯塔夫二世当然更能看出来，所以他的办法是在后面增加一个横队作为预备队进行警戒和掩护。

国王死了，仗打赢了

当初，人们怀疑年轻的古斯塔夫二世是否能够带领瑞典人民扛住三个强国。很快，古斯塔夫二世用行动证明了自己，首先打败了俄国，1629 年又与波兰签订了 6 年的休战合约。这，只是序幕。

古斯塔夫二世只活了 38 岁，其中 23 年都在战场上度过，名副其实的戎马一生。如果留心古斯塔夫二世的作战地点，就会发现一个特点——基本在国外。古斯塔夫二世的父亲查理九世专门交代过：“宁可在别国领土，别在自己本土兴兵作战。”[①] 对父亲查理九世的话，古斯塔夫二世进行了“换汤不换药”的改造：“与其让敌人把战马拴在我们的藩篱上，不如把我们的战马拴在他的藩篱上。”[②]

在古斯塔夫二世打过的仗中有两次最出名，也最能检验其军事改革是否成功。

一是“布莱腾菲尔德会战”（Breitenfeld，在莱比锡郊外）。这次战役的地位如何？美国西点军校的教材是这样定位的：“中世纪的结束和现代的开端”，“这次会战是欧洲‘三十年战争’的一个重要插曲”。“三十年战争”是个历史名词，简单解释一下：1618—1648 年，欧洲兴起新教，对天主教形成挑战，双方兵戎相见，一打就是 30 年，主要在德意志地盘上打来打去。

一开始，北欧的瑞典并未卷入这场“乱战”，直到 12 年后的 1630 年才掺和进来。古斯塔夫二世觉得天主教军队这么打下去，早晚会打到自己家里来，所以决定“决战境外”。

在“布莱腾菲尔德会战”中，古斯塔夫二世的对手叫梯利（Tilly），乃“成

---

① [瑞典] 安德生：《瑞典史》，苏公隽译，商务印书馆，1963 年，第 233 页。

② [瑞典] 安德生：《瑞典史》，苏公隽译，商务印书馆，1963 年，第 253 页。

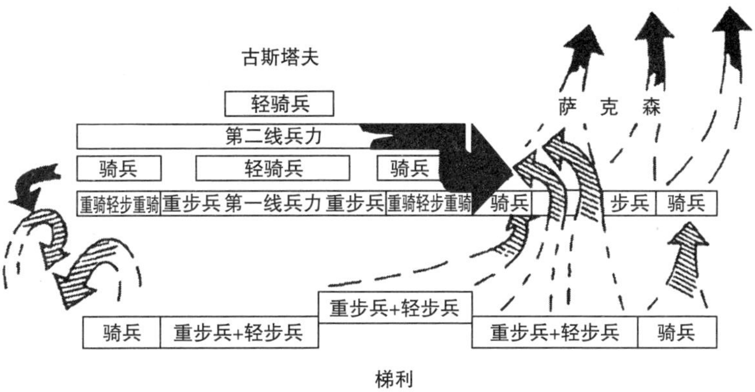

布莱腾菲尔德会战双方兵力部署和战场机动

名老将”。什么名呢？常胜将军。有多老呢？年过七旬。梯利自信心爆棚，号称“迄今没有打过一场败仗”①。

1631 年 9 月，双方展开决斗架势。古斯塔夫二世与对方兵力相当，火力上占据优势。对方只有 27 门野炮，而古斯塔夫二世有 50 门重炮，每个瑞典营还有 4 门轻型炮。更重要的是，瑞军射速是对手 3 倍！

开战不久，古斯塔夫二世军事改革的优势就显现出来。“常胜将军”梯利看到的是从未见过的景象：瑞典士兵“密密麻麻地只列成三排，第一排跪着，第二排蹲着，第三排站着，以便于在一瞬间将尽可能多的铅弹倾泻进敌人的胸膛……”②。梯利的火枪骑兵却只有一排放枪，前一排放完枪没走掉，后一排还没上去，就被古斯塔夫二世的人趁机干掉不少。结果，胜利的天平很快向古斯塔夫二世倾斜。《剑桥插图战争史》这样描述梯利的无奈：“大惑不解，看上去沮丧至极。在军事会议上十分优柔寡断，不知如何去拯救自己，也决定不了任何事，只能一个接一个地放弃计划，看到的只有巨大的困难和危险。”③

此前，梯利率领天主教军队攻城略地，所向披靡。现在，70 多岁的老帅梯利竟惨败在 37 岁的后辈古斯塔夫二世手下，损失了 2.1 万人（全军 3.4 万人），

① [德] 弗里德里希·席勒：《三十年战争史》，沈国琴、丁建弘译，商务印书馆，2009 年，第 115 页。
② [美] 杰弗里·帕克等：《剑桥插图战争史》，傅景川译，山东画报出版社，2004 年，第 146–147 页。
③ [美] 杰弗里·帕克等：《剑桥插图战争史》，傅景川译，山东画报出版社，2004 年，第 147 页。

而对方只损失了4500人，这一切竟是在短短6个小时之内发生的。对此，《瑞典史》写道："听到结局，整个欧洲都大为震惊。"[①]梯利败了，但逃得了性命。第二年，上帝给了梯利雪耻的机会，可惜又败在古斯塔夫二世手下，而且再没机会了——因为他被打死了。

一年多后，古斯塔夫二世面对更厉害的新对手——华伦斯坦。对德意志来说，华伦斯坦也是外国人（捷克贵族）。这次战役的名字叫吕岑会战（Lützen，今德国萨克森州莱比锡以南），发生在1632年11月。

此役结局很奇特——古斯塔夫二世阵亡了，但他的军队竟打赢了。面对旧式欧洲军队，古斯塔夫二世怎么把自己性命都搭进去了呢？

华伦斯坦专门对古斯塔夫二世进行过研究，清楚他的致命弱点在哪里——中央部队防御薄弱。西方战争史这样形容两军对阵的情形：华伦斯坦的军队"就像用刀切黄油"一样击溃瑞典的中央部队。这时，古斯塔夫二世在哪里呢？他正率军从右翼进攻得手，听说自己的中央部队后撤，赶忙过去挽回局面。途中，古斯塔夫二世因大雾与部队分散，又恰好遭遇华伦斯坦的部队，中弹身亡。

古斯塔夫二世身上有严重的个人英雄主义和冒险主义思想。两军对阵，古斯塔夫二世多次身先士卒，也多次挂彩。最典型的是1627年8月与波兰的德尔肖之战，古斯塔夫二世中枪，而且被打在要害的脖子部位，接近脊椎。尽管古斯塔夫二世大难不死，却留下后遗症，导致不能再穿金属胸甲——因胸甲压迫枪伤处会引起剧痛，只能穿皮制胸甲，对子弹的"免疫力"大大下降。作为国王兼统帅并喜欢在战场冒险的人，古斯塔夫二世倒不是第一个，还有比他更早的一个强人——亚历山大大帝。在著名的格拉尼库斯河战役[②]中，亚历山大不仅冲锋在前，还故意把自己打扮得与众不同——盾牌更华丽，头上还插了白色羽毛。亚历山大这身特立独行的行头固然能激发麾下官兵的士气，但也很容

---

① [瑞典]安德生：《瑞典史》，苏公隽译，商务印书馆，1963年，第258页。

② 公元前334年，亚历山大东征中与波斯军在格拉尼库斯河（今比加河Biga Cay或昌柴河）上发生的首次大规模交战，以不到200人的代价，歼灭对方约1万人，首战告捷。

古斯塔夫二世率领骑兵冲锋

易被敌人重点照顾。结果，“一支投枪刺入了他的护胸甲，而一把战斧几乎将他的头盔劈裂”[①]。虽然屡屡有惊无险，但据国外一部纪录片[②]，亚历山大之所以英年早逝，与受伤太多有直接关系。

古斯塔夫二世的战马回来了，但瑞典士兵们没看到国王，只看到马背上的鲜血，这可不是好兆头。如果换了其他军队，统帅生死未卜，恐怕马上就散伙了。但瑞典军队经过古斯塔夫二世精心调教，就是与众不同，纪律和精气神很不一般。将士们幻想着国王还活着，只是受了重伤，一定得救回来，所以拼命搏杀。

华伦斯坦主动撤退，损失了 1 万人，瑞典勉强胜出，也付出了 6000 多人的代价。最后，瑞典士兵们伤心地发现，敬爱的国王古斯塔夫二世不仅死了，而且死相很难看——不是中一枪，而是手臂、身体、头部都中弹。[③] 德国人写的战史记载得更具体：“浑身是血和伤口，加上马蹄的踩踏已使瑞典国王面目全

① ［美］杰弗里·帕克等:《剑桥插图战争史》，傅景川译，山东画报出版社，2004 年，第 42 页。

②《征服者之亚历山大》，the Learning Channel，1996。

③［英］富勒:《西洋世界军事史》(第 2 卷)，钮先钟译，广西师范大学出版社，2004 年，第 58 页。

非。他的首饰和衣服也被抢劫一空。”①

对这样的结局，古斯塔夫二世自己早有心理准备。出国作战前，古斯塔夫二世就指定 4 岁的女儿为继承人——如果自己有什么意外。史载，在告别演讲时，“大会场是泪流一片”，古斯塔夫二世动情地说：“我要向你们深情地告别，也许是永别了。”②

古斯塔夫二世的胸甲保存至今，现在在瑞典首都斯德哥尔摩王宫的军械展厅可以看到。至于古斯塔夫二世的对手华伦斯坦，他的命也不好，两年后（1634 年）遇刺身亡。古斯塔夫二世虽然死了，但他的军事改革成果保留了下来，特别是线式战术流行整个欧洲，从根本上改变了 17 世纪的战争。

---

①［德］弗里德里希·席勒：《三十年战争史》，沈国琴、丁建弘译，商务印书馆，2009 年，第 213 页。

②［德］弗里德里希·席勒：《三十年战争史》，沈国琴、丁建弘译，商务印书馆，2009 年，第 109–110 页。

普京崇拜的俄国男人

——彼得大帝军事改革

彼得大帝改革前，欧洲列强对俄国不屑一顾，连在任沙皇是谁都不清楚；彼得大帝改革后，击败军事强国瑞典，令欧洲诸国刮目相看。彼得大帝不仅是俄罗斯的骄傲，在全世界也是声名卓著。

彼得大帝得到太多人太高的评价，以致那些客观公正的声音被淹没了。俄国史学家安留科夫认为，彼得大帝充其量不过是一个平庸的实干家，而不是一个深谋远虑的改革家，“俄国以国家的破产为代价，换取了跻身欧洲列强之林的地位”[①]。

在很多人印象里，彼得大帝之所以了得，主要是打败瑞典扩张了近 100 平方公里土地，建了一座欧式的彼得堡，但不知俄国在政治和经济上几乎停滞不前。对彼得大帝留下好印象，很大程度上是“一俊遮百丑”的结果。

弱而小的彼得，大而穷的俄国

与中国的康熙大帝一样，彼得大帝的早年也是多灾多难。

小彼得 4 岁时，47 岁的老沙皇[②]死于败血症，弥留之际立 15 岁的大儿子费尔多为新沙皇。随后，小彼得被赶出皇宫，搬到郊区。1682 年 5 月，没有后嗣的费尔多去世，能继承大位的有两个人：一是年仅 10 岁的小男孩彼得，二是小

---

① 王龙：《天朝向左，世界向右》，华文出版社，2010 年，第 36 页。

② 1453 年，莫斯科大公伊凡三世曾迎娶拜占庭末代皇帝之女索菲娅为妻，此后便以罗马帝国的继承者自居。“沙皇”，在俄语里的意思就是“恺撒”。

彼得大帝

彼得同父异母兄长、20 岁的智障大男孩伊凡。不料，斜刺里杀出一匹黑马——小彼得的姐姐索菲娅，她发动政变（大文豪托尔斯泰曾参与此次政变，不过他后来看清形势投靠彼得并获谅解，后随同出访欧洲，还写下小说《彼得大帝》），杀掉了不听话的大臣，像中国的慈禧太后一样垂帘听政。

小彼得与伊凡并列为沙皇，却未能住进克里姆林宫，还是待在莫斯科郊外乌兹河岸边的“日耳曼”村，这里有 2000 多名西方人出没（俄国人把所有西方人都叫作“日耳曼人”）。索菲娅为什么把小彼得留在这儿？因为这个地方在俄国人眼里是“欧洲渣滓”聚居区，“打架和狂饮是常有的事”。显然，索菲娅想把弟弟“温柔地杀死”。表面上，小彼得确实“玩物丧志”，特别喜欢玩打仗的游戏，还专门组织起 600 多人的“童子军”（后来发展为他的近卫军）。索菲娅决想不到，小彼得竟因祸得福，在 7 年里从西方人那里学到很多知识，奠定了日后一心向西方学习的思想基础。另外，小彼得在 11 岁时学会发射大炮，13 岁学会使用手枪和毛瑟枪。

到了 1689 年，彼得 17 岁，长得高大威猛——居然有 2 米！[①] 这时，索菲娅坐不住了，企图先下手为强除掉彼得。不过，索菲娅失败了，打败她的正是当年她看不上眼的“童子军”。这与中国康熙大帝的故事，简直如出一辙。

青年彼得总算亲政了，但他很快发现自己领导的国家实在太落后。央视纪录片《世界历史》之《俄国彼得一世改革》是这样说的[②]：

① [苏联] 安·米·潘克拉多娃主编：《苏联通史》（第 2 卷），山东大学翻译组译，生活·读书·新知三联书店，1980 年，第 14 页。

② 央视纪录片：《世界历史》系列第 48 集《俄国彼得一世改革》，01∶13－01∶40。

“没有通向外界的出海口，没有一支正规军，没有一所像样的学校，全国 95% 以上的人是文盲（纪录片《大国崛起》则说，即使在首都莫斯科，100 个人中识字的也不超过 3 个），农业也很落后。欧洲其他国家出现的新兴工商业，在俄国几乎是空白。”

与俄国的落后形成鲜明对照的是欧洲的先进：荷兰有钱且已威风近百年，英国完成了君主立宪的政治改革，法国是欧洲大陆第一等强国……俄国在世界上的影响，可以用四个字来形容——“微不足道”。有一个著名的故事是这样的：法国国王路易十四的一位大臣给俄国沙皇寄了封信，但收信人不是彼得大帝，而是已经归西 12 年的老沙皇。[①]

军事上，俄国也是土得掉渣。当时，俄国没有海军，只有陆军，而且十分落伍。苏联人写的《苏联通史》是这样说的：“大部分俄国军队还是由没有受过系统军事训练的贵族民军组成”，欧洲在军事技术和艺术上已经取得很大发展，“然而俄国军队没有受到这些成就的任何影响”。[②]

开始，彼得大帝并没意识到军事改革的必要性，还梦想着像历代沙皇一样四处扩张。结果，他先在西南边输给了土耳其，之后又在西北方向败给了瑞典，而且都是耻辱性惨败。

彼得大帝知道，不改不行了。

第一个出国的沙皇

在进行军事改革前，彼得大帝出了趟远门。1697 年，一个 250 多人的俄国使团出访欧洲。彼得大帝也在这个使团中，但他不是团长，而是化名当了个下士，以便能看到真实的东西。在写回给莫斯科的信中，彼得大帝自称“一个寻

① 耶鲁大学公开课:《彼得大帝》。

②［苏联］安·米·潘克拉多娃主编:《苏联通史》(第 2 卷)，山东大学翻译组译，生活·读书·新知三联书店，1980 年，第 2 页。

师问道的学生”[1]。

在西欧的18个月里，彼得大帝都干了些什么呢？

当学生，在德国勃兰登堡学数学；

当木工，在荷兰和英国的船厂里造船；

当炮兵，在普鲁士学习炮术；

当听众，在英国旁听议会；

…………

彼得大帝甚至冒充学者，登门拜访牛顿，讨论科学。总之，彼得大帝对一切新鲜的东西都充满好奇和兴趣。

彼得大帝出访欧洲有着双重目的，除了向西方学习，还有个更直接的现实目标——寻求西方同盟，以便东西夹击土耳其。

彼得大帝为什么和土耳其过不去？

俄国是个内陆国家，一直梦想拥有出海口，而最近的一条路就是控制黑海，进而通过地中海与欧洲“握手”。当时，黑海是土耳其地盘，几乎成为其内海。俄国要拿下黑海，势必同土耳其兵戎相见，以夺取其军事要塞亚速。

1695年春，彼得大帝率领几万俄军出发了。俄军包围了亚速要塞，但午睡时被守军偷袭，伤亡惨重。之后，俄军挖地道企图炸开城墙，不料城墙安然无恙，自己人倒被炸死不少。最终，彼得大帝不得不灰溜溜撤围而去。回到莫斯科时，为了对国人遮羞，只好让唯一的一名土耳其俘虏走在最前面。

彼得大帝知道，单靠俄国过不了土耳其这关，得找帮手。显然，西欧是非常理想的盟友。令彼得大帝失望的是，西欧列强对此毫无兴趣。不过，彼得大帝有了意外收获——他发现丹麦、萨克森、波兰等国与瑞典存在领土纠纷和商

①［苏联］安·米·潘克拉多娃主编：《苏联通史》（第2卷），山东大学翻译组译，生活·读书·新知三联书店，1980年，第14页。

彼得大帝发起“剪胡子运动”

业利益冲突。于是，彼得大帝生出一个新想法：既然瑞典也靠海，俄国何不改变战略方向，从瑞典手中夺取出海口……

彼得大帝到西欧这趟远门出得影响深远，又极为凶险。

中国晚清排外众所周知，但与俄国人比起来，其实不算什么。俄国人有多排外呢？如果一个洋人到家里来过，走了以后主人会把身上的衣服烧掉，并打开房间通风，还要请神父来洗礼。

俄国人不仅排外，民族自尊心还非常强。当听说彼得大帝出国了，还在西方人面前自称学生，俄国人那个震惊啊——用今天的话说，“小伙伴们都惊呆了”。这时，索菲娅认为反扑的机会来了，于是造谣说那不是沙皇，是个冒牌货，因为真正的沙皇已经被杀掉了。[①]随后，索菲娅利用射击军发动叛乱，打算杀掉俄国境内的一切外国人。

此时，彼得大帝正在威尼斯参观兵工厂，突然传来国内有人叛乱的密报，于是马不停蹄赶回国平息叛乱。彼得大帝从刽子手里夺下利斧，亲手砍下 5 名造反者的头颅，甚至不顾亲情杀死了企图反对自己的大儿子。[②]可见，彼得大帝改革决心之大。一名欧洲外交官发现，沙皇次日照常出席国务活动，庆祝战胜瑞典 9 周年，好像什么都没发生过一样。

“不让我学洋人，我非要你们学洋人”，彼得大帝平息叛乱后强迫全国人民

---

① 据俄罗斯科学院历史研究所研究员彼沃沃洛夫接受采访时所说。参见央视纪录片：《大国崛起》第 8 集，11：41－11：52。

② 彼得大帝的大儿子不仅诅咒父亲死，还打算在即位后击沉父亲建立的海军，拆毁父亲新建的圣彼得堡。

跟他一起向洋人学习，欲以一己之力扭转俄国这艘巨舰的方向。回国不久，彼得大帝做了一件令国人震惊、令世界瞩目的事——剪掉来觐见他的大臣们的胡子。剪胡子，今天看来是小事一桩，当时可是兹事体大。俄国人信奉东正教，该教认为胡须是“上帝赐予的饰物”，所以俄国人一成年就开始蓄胡子。“剪胡子运动”遭到顽强抵制，其程度不亚于中国清朝要求汉人“留发不留头，留头不留发”。

剪胡子算什么，只是序幕。彼得大帝接着向精英们开刀，不惜采取不近人情的强制措施。例如，贵族们必须学数学和一门外语，如果不学，不许结婚，也不能当贵族。要是有人故意磨洋工不好好学，彼得大帝的办法更绝——流放！在这一点上，彼得大帝拉开了与中国的康熙大帝的差距。康熙也是一个对西学充满兴趣的人，甚至得到德国著名科学家、哲学家莱布尼茨的称赞。[①]遗憾的是，康熙热心西学完全是个人爱好，没有让身边人也去学，更不用说全国普及了。

愚民易治，这是中国几千年来的传统治国思维习惯，所谓“民可使由之，不可使知之”，崇尚儒家的康熙也走不出这个窠臼。彼得大帝显然是一个敢于突破的先行者，尽管老百姓没有分享到欧化成果，但至少精英们在他的强迫下很大程度上西化了。

“只有拥有陆军和海军的君主才是两手俱全的人”

俄国是一个内陆国家，没有出海口，这意味着与世隔绝。奇怪的是，没见过海的小彼得居然对航海很感兴趣，在河流、湖泊甚至池塘里学习航行。他说，如果自己不是沙皇，愿意到英国当一名海军上将。[②]在日记的扉页上，他写下

① 1697年，莱布尼茨惊叹道：“我认为，康熙帝一个人比他所有的臣僚都更具远见卓识。我之所以视他为英明的伟人，因为他把欧洲的东西与中国的东西结合起来了……他以其广博的知识和先见之明远远地超过所有汉人和满人，仿佛在埃及金字塔上又添加了一层欧洲的塔楼。”

② 耶鲁大学公开课：《彼得大帝》。

1714 年，俄、瑞海军在汉科角过招

这样一句话："俄国需要的是水域。"[①]

俄国唯一的港口是白海（北靠北冰洋）的阿尔汉格尔斯克港，但因离北极圈仅 130 里，天气酷寒，一年中 9 个月都是冰冻期，不能通航。1693 年夏天，彼得大帝来到这里，眼前的景象令他大受刺激——俄国货物堆积如山，但水上全是外国船只，货物价格压得很低，而俄国人不肯亏本贱卖，宁愿烂掉……

彼得大帝开始夺取出海口，进行了两次尝试，都惨败而归。败给土耳其之后，彼得大帝又于 1700 年 9 月北上，远征瑞典。只是，纳尔瓦之战的结局比土耳其那一场还糟糕——俄军大败，军官们全部被俘，炮兵全军覆没。4 万俄军面对 8000 瑞军，占据绝对优势，居然惨败，其无能暴露无遗。瑞典人尽情嘲讽，专门制作了徽章——沙皇彼得带着俄军拼命溃逃，一路丢盔弃甲，哭哭啼啼，用手帕擦眼泪，上面写着"一败涂地，痛哭流涕"。

连续遭遇两个国耻性的大败仗，彼得大帝受到强烈刺激，决定发起军事改革。他愤然道："这只是战争的开始，而不是战争的结束。"[②]

---

① [德] 马克思:《十八世纪外交史内幕》，人民出版社，1979 年，第 79–80 页。

② 彤心、史兵:《彼得一世的对外侵略扩张》，《历史研究》1977 年第 1 期，第 108 页。

改革最大的亮点是创建海军。在参与起草海军章程时，彼得大帝写下这样一句话："只有拥有陆军和海军的君主才是两手俱全的人。"[①] 彼得大帝创建海军的决心和力度比李鸿章大多了——俄国国库的 1/4 都用到创建海军上。1701 年，俄国海军舰船开工建造，加上外购，到 1725 年已颇具规模：

主力战舰，48 艘；

小型辅助船只，787 艘；

海军，2.8 万人；

…………

俄国军舰的质量也不错，"英国与荷兰的技师看了以后，也惊叹不已"[②]。通过"大跃进"，俄国成了波罗的海东岸的海军大国，彼得大帝也成为俄国"海军之父"。俄国海军建设主要师从英国，所以英国人觉得自己功劳挺大："在整个 18 世纪，英国为俄国海军的发展做出了重大的贡献，无论是派遣英国军官和造船专家到俄国服务，还是接收俄国人到英国军舰和造船厂学习。"[③]

纳尔瓦之败 14 年后的 1714 年 8 月 7 日，俄国海军与瑞典海军在汉科角[④]（今芬兰海域）再次过招。俄军大败瑞典艾伦希尔德分舰队，取得海军建军以来首次胜利。尽管彼得大帝倾全国之力打造的波罗的海舰队在世界上还排不到前列，对瑞典海战的胜利也主要靠船多人多（50∶10），还要加上侥幸的成分，但它为俄国海军的发展射出了开弓箭。

彼得大帝先打土耳其，再打瑞典，表面上改变了战略方向，其实有一点始

① 苏联科学院历史研究所编：《苏联史纲》，十八世纪第一个二十五年，莫斯科，1954 年，第 370 页。

②［苏联］帕甫连科：《彼得大帝传》，莫斯科，1990 年，第 100 页。

③ 杜立克：《论俄皇彼得一世改革的"欧化"与"专制化"》，《内蒙古大学学报（哲学社会科学版）》2009 年第 4 期，第 76 页。

④ 又译为"汉古特"。此从《苏联通史》（生活·读书·新知三联书店，1980 年版）。

终未改——“一心向洋”。马克思一针见血地指出[①]：

> “他对土耳其第一次作战的目的在于征服亚速海；他对瑞典作战是为了征服波罗的海；他第二次对土耳其政府作战是为了征服黑海；他对波斯进行欺诈性的干涉是为了征服里海。对于一种地域性蚕食体制来说，陆地是足够的；对于一种世界性侵略体制来说，水域就成为不可缺少的了。”

海军是重要的战略性兵种，但从兵力上看，俄国海军只有 2.8 万人，而陆军有 28 万余人。在创建海军的同时，彼得大帝还加强了对陆军的“升级换代”。彼得大帝被称为“海军之父”，同时还有另一个头衔——“俄国正规陆军的奠基人”。

彼得大帝开始其实并不想折腾，打算把原来的军队加以训练就好。[②] 但是，对外战争的惨败使他认识到，光靠训练不行，必须进行脱胎换骨的改革。

彼得大帝镇压射击军叛乱后，趁机对贵族民团、射击军、新制团队、哥萨克骑兵组成的旧陆军进行“再造”。他把陆军分为野战部队和守备部队，设置了步、骑、炮、工四个兵种。其中，野战部队是主力军，负责开疆拓土；守备部队是地方军，战时充当预备队。

要打胜仗，仅仅理顺军队体制自然不够，还得有人才。然而，俄军指挥官有一个奇特现象——洋人不少。这暴露出俄国本土的指挥官缺乏的问题。实际上，洋人也靠不住。在纳尔瓦战役中，彼得大帝之所以惨败给瑞典，除了俄军战斗力弱，洋军官糟糕的指挥也令人失望。于是，彼得大帝下定决心，指挥官必须“本土化”。1711 年，规定洋人在俄军中任职数量不得超过俄军官的 1/3；1720 年，陆军院禁止洋人到军中任职；1721 年，再次规定炮兵军官必须从本土军官中挑选。

---

① [德] 马克思：《十八世纪外交史内幕》（第 6 章），人民出版社，1979 年，第 80 页。

② 陈学惠：《俄罗斯军事改革研究》，博士学位论文，社会科学院研究生院，2002 年，第 21 页。

此外，彼得大帝还采取了两个办法：

一是改造贵族军官。彼得大帝要求贵族青年年满 15 岁就得去基层服兵役，而且必须从小兵干起，像所有人一样终生服役，不能打完仗就回家逍遥自在。以前，那些贵族子弟凭着父母和家族关系，不要从军经历就可以当军官，而今不行了。为提升步兵地位，彼得大帝强迫 900 多名“出身名门”的贵族到步兵任职。这一命令引起轩然大波，因为几百年来，贵族都是到骑兵当军官，从来不去当低贱的步兵。

二是从寒门挑选优秀军官。“王侯将相，宁有种乎？”彼得大帝自然也明白这个道理，所以在严厉要求贵族的同时，也从底层物色人才。其中，最有代表性的人物当数缅什科夫。缅什科夫小时候在莫斯科街头卖面包，因为参加彼得大帝的“童子军”，并随同出访欧洲而获得赏识，后来成为陆军大元帅。为了刺激寒门的积极性，彼得大帝还规定，只要升到中校军官，可以自动变为贵族。

一位在俄军中服役的苏格兰人感慨道：“在历史上几乎找不到像沙皇彼得统治时期这样的先例，即他把这么多出身低微的人提拔到如此的高位之上，或者说仅有这么多名门出身的富人是与最底层的人平起平坐的。”①

一场打了 21 年的战争

扩张，扩张，扩张，这是流淌在俄国人血液里的基因，使现在的俄罗斯成为世界上领土面积最大的国家，地跨欧亚两洲。历代沙皇都把扩张领土作为“神圣使命”，彼得大帝也一样，他的偶像是亚历山大大帝。一个俄国外交大臣说过：“彼得多半打定主意即使超越不过亚历山大大帝，至少也打算加以模仿。他经常在上床或入睡之前命人为他朗读亚历山大的历史。”②

---

①［美］R.R. 帕尔默等：《现代世界史》，何兆武等译，世界图书出版公司，2008 年，第 221 页。

② 转引自彤心、史兵：《彼得一世的侵略扩张》，《历史研究》1977 年第 1 期，第 111 页。

1709 年 7 月 8 日，俄、瑞骑兵在波尔塔瓦棱堡附近展开激战

1697 年，彼得大帝在瑞典考察时，曾扮作游客爬上制高点观察其要塞地形，测绘平面图，最后被守军发现，差点打起来。三年后，双方果真大打出手，而且断断续续 21 年。彼得大帝除了第一次交手时惨败，几乎赢下后面所有的回合。特别是 1709 年的波尔塔瓦（位于俄国南部）战役，俄军更是获得空前大胜，俘虏了指挥作战的所有瑞典将军，连瑞典国王也险些被俘，不得不跑到土耳其避难。战役中，有这样一个细节——彼得大帝戴着一顶破旧的帽子出现在战场，帽子上还有一个枪洞。彼得大帝如此形象被士兵们看到，自然士气大振。彼得大帝磨刀近十载后，总算报了当年的一箭之仇。为此，俄国人燃放炮仗，载歌载舞，连续 7 天庆祝这一胜利。

瑞典第一次打败了彼得大帝，为什么突然又打不过俄国了呢？

1700 年，瑞典第一次击败彼得大帝后，国王查理十二世大意了，以为俄军被彻底打趴下，至少短期内不会有什么动作，于是就去打波兰。很不幸，查理十二世严重低估了彼得大帝的决心和韧劲，并为此付出了沉重代价。

俄国打败瑞典夺取了波罗的海东岸，从内陆国家成为临海国家，终于实现了 150 多年来的梦想。彼得大帝在给亲信的信中写道："一般学徒只要七年就可以结业，而我们花了三倍这样长的时间。但是，感谢上帝，一切都是这样完美地结束，不可能有更好的结果了。”[①]

三次击败瑞典后，彼得大帝于1713年将首都迁至新都圣彼得堡。芬兰湾的这座新城由外国著名设计师设计，面向大海，朝向欧洲，毫不顾忌处于宿敌瑞典的步枪射程之内。彼得大帝把新首都建在这里，与明成祖朱棣把首都搬到北京一样，都处于国家的军事前沿，两者何其相似。同时，圣彼得堡这座新城走的是100%西化路线，与莫斯科的建筑风格完全不同，特别是没有标志性的尖顶式教堂。彼得大帝自豪地说：“新都是通向欧洲的门户，是插在波罗的海岸边的一把双刃利剑，是开辟俄国与西欧各国经济文化交流的捷径。”[②]

大败瑞典后，彼得大帝显然有些得意忘形。于是，他借口土耳其收留瑞典国王，不顾与土耳其的30年和约，又想夺取黑海出海口。不料，俄军于1711年再次栽倒在土耳其家门口，4万大军被围困，连彼得大帝自己也险些成了阶下囚。

看来，土耳其是俄国的克星，碰不得。于是，彼得大帝掉头北去接着打瑞典，于1721年取得最后一战的胜利，从瑞典手中夺取不少地盘，而且是靠海的地盘。欧洲人先是震惊，然后吓坏了。瑞典国王古斯塔夫二世在“三十年战争”（1618—1648年）中把欧洲人打怕了，畏惧瑞典的阴影一直没有散去。这个时候，传来瑞典被俄国打败的消息，自然令欧洲人刮目相看。

这一切，当然是彼得大帝军事改革的功劳。在最终战胜瑞典的那一年，俄国参政院[③]会议尊称彼得为“大帝”和“国父”，俄国改称“俄罗斯帝国”。

1725年1月28日，彼得大帝因患尿毒症去世，年仅53岁。另一种说法是，彼得大帝为了营救一个士兵跳进冰冷的水中，因此染病而亡。如果彼得大帝活得更长久，想必还会有邻国遭殃。彼得大帝打算入侵的地方包括中国、印度、

---

① [苏联] 波诺马廖夫主编：《苏联史》（第3卷），莫斯科，苏联科学院历史研究所，1967年，第337页。

② 陈德辉：《彼得大帝的出海梦》，《炎黄春秋》2004年第5期，第68页。

③ 参政院，彼得大帝宣布废除杜马，代之以参政院，将其办成个人意志合法化的国家工具。

日本及北美[①]，完全是一副四面出击的架势。在彼得大帝去世前几年，他还表示要亲自出马，“直抵中国万里长城脚下”[②]。

钱，钱，钱

打仗就是打钱，谁都知道这个道理。不过，千万别以为现代战争才这样，其实任何时代的战争都如此。彼得大帝对此有深刻认识，曾说过一句名言：“金钱是战争的命脉。”[③]

彼得大帝连年扩张，军费通常占到国家总支出的 80% 以上，在与瑞典开战后的第五年更是史无前例的高达 95%。彼得大帝统治俄国期间，只有 2 年没有发动战争。[④]所以，说彼得大帝穷兵黩武，绝不为过。

那么，这许多的军费从哪里来？两个字——“重税”。彼得大帝把户口税改为人头税，也就是说以前是全家一人纳税，现在是全家每个人（男子）都得纳税，结果国库税收一下子就涨了 3 倍。[⑤]1718 年，俄国纳税的男子约 540 万，每个人“拔一毛”，也不少了。所以，俄国能撑得起长期战争，而瑞典就不行。

生活在彼得大帝时代的俄国人，除了领土扩张带来的虚幻自豪感，更多的人在承受实实在在的生活苦楚。看看俄国人哪些事儿得纳税，就能懂得他们的苦：养蜂、买黄瓜、装窗户、造烟囱、买棺材、洗澡、磨刀……[⑥]国家捐税总额在 1680 年只有 1 463 000 多卢布，到 1724 年彼得大帝去世前增加到 8 526 000 多卢布，猛增了近 6 倍。

---

① 彤心、史兵：《彼得一世的侵略扩张》，《历史研究》1977 年第 1 期，第 108 页。

②［苏联］弗拉基米尔：《俄国在太平洋与西伯利亚铁路》，第 167–168 页。转引自彤心、史兵：《彼得一世的侵略扩张》，《历史研究》1977 年第 1 期，第 112 页。

③［苏联］安·米·潘克拉多娃主编：《苏联通史》（第 2 卷），山东大学翻译组译，生活·读书·新知三联书店，1980 年，第 24 页。

④［美］R.R. 帕尔默等：《现代世界史》，何兆武等译，世界图书出版公司，2008 年，第 182 页。

⑤ 杜立克：《论俄皇彼得一世改革的“欧化”与“专制化”》，《内蒙古大学学报（哲学社会科学版）》2009 年第 4 期，第 77 页。

⑥ 陈利今：《彼得一世的改革及其局限性》，《湖南师院学报（哲学社会科学版）》1982 年第 2 期，第 84 页。

经过彼得大帝军事改革，俄国的确强大了很多，但还不能说是一等强国。不过，彼得大帝充满自信："我不能亲手建成和看到一个强大的俄国，但我的继承者一定会沿着这条道路走下去，直到目标的实现。"[①] 有人认为，中国的康雍乾盛世是"落日西下时的余晖"，彼得大帝的崛起才是"旭日东升前的曙光"。

真的吗？

彼得大帝的军事改革卓有成效，但经济改革乏善可陈。有学者评价："既没有使俄国跳出落后的圈子，变成资本主义国家，也没有在俄国建立起发达的资本主义工业，更没有解决消灭俄国落后性的任务。"[②]

军事改革绕开"钱"做文章，既做不好，也走不远。彼得大帝的改革主要聚焦军事，一切都围绕战争运转。尽管商人办起了企业，农民走进了手工工场，但这一切都是强制的，都是彼得大帝挥舞皮鞭和棍棒的结果，而且没太考虑市场之类的重要因素。彼得大帝不管这些，目的只有一个——抽更多的税，以致有的商人因此破产。于是，奇特现象出现了：彼得大帝在取得对外战争胜利的同时，国家却变得一贫如洗。这不是彼得大帝个人的问题，而是俄罗斯民族的"民族病"。所以，日俄战争中，被日本打得一败涂地；一战中，一触即溃；与美国争霸，败在一个"钱"字上。今天的俄罗斯，几乎沦为"二流大国"，似乎始终走不出"差钱"这条死胡同。

在经济改革领域，彼得大帝没什么拿得出手的成果，而在政治领域更是如此。彼得大帝曾旁观过英国议会，但似乎没有受到影响。他在《军事条令》中写道："陛下是专制君主，他无须就自己的事务向世上任何人负责。"彼得大帝在军事改革的道路上狂飙突进，其他方面却几乎停滞不前，就好像一个人的头使劲狂奔而身子还在后面，结果身首分离。

俄国著名诗人普希金形象地说，彼得大帝"让俄罗斯腾空而起，又用铁笼

① 王龙：《天朝向左，世界向右》，华文出版社，2010 年，第 12 页。

② 陈利今：《彼得一世的改革及其局限性》，《湖南师院学报（哲学社会科学版）》1982 年第 2 期，第 79 页。

头将它拽住”①。斯大林说得更直白：“彼得大帝接触了西方较发达的国家以后，就狂热地建立工厂来供应军队和加强国防，这也就是想跳出落后圈子的一种独特的尝试。但是十分明显，任何一个旧的阶级，无论是封建贵族或是资产阶级，都不能解决消灭我国落后性的任务。”②

---

①［苏联］帕甫连柯：《彼得大帝传》，斯庸译，东方出版社，1987 年，第 357 页。普希金的外曾祖父受到彼得大帝赏识，御驾亲征时经常带在身边，后来还送他出国深造，回国后在彼得大帝所在的炮兵连任中尉。

②［苏联］斯大林：《论国家工业化和联共（布）党内的右倾》，1928 年 11 月 19 日在联共（布）中央全会上的演说，载《斯大林全集》（第 11 卷），人民出版社，1955 年，第 215 页。

毛泽东大赞的世界级军事天才

——拿破仑军事改革

“在飞舞的鹰旗下，他建立的赫赫武功超越亚历山大大帝、汉尼拔和恺撒大帝。”[①] 说这话的是法国元帅福熙。福熙说的这个强人，只能有一个——拿破仑。丘吉尔也说：“世界上没有人比拿破仑更伟大。”

福熙是法国人，他捧拿破仑有为“自家人”歌功颂德的嫌疑。英国丘吉尔的评价也可能有水分，因为是他同乡威灵顿在滑铁卢彻底打败了拿破仑，所以他夸拿破仑也是自抬英国人的身价。

那么，再来看看我国的无产阶级革命导师对拿破仑这个资产阶级军事家是怎么定位的。毛泽东曾对来访的外国元首说：“你不要说我是天才，你说拿破仑好了。这样好一点啊，那个人相当聪明。”[②] 如果这个元首来自法国，毛泽东抬高拿破仑也许有拉近两国关系的外交考虑，但这个元首来自马里——一个西非的内陆国家。

拿破仑的辉煌人生主要有四个台阶，基本上三年一跃：

24 岁，从少校一跃而为准将（一说少将），成为炮兵司令；

27 岁，当上意大利集团军司令，独当一面；

30 岁，当上第一执政（1799 年）；

---

①《祭吊拿破仑》，1925 年 5 月 5 日法国元帅福熙在拿破仑逝世 100 周年纪念会上的演说，《领导文萃》1996 年第 5 期，第 48 页。

② 陈晋：《毛泽东怎样读谈拿破仑》，《中共党史研究》2011 年第 3 期，第 15 页。

35 岁，当上国王（1804 年）。

如果单挑，欧洲各国根本不是拿破仑的对手，于是他们组团来战并搞了五次“反法同盟”，都被打得七零八落。拿破仑一生指挥过不下 50 次战役，超过西方历史上任何一个军事统帅，比亚历山大、汉尼拔、恺撒指挥战役数量的总和还多，而败在他手下的有英国、俄国、德国、奥地利、瑞典、土耳其……

据不完全统计，截至 1980 年，全世界以拿破仑为主题的论著已达 22 万份。[①]甚至可以负责任地说，如果没有拿破仑伟大的战争实践，曾当过拿破仑俘虏的克劳塞维茨没办法写出伟大的《战争论》。

从不循规蹈矩

在很长一段时间内，笔者对“拿破仑”这个中文译名一直感到困惑。其实，NAPOLEON 这个名字挺“高大上”，在意大利语中的意思是“荒野雄狮”。

拿破仑原本不是法国人而是科西嘉岛人，父母是没落贵族。后来，科西嘉岛卖给法国，拿破仑才跟着成了法国人。不过，拿破仑居然当了一段时间“科独”分子，后来看到独立无望，就明智地放弃了“科独”立场。

法国买下科西嘉岛后，为争取当地支持，打算收买一批贵族，自然得给些好处。拿破仑家虽然已经没落，但毕竟是贵族，“脱毛的凤凰还是凤凰”，他的命运也因此发生转折。拿破仑有八个兄弟姐妹，四个被送到法国学校念书，他本人也在 10 岁时到军校学习。不过，拿破仑的科西嘉口音出卖了他“外国人”的身份，再加上个子太小，成为周围同学取笑的对象。

面对嘲笑和欺凌，拿破仑个子虽小，却从不逆来顺受，而是好斗又不服输。拿破仑出生的科西嘉岛乃“蛮夷之地”，人们喜欢暴力、流血、拼杀。小时候耳濡目染，拿破仑的性格底色和行为特征也打上了这个烙印，随后带到了法国

① 耶鲁大学公开课:《拿破仑》，00:01:41－00:01:57。

军校。拿破仑说过：“我喜欢争吵、打架，我谁都不怕，见了什么人我不是打，就是抓。”老师企图惩戒打架的学生，其他人老实了，但“对他不起任何作用”[①]。

1779 年拿破仑在布里埃纳皇家军事学院挑灯学习

一个人要是循规蹈矩，还能当改革家吗？“不循常规”贯穿了拿破仑一生。从拿破仑对几件事情的处理进行“取样”，小中见大。

如果一个人落水，还在朝深处漂，如何救？

会水就去捞，不会水就喊人。这只是普通人的想法，而拿破仑的办法相当与众不同。拿破仑的一个士兵掉入水中，已经漂离岸边 40 米，身边的人因为不会水而不知所措。拿破仑没有下水，只不过大喊了一句话，做了几个动作，就把落水士兵救了上来。他大喊：“再往前去，我就开枪打死你！”[②] 说完，拿破仑朝水中士兵前方开了几枪。士兵一听，吓坏了，居然拼命游了回来。

查哨发现站岗士兵睡觉，怎么办？

先批评一顿，然后让他在全体官兵面前公开检讨，再关几天禁闭，以儆效尤……如果拿破仑也这么想这么干，他就当不了拿破仑了。他一声不吭，拿起这个士兵掉落一旁的枪，替他站了半小时。哨兵醒后，发现司令拿破仑在替自己站岗，吓得魂不附体，赶紧跪地求饶。拿破仑和颜悦色地说：“朋友，这是你的枪。你们艰苦作战，又走了那么长的路，你打瞌睡是可以谅解的；但是目前，一时的疏忽就可能断送全军。我正好不困，就替你站了一会儿，下次可要

① 王金云：《拿破仑的性格及其人生》，《天中学刊》2002 年第 4 期，第 114 页。

② 杨鑫：《跟拿破仑学管理》，《函授党校》，2009 年 6 月，第 24 页。

小心。”[1] 笔者第一次读到这个故事，印象挺深，还到处对人讲。后来才知道这故事是假的，是有人为拍拿破仑的马屁而炮制的漫画。那么，拿破仑自己得知这件事是什么反应呢？他说：“这肯定是普通民众的想法，要么是律师编出来的。”[2] 尽管“替岗故事”是无中生有，但并不影响这件事在士兵当中广为流传，以致对拿破仑更加忠诚、更加爱戴、更加崇拜了。

超越汉尼拔

当年，汉尼拔率军翻越阿尔卑斯山，出人意料地出现在罗马侧后方，随后打了一场名垂青史的坎尼会战。阿尔卑斯山就是欧洲的“珠穆朗玛峰”，翻过这座山出击，往往可以出奇制胜。不过，这山实在太难走，所以汉尼拔之后没多少人再去尝试。拿破仑打算向偶像汉尼拔致敬，而且想超越这位前辈。

说到拿破仑翻越阿尔卑斯山，不得不提到法国画家雅克·路易斯·大卫的油画《波拿巴翻越大圣伯纳》。这幅油画，没见过的人怕是不多。不过，这油画背后的真相，了解的人可能不多。画上，拿破仑骑的是马，形象光彩夺目，可实际上他骑的只是头骡子。

波拿巴翻越大圣伯纳（油画）

拿破仑打算翻越阿尔卑斯山，然后进攻奥军后方，粉碎第一次“反法同盟”。他选择的登山口是大圣伯纳，海拔 8110 英尺，比汉尼拔当年走过的地方要高、要陡、要险。登山口高，意味着空气更稀薄，积雪更厚，天气更冷。这对拿破仑来说还不是最难的，最难的是他得把笨重的大炮也弄上去——当年

① 挺拔：《拿破仑治军艺术琐谈》，《领导科学》1987 年第 6 期，第 30 页。

② [德] 路德维希：《拿破仑大传》，步兮瑶译，中国城市出版社，2010 年，第 285 页。

汉尼拔可没有这负担。最后，拿破仑做到了，所以有人说“这是两千年来第一次壮举”[①]。

战场上，最难对付的对手是没有规律的对手。对欧洲诸国来说，拿破仑就是这样可怕的对手。一个被俘的敌军老军官说了这样一段话：“他总是时而在我们前面，时而在我们后面，时而又在我们两侧，而我们根本无法理解。什么时候我们都不知道应该怎样配置我们的兵力才好。在战争中，这种作战方法是受不了的，它违反一切常规。”[②]

一个不循常规的人，搞起军事改革来当然也是花样迭出，创意无限。

玩对手没玩过的

拿破仑在军事改革上有太多创新，简直让人眼花缭乱，就像面对一桌丰盛的菜肴只恨自己肚子太小。

拿破仑成名之前，西方公认的最强四大军事统帅是亚历山大、汉尼拔、恺撒、古斯塔夫二世。现在，这四个人中有一个人的名字消失了——古斯塔夫二世，取代他的正是拿破仑。

拿破仑取代古斯塔夫二世有足够的资本。最直接也是最有说服力的证据，是拿破仑创造的“散兵队形”非常成功，完全取代了古斯塔夫二世创造的“线式队形”。虽然“线式队形”曾风靡整个欧洲，成为大家学习的模板，但到了拿破仑时代，“线式队形”就像过去的步兵方阵一样成为明日黄花。

“线式队形”有什么缺陷呢？

第一，只能在平原上打仗，作战地形受限；第二，必须整齐前进，无法灵活变换队形。“散兵队形”克服了这些缺点，不管在哪儿都能开打，而且可以任意组合成横队、纵队、方阵。现在，咱们这些事后诸葛亮，已经看到结果，自然容易理解，可在当时能弄明白这些道理的就只能是拿破仑这样不世出的天才了。

---

① 董盈盈：《法国历史画中的拿破仑形象》，硕士学位论文，中国艺术研究院，2007年，第12页。

② 夏征难：《拿破仑的兵法》，《领导文萃》2005年第6期，第96页。

曾被丘吉尔放在写字台上的拿破仑雕像

1806 年，耶拿会战让欧洲保守的军队充分见识了拿破仑“散兵队形”的厉害。是役，自认为天下第一的普鲁士军队 15 万人面对拿破仑的“散兵队形”，几天就被消灭干净。恩格斯评价说：“在这次会战中，运转不灵、运动迟缓、大部分根本不适于散兵战的普鲁士线式队形，在法国散兵群的火力下简直瘫痪了，只能用个别排的火力来还击。”[①]

与“散兵队形”相配套的，是“多兵种合成建制”。以前，步兵是步兵，骑兵是骑兵，炮兵是炮兵，后勤是后勤，各玩各的，基本上是井水不犯河水。拿破仑对军队建制进行了重组，法军每一个师都有步兵、骑兵、炮兵和后勤，搞起了“四合一”。这样一来，每个师的独立作战能力大大增强。

“散兵队形”只是拿破仑军事改革创新的代表作之一，给人印象深刻的还有用人打破常规、不拘一格。

拿破仑从一个没落的“外国”贵族一路打拼，最后竟爬上金字塔尖顶，当上法国皇帝。拿破仑这种奋斗经历，决定了他能够做到“不拘一格降人才”。最有代表性的例子，是拿破仑对参谋长的选择。打仗最忌犹豫不决，拿破仑也曾说过：“在严重的危急时刻，不应有丝毫的犹豫不决。犹豫不决总是毁灭人，从不会把人从厄境中救出。”[②] 难以理解的是，拿破仑用的参谋长贝赫尔的致命弱点恰恰是优柔寡断。这样的人，哪里是当参谋长的料？拿破仑偏偏就用贝赫

① [德] 恩格斯：《步兵战术及其物质基础》，载《马克思恩格斯全集》(第 20 卷)，人民出版社，1971 年，第 693 页。

② 夏征难：《拿破仑的兵法》，《领导文萃》2005 年第 6 期，第 94 页。

尔[①]，而且一用就是 18 年。拿破仑看到的是贝赫尔的两个突出优点：一是擅长组织协调，二是擅长使用地图。很多人提出异议，拿破仑解释说："他缺乏决断能力，所以不适合当指挥官，但他具有一个优秀参谋长的一切素质。他是个很会识图的人，通晓一切侦察手段，总是亲自发布命令；对于极为复杂的部队调动，他能智慧裕如，有条不紊。"[②]至于贝赫尔"优柔寡断"的毛病，拿破仑觉得一点关系都没有，因为他自己拍板就好了。

拿破仑用人还有一点与众不同，就是不局限于军事人才，特别重用科技人才。有人问拿破仑不打仗了最想干什么，他答道："我将退出军界，从事自然科学研究，争取有朝一日成为法兰西研究院的一名院士。"[③]除了军事家，拿破仑还有一个非常重要的身份鲜为人知——"法兰西科学院院士"。罐头、种牛痘就是拿破仑鼓励科技人才发明出来的，对军事有直接帮助。1798 年，拿破仑远征埃及，他身边有 100 多名学者和专家，名曰"埃及科学院"，是他非常重要的咨询机构。

人才改革是个系统工程，不仅要发现、选拔、任用，还要爱护。拿破仑对人才的爱惜，也是其他军事统帅所不及的。最著名的一个例子，拿破仑远征埃及时命令"学者走在中间"，严密保护起来。再后来，当"反法联盟"兵临巴黎城下，法军兵力不足时，有人提出建议——"抽调理工学校学员参战"。但拿破仑否决了，他说："我不愿取金蛋杀掉我的老母鸡。"[④]这句话被刻在巴黎理工学校阶梯教室天花板的正中心，一直激励着学生。拿破仑时期的理工学校毕业生，后来成为法国科学院院士的有 16 位之多。

在基层官兵的培养上，拿破仑也超过了对手。对此，马克思和恩格斯专门做过高度评价："拿破仑能用第一个月的时间在补充队里训练出新兵营，第二个

---

① 又译为"贝尔蒂埃"。

② 赵元:《拿破仑：成也用人，败也用人》,《领导文萃》1995 年第 5 期，第 47 页。

③［法］勒诺特尔:《法国历史轶闻》，北京出版社，1985 年，第 216 页。

④ 孟凡:《拿破仑的失误》,《机电兵器政工》1994 年第 3 期，第 37 页。

月行军，第三个月就投入战斗；但是他每一营都有足够的有经验的军官和军士，每一个连都有一些老兵，战斗的时候把新兵和老兵编在一起，可以说是把新兵装在老兵框子里。”[①] 这些能干的基层军官，有一部分来自拿破仑在巴黎郊区枫丹白露创办的一所军校，这所军校于 1806 年迁至圣西尔。现在，圣西尔军校是世界四大军事名校之一。

后勤方面的革新，也是拿破仑屡战屡胜的奥秘之一。人往往有个习惯——“以己之心，度彼之腹”，自己办不到的，以为别人也做不到。当拿破仑的对手实在不幸，因为拿破仑常常能做到对手做不到的事情，打起仗来总是出乎对手意料。所有军事指挥官都知道“机动”的重要性，但没有人做得比拿破仑好。《剑桥插图战争史》认为，拿破仑屡战屡胜的关键，“在于法国士兵比欧洲其他军队都行军迅速”[②]。有老兵甚至抱怨说：“皇帝发现了一种作战的新方法，只依赖我们的双腿而不用我们的刺刀。”[③]

拿破仑凭什么比对手快？难道法军的腿比人家长？

拿破仑的办法是“因粮于敌”。对手往往受后勤拖累，机动性严重受限，而他的办法是甩掉后勤保障，作战部队自己解决吃饭问题。拿破仑说过：“懂得……如何从你所占领的国家取得所有各种供应，构成战争艺术的很大一部分。”[④] 这里说得比较含糊，其实就是强征，强征不到就强抢。因此，法军吃饭时间走到哪儿，哪儿的老百姓就要遭殃。法国历史学家坦白地写道：“士兵通常从居民那里掠夺他们所找到的一切。”[⑤] 为了出人意料、出奇制胜，拿破仑顾不了这么许多，他知道只要打了胜仗，一切都好说、都好办，其他都是瞎扯。

---

①［德］马克思、恩格斯：《美国内战》，载《马克思恩格斯全集》（第 15 卷），人民出版社，1971 年，第 515 页。

②［美］杰弗里·帕克等：《剑桥插图战争史》，傅景川等译，山东画报出版社，2004 年，第 183 页。

③ 同上。

④ 时殷弘：《从拿破仑到越南战争：现代国际战略十一讲》，团结出版社，2003 年，第 26 页。

⑤［法］勒诺特尔：《法国历史轶闻》，北京出版社，1985 年，第 223 页。

士兵们为什么乐意为拿破仑卖命

拿破仑为什么能在极短的时间内取得极大军事成功？《剑桥插图战争史》认为有四个因素，指挥排在最后一位，排在第一的是“一支勇于献身的军队”[①]。

没有无缘无故的爱，也没有无缘无故的恨，更没有无缘无故的奉献。一个人在战场上愿意冒死拼杀，必然有所求。拿破仑自然明白这个道理，他给士兵“足够的上升空间”，能蹦多高就可以蹦多高。

众所周知，拿破仑有一句名言：“每个士兵的背囊里都有一根元帅的指挥棒。”在拿破仑的军队里，有三个人的成功案例一直激励着广大法军士兵：一个是内伊，以前是饭店老板的儿子，后来被提拔为元帅；一个是拉纳，一个大头兵的儿子，后来做了元帅；更有一个勃费弗尔，以前是个文盲士兵，也当上了元帅。西方史学家对拿破仑打破晋升壁垒的做法大加赞扬：“在一个正在巩固等级制度的社会里，正是军队给有才干的人提供了出人头地的大好机会，因此军队强烈地吸引了有抱负的青年人。”[②]

如何激励官兵在战场上舍生忘死？很多指挥官都会利用人性——对名利的渴望和追求。拿破仑更高明，能够和谐地把物质刺激和精神激励融合在一起。最能体现这一点的，是著名的“荣誉军团”制度。拿破仑认为，法国人“只有一种感情，这就是荣誉。因此，必须为这种感情提供养料”[③]。不论出身如何，门第高低，只要战功够了，就可以成为“荣誉军团”的一员。入了“荣誉军团”，好处太多，除了实实在在的数千法郎月薪和“国家封地”的地租收入，还能享受特权与世袭的贵族称号[④]。这简直就是商鞅变法中“军功爵制”的法国版。

---

①［美］杰弗里·帕克等：《剑桥插图战争史》，傅景川等译，山东画报出版社，第 180 页。其他三个因素依次是：一支建立在才能基础上的军官队伍，从战争中锤炼出的将军们，一个优于法国那些敌人的灵活的战术体系。

②［法］乔治·勒费弗尔：《拿破仑时代》，河北师范大学外语系译，商务印书馆，1985 年，第 216 页。

③《拿破仑书信文件集》，王养冲等译，上海人民出版社，1986 年，第 219 页。

④ 续建宜：《18 世纪末—19 世纪初的法国军队与拿破仑的军事立法活动》，《军事历史研究》1998 年第 2 期，第 105 页。

1805年，拿破仑向国会提出设立“荣誉军团”法案，遭到保守派激烈反对，但拿破仑最后还是成功了。对此，历史学者的评价是：“它把荣誉和战功引入干部的晋升制度之中，并作为一种法律制度加以固定，使得拿破仑的军队是19世纪初的欧洲军队中唯一不看重阶级出身的军队，军队也因而保持着较高的革命精神和热情。这是欧洲各国封建军队所不能比的。”①

战场上的拿破仑，受伤后坚持上马

拿破仑临终前有2亿多法郎的遗产，他将这块“大蛋糕”一刀两半，一半给了法国人，一半给了曾随他征战的老兵。如此处理遗产且对老兵这么好的统帅和皇帝，笔者目力所及，拿破仑好像是唯一一个。

拿破仑对老兵之好，遗产处理只是一个缩影。他特别重视解决老兵的后顾之忧，为退役老兵提供了丰厚的抚恤金和各种津贴。他对老兵的关怀可以说无微不至，特别考虑到住房问题，并专门修建了残疾军人院，甚至把法国历代帝王的行宫——凡尔赛宫交给残疾军人居住。一名历史学家赞赏道：“新政府表现出对战争老兵的重视和关心，辉煌的凡尔赛宫——‘太阳王’及其后裔的官邸给了为共和国旗帜战斗过的残疾军人。”②（“太阳王”指路易十四——笔者注）。

① 续建宜：《18世纪末—19世纪初的法国军队与拿破仑的军事立法活动》，《军事历史研究》1998年第2期，第105页。

②［苏联］曼福列德：《拿破仑·波拿巴》，莫斯科，1971年，第295页。

更难能可贵的是，这种保障还延伸到在法军服役的外籍军人（包括瑞士人、波兰人、爱尔兰人、意大利人、荷兰人、德国人等）。拿破仑不搞双重标准，而是一视同仁，外籍军人与法籍士兵待遇一模一样。现在，如果去翻拿破仑时代的档案，还可以看到法国政府发给普鲁士籍、尼德兰籍军人及其家属的养老金、抚恤金的命令。

如此，拿破仑手下的兵自然会拼死向前。

军事天才的致命软肋

看过希腊神话，都知道“阿喀琉斯之踵”的典故，这么能打的战神也有命门，脚后跟被箭射中死了。拿破仑是不世出的军事天才，但也有致命软肋，而且不止一处。

拿破仑太耀眼了，以至于他的部下都显得黯淡无光。前面说到，拿破仑不拘一格用人才，的确提拔了不少能干的将帅，26 个元帅中只有两个是贵族，其他都是出身平民。不过，拿破仑的用人也有问题。

拿破仑选人用人一般看两个标准：第一，作战是否够勇敢？第二，能否出色完成具体战斗任务？也就是说，拿破仑是按开关的总负责，把每个部下都视作螺丝钉，只要正常运转就行。因此，拿破仑并不在乎部下是否有独当一面的指挥能力。拿破仑对他们讲的话常常是这样的：“严格遵守我给你的命令”，“只有我知道我应该做什么”[①]。总参谋长替拿破仑提醒一位元帅说：“没有人了解他的思想，你的职责就是服从命令。”[②] 在拿破仑正确指挥下，这些“人才”打得不错，可要是离开拿破仑就有点儿蒙，不知如何是好。

最典型的案例要数滑铁卢战役中的元帅格鲁希。面对威灵顿率领的英军和布吕歇尔率领的普军，拿破仑又玩起了屡试不爽的各个击破，先将普军击溃。随后，他让格鲁希带领法军 1/3 的兵力去追击普军，自己回头对付英军，在滑

---

①［法］勒诺特尔：《法国历史轶闻》，北京出版社，1985 年，第 216 页。

②［法］同上。

铁卢与威灵顿干上了。法军和英军相持不下，决定胜负的就是谁的援军先到。格鲁希听到滑铁卢方向的炮声，理论上三个小时就可以赶到，但他并没有向炮声前进。为什么？没接到拿破仑的命令。结果，格鲁希让普军统帅布吕歇尔给耍了：布吕歇尔让一支小部队牵着格鲁希的鼻子走，自己则亲率主力赶到滑铁卢……表面上，拿破仑遭遇滑铁卢怪格鲁希不懂随机应变；实际上，这是拿破仑自己种下的恶果——要求部下只需要听令行动，坚决完成任务就好。

拿破仑的另一个软肋，也许更令人警醒——以有限之力量，满足无限之野心，最终结果只能是失败。拿破仑尽管五次击败反法同盟，消灭了对手很多有生力量，但所谓“杀人一千，自损八百”，法国自身实力也在不断消耗。这种消耗战，法国是耗不起的，特别是远征俄国使法国元气大伤。1810 年，拿破仑信心满满地宣称：“再过三年，我就要成为全世界的主人，现在只剩下一个俄国，不过我一定要击败它。”[①] 于是，拿破仑带了 60 多万人远征俄国，回去的时候却只剩不到 10 万人马。到 1812 年，法籍士兵损失如此之多，以至外籍士兵成了主力。1814 年，拿破仑哀叹：“我拟好一个庞大的计划，我想保证法国对全世界的统治。我做错了。这个计划与我国人力不适应”，“一个在四分之一世纪内连年战争因而力量消耗殆尽的国家，已不可能单独抵抗整个武装起来的世界对它的进攻。”[②]《剑桥插图战争史》对拿破仑的评价是客观公允的：“他既不知道适可而止，也不知道适时而止。”[③]

除了在俄国栽个大跟头，拿破仑还在英国那里翻了船。欧洲诸国几乎都曾拜倒于拿破仑脚下，除了一个国家——英国，这是拿破仑唯一没有征服的国家。前面说到，拿破仑重视科技人才，这方面有很多故事。遗憾的是，拿破仑做对了 99 件事，却做错了一件事，就是这件事导致了他最后的失败。

什么事呢？

---

①［苏联］塔尔列：《拿破仑传》，任田升、陈国雄译，商务印书馆，1976 年，第 118 页。

②［德］恩格斯：《攻击》，载《马克思恩格斯全集》（第 14 卷 · 上），人民出版社，1971 年，第 72 页。

③［美］杰弗里 · 帕克等：《剑桥插图战争史》，傅景川等译，山东画报出版社，2004 年，第 184 页。

被囚圣赫勒拿岛的拿破仑

富尔顿向拿破仑推荐蒸汽动力轮船，但他拒绝了。当时还是帆船时代，钢铁做的轮船能在水上跑？拿破仑很有想象力，但富尔顿的创意还是超出了他的想象，被认为是个笑话。如果当时拿破仑采用了蒸汽动力轮船，控制了制海权，对付了英国，也许世界史是另一幅图景。拿破仑是陆战之王，但海战上是个"菜鸟"，用"一窍不通"来形容也许有点过分，但也差不了多少。拿破仑居然幻想用平底船突破英军封锁，横渡英吉利海峡对付英国，结果被人家消灭殆尽。

对手学习拿破仑打败了拿破仑

拿破仑有致命软肋，也打过败仗，有时还是大败，如 1813 年的莱比锡会战。值得玩味的是，拿破仑的对手在打败他后不是乘胜追击，而是趁着有点筹码赶紧与拿破仑讲和。[①] 他们之所以这样做，只有一种解释：认为自己打败拿破仑是侥幸的，也是暂时的，缺乏信心。即使在拿破仑最后一战——滑铁卢战役之前，欧洲"反法联盟"在攻入法国本土的情况下，还在寻求与拿破仑进行和谈，不愿意谈的反而是全局被动的拿破仑。[②]

① 时殷弘：《从拿破仑到越南战争：现代国际战略十一讲》，团结出版社，2003 年，第 35 页。

② 同上。

拿破仑横空出世，打仗不按套路出牌，几乎战无不胜，打遍欧洲无敌手。不过，天才的创意也是有限的，某一天他开始重复自己。作为对手，在屡战屡败、屡败屡战中也逐渐熟悉了拿破仑的招数，摸索出了应对之法。

拿破仑说过："绝不做敌人希望你做的事。"[①]这句话，拿破仑的一个对手学得非常到位，这个人就是他过去的手下败将库图佐夫。在奥斯特里茨会战中，俄军被法军压迫到半结冰的湖泊里，整团整团被淹死、打死和俘虏。这次会战的俄军指挥官正是库图佐夫，而这个败仗在他心里留下了深刻印象。后来，拿破仑远征俄国，两人再度成为对手。这一次，库图佐夫学乖了，知道拿破仑想速战速决，以消灭俄军有生力量。因此，库图佐夫偏偏避而不战，利用俄国广袤的国土腾挪躲闪，让拿破仑有劲没处使。同时，库图佐夫还搞"坚壁清野"，使拿破仑"因粮于敌"的后勤战略落空。有一个细节充分暴露了拿破仑在后勤战略上的缺陷，正如一首古童谣唱的："都是纽扣惹的祸！"[②]拿破仑麾下官兵的大衣、裤子、鞋子上的纽扣都是锡制的。在13℃以下的低温下，闪闪发光的锡制纽扣就会变得黯淡无光，甚至分解成粉末，导致士兵们衣不蔽体地暴露在俄国的严寒下……

严格意义上讲，库图佐夫并不是像两个男人对决一样堂堂正正击败拿破仑。彻底打败拿破仑的任务，是由另外两个人在滑铁卢完成的——英军统帅威灵顿和俄军统帅布吕歇尔。

恩格斯曾盛赞拿破仑说："现代的将军们一般地不仅不能胜过他，而且只能试图在自己最光辉和最成功的战例中抄袭他罢了。"[③]拿破仑遭遇滑铁卢，恰恰是因为对手已经学会了他的方法。1813年，第六次"反法同盟"开会商议如何对付拿破仑，最后决定：各路军队如果遇到拿破仑就主动回避，避免单独与拿

① 王朝田、梁湖南：《从土伦到滑铁卢》，解放军出版社，1985年，第459页。

②［加］拉古德、［美］布勒森：《拿破仑的纽扣：改变历史的16个化学故事》，程来飞等译，北京理工大学出版社，2007年，第2页。

③［德］恩格斯：《攻击》，载《马克思恩格斯全集》（第8卷），人民出版社，1971年，第72页。

为了赶走拿破仑，俄国人甚至纵火烧毁了自己的首都莫斯科

破仑直接交战，等到联军集中起来后再采取集体行动来围攻他。

拿破仑说："我真正的光荣并非打了40次胜仗，滑铁卢之战抹去了关于这一切胜利的记忆。"[①] 滑铁卢之战中，布吕歇尔率领的8万普军被拿破仑击败后又遭到格鲁希追击。要是以前，普军会没命地跑，离拿破仑越远越安心，而这次不一样，布吕歇尔竟以少数兵力牵制格鲁希，亲率主力突然投入了滑铁卢战场。拿破仑和威灵顿在战争的"跷跷板"上正不相上下，大块头布吕歇尔突然一屁股"坐"在威灵顿这边，拿破仑就只能"翘"了。可以说，对手用拿破仑"集中兵力"的办法打败了拿破仑，就跟当年西庇阿用汉尼拔的办法打败汉尼拔一样。

1814年，拿破仑去世。法国大文豪雨果感叹："失败反把失败者变得更崇高了，倒了的波拿巴仿佛比立着的拿破仑还要更高大些。"[②]

---

① 俞曾元:《法兰西第一帝国皇帝拿破仑》，商务印书馆，1983年，第34页。又见李元明:《拿破仑评传》，中国社会科学出版社，1984年，第313页。

②［法］雨果:《悲惨世界》(上)，李丹译，人民文学出版社，2003年，第353页。

比拿破仑还强的人

——纳尔逊军事改革

统帅死了，仗竟然打赢了，你能想到谁？

朝鲜的李舜臣、瑞典的古斯塔夫二世……还有吗？至少还有一个人——英国的霍雷肖·纳尔逊。

2002年，BBC举行了一个名为“最伟大的100名英国人”的调查，纳尔逊进入前十，位列第九。纳尔逊与威灵顿、丘吉尔齐名，是英国历史上的三大英雄之一。

纳尔逊粉碎了拿破仑渡海入侵英国的计划，就像后来丘吉尔粉碎希特勒占领英伦三岛的妄想一样。纳尔逊被称为“海上拿破仑”①，其实纳尔逊在有个指标上比拿破仑还强——指挥作战的次数：拿破仑超过50次，而纳尔逊是拿破仑的2倍，共指挥、参加了100多次海战和夺取堡垒、城镇的战斗。

世间不乏“独眼将军”“独臂将军”，但集二者于一身的不多，而纳尔逊恰恰是其中一位。

名著《海权论》作者、美国军事理论家马汉专门为纳尔逊写了一本近500页的传记，认为纳尔逊“击败150年中所有的英雄人物，登上了荣誉的最高峰”②。

冒险家

“1758”，看似四个普通数字，却是非凡的一个年头。这一年，三个未来

① [英]查尔斯·拉斯伯恩·洛:《英国海军的伟大战斗》(纽约版)，伦敦，乔治·劳特里奇公司，第248页。

② [美]马汉:《纳尔逊传》前言，丁丁译，北京理工大学出版社，2014年，第1页。

的大人物降生了——美国总统门罗、法国革命家罗伯斯庇尔、英国海军名将纳尔逊。不过，纳尔逊当上皇家海军，成长为一代名将，实在有点“歪打正着”。

纳尔逊 9 岁时，母亲就死了。看着纳尔逊兄弟姐妹们，父亲头都大了——他自己是个穷牧师，11 个孩子已经死掉 3 个，现在妻子撒手一走，剩下 8 个孩子可怎么养活，还能留下几个?

父亲靠积蓄硬撑了 3 年，实在顶不住了，连学费都付不起。8 个孩子，必须有人辍学，还得自力更生。于是，排行第六、年仅 12 岁的纳尔逊只得收拾书包回家。好在天无绝人之路，母亲虽然死了，但舅舅混得还可以——英国海军的舰长。通过“走后门”，纳尔逊穿上了皇家海军的制服，到舅舅所在的军舰上混口饭吃。

谁能想到，这个几乎走投无路的男孩，日后居然会成为英国海军名将！试想，如果纳尔逊的舅舅不是海军舰长，而是干别的工作，纳尔逊很可能不会当海军，而英国也就不会出现一位伟大的海军将领。历史，有时候就是这么奇巧！

大海是保守者的禁地，却是冒险家的乐园。从此，纳尔逊开始了自己的冒险人生。

纳尔逊

1773年，15 岁的纳尔逊参与了北极探险。在一次未经批准的探险行动中，探险队遭遇了北极熊，战友们吓得纷纷逃走，而纳尔逊毫无惧色，不退反进，跑上去直接和北极熊打起来。最后，纳尔逊居然用枪托把北极熊砸伤，迫其逃走。纳尔逊的冒险是值得的，年仅 21 岁就当上舰长，直接赶上了舅舅的成就。

北极熊只有利爪，没有武器，相对还好对付。可如果遇上荷枪实弹的敌人，纳尔逊还会冒险吗？“依然故我”。1794 年，在围攻科西嘉的战斗中，36 岁的纳尔逊眼睛受伤，麾下要抬下去治伤，他却说：“我不是还有左眼吗？我仍然可以指挥战斗。”[①] 后来，纳尔逊在给友人的信中说自己只是“受了一点小伤”[②]，其实右眼永远失明了。

失去右臂的纳尔逊

即使在 1796 年成为闻名全国的英雄之后，纳尔逊以身犯险的劲头和行动仍未停止。1797 年 4 月，纳尔逊在海战中与敌人近身搏斗，两度险遭敌军以短弯刀劈头。幸好，一个叫约翰·西克斯的艇长出手营救，伸出手臂挡了两刀，纳尔逊才没有死。

但纳尔逊不可能每次都这么走运，有人及时替自己挨刀。在 1797 年的一次海战中，纳尔逊右臂被击伤，幸得部下拼死救回船上，可惜伤得太重，只能截肢。

仅仅一年之后，纳尔逊又挂彩了。1798 年，在阿布基尔海战（位于尼罗河口）中，纳尔逊前额被一块铁片击伤，一块被撕开的皮肤垂下来遮住了那只好眼——左眼。

纳尔逊被称为“海上拿破仑”，但他和拿破仑有一个最大的不同。拿破仑认为，指挥官的职责是指挥，至于搏命，那是士兵的任务，将军们完全没必要去干这种事。所以，拿破仑只有一次紧急关头才亲自抄起军旗直冲敌阵。与拿破仑不一样，纳尔逊是个不折不扣的亡命之徒，每战必身先士卒。

不把自己性命当回事的人，基本上也不会把别人的命当回事。纳尔逊不怕死，当然也要求手下的士兵不怕死。不过，纳尔逊还是爱兵的，有人性的。一次，

① 宋华：《海上骑士纳尔逊》，《人民文摘》2003 年第 7 期，第 39 页。

② [美] 马汉：《纳尔逊传》，丁丁译，北京理工大学出版社，2014 年，第 79 页。

纳尔逊听到一个士兵抱怨家信没来得及赶上邮差，马上命令邮轮返航取这封信，并说："谁知道他明天会不会在战斗中倒下。"①

除了喜冒险和好拼命，纳尔逊还有个"嗜好"——好犯上。当纳尔逊还是区区一个舰长的时候，就敢对地中海舰队司令、中将霍特汉姆说"不"。一次海战后，纳尔逊批评上司过于谨慎，太早将他召回，以致错失全歼敌舰的良机。尽管纳尔逊得罪了上司，但还是凭借才华得以升官，从舰长晋升为分遣队指挥官。于是，纳尔逊似乎得到暗示和鼓励：只要事情是对的，但凡能打胜仗，犯上也能升官。所以，纳尔逊在这条路上继续昂首阔步。在 1801 年的哥本哈根海战中，面对丹麦海军，英国海军上将帕克打旗语命令纳尔逊撤退。纳尔逊把望远镜放在失明的右眼前，对信号官说："我只有一个眼睛，有时候我就有看不见的权利，我正好没有看见这个信号。"② 最后，仗打完了，也打赢了，纳尔逊非但没有因为不听命令受到惩罚，反而取代上司帕克的位子当上了波罗的海舰队司令。

要打胜仗，冒险和拼命，甚至犯上是需要的。但纳尔逊如果仅有这些优点，还不够格成为海军名将。他还有更厉害的看家本领，是什么呢？

改革家

乖乖男当不了改革家，只有像纳尔逊这样的冒险家才可能挤入改革家的行列。从当上舰长那天起，纳尔逊就无视英国海军的"优良传统"，而是根据实战需要，按照自己的想法打仗。这种寻求改变的理念，从舰长到舰队司令，从 12 岁入伍到 47 岁阵亡，纳尔逊一贯如是。

纳尔逊要挑战和改革的"优良传统"是什么呢？

军舰在很长一段时期叫作"战列舰"，这与当时的海战队形很有关系——

① ［美］马汉：《纳尔逊传》，丁丁译，北京理工大学出版社，2014 年，第 452 页。

② 沈毅敏：《说不尽的故事：纳尔逊和"胜利号"》，《现代船舰》2008 年第 6 期，第 51 页。

法军采取传统的横队作战队形

军舰排成一列作战。由于舰炮绝大部分都部署在船舷侧面，两军交战时流行的阵势是将战舰一字排开，把船舷齐刷刷对准敌人，互相轰击。要做到这一点，对军舰要求比较高：第一，个头得大，甲板以下得有 2~4 层，才能顶风抗炮，保持队形不乱；第二，火力要猛，才能打败对方，一艘军舰的标配至少 70 多门炮。这样的军舰，就是战列舰。

所有军舰排成一线把侧舷炮朝向一面，从理论上看，似乎完美无瑕：谁要是排成一路纵队来犯，不仅后面的军舰难以发挥火力，而且将遭受一列横队的集中火力打击，简直就是送死。不过，这种设想只是理论上的，只有一个人看破了这种队形的“命门”。

当时，火炮射程有限，而且是概率射击，命中率不高。也就是说，面对横线舰队，遭受其集中火力打击的危险只会发生在几百码之内。那么，一旦冲过这道生死线，决定胜负的就不再是阵形，而是火力和射速。英军舰炮的射速是对手的 2 倍，命中率也更高，如果不充分利用，那就太浪费了。

纳尔逊从来就不是古板的人，他决定改变：

1. 变阵战为近战。纳尔逊不再像“绅士”那样，在一定距离内站着不动互相对射，而是冲上去混战肉搏。根据纳尔逊的意思，英国军舰往往直接插入敌舰阵列，利用两侧舷炮同时射击。一来可以捣乱敌舰阵形，二来能够发挥以前 2 倍的火力。在纳尔逊看来，传统的单舷攻击好比两人打架都只出一只手，与其说是“绅士”，不如说是“傻子”——为什么不把另一只手也用上呢？

2. 变一列横队为几路纵队。在纳尔逊眼里，横队阵形就是一条蛇，灭它的办法就是将其截为几段。因此，纳尔逊常常把舰队分为两个以上攻击纵队分割敌舰，形成局部优势。同时，纳尔逊很喜欢拿敌舰后卫而不是前卫开刀。为什么呢？如果攻击敌前卫，敌中军和后卫要援手，只需按照原来前进方向加速就好；但如果攻击其后卫，其前卫要施以援手就得掉头，不仅大费周章，贻误战机，还可能造成队形混乱。

3. 变听令行动为自主攻击。以前两支舰队交战，保持一定距离，互相对轰，把对方打跑就 OK。现在呢？变成了军舰与军舰之间的对决，不再“绅士”，而是血性。舰队司令下达开战的命令后，其作用比舰长大不了多少。因此，纳尔逊要求，各舰长在开打后不必等他的信号，可以根据实际情况自主行动。在这一点上，纳尔逊与拿破仑截然不同，因为拿破仑绝不允许部下脱离自己的命令。

4. 变打跑敌人为消灭对方。以往，海战是把对方打跑就算大功告成。纳尔逊可不这么看，认为把敌人彻底消灭才行。这一点，纳尔逊和拿破仑倒是达成了高度一致——歼灭敌人有生力量。要达到这个目的，如果火炮不行，那就“贴身肉搏”——跳上敌舰，短兵相接。这样做可能产生混乱，所以纳尔逊在战前一般会把舰长召集到一起开会，告诉大家自己的总体意图。

在短兵相接的“混战模式”下，要“笑到最后”就得靠“单兵作战能力”，哪一方的舰炮更猛，哪一方的舰长和官兵素质更高，哪一方打赢的把握就更大。纳尔逊为什么选择这种毫无美感的“群架”？《剑桥插图战争史》替纳尔逊回答了：“18 世纪末，英国恰好在舰长和船员的素质上优于它的陆上对手，只要有机会咬住敌人就能赢。”①

1796 年，拿破仑崭露头角，纳尔逊也拥抱了幸运之年。这一年，纳尔逊迎

① [美] 杰弗里·帕克等：《剑桥插图战争史》，傅景川等译，山东画报出版社，2004 年，第 191 页。

来伯乐——地中海舰队新任司令查维斯。查维斯 1 月上任，纳尔逊 4 月就挂上准将军衔，半年不到（8 月）再升一级——成了少将。上司如此厚爱，纳尔逊自然得拿出业绩回报。

很快，纳尔逊的机会来了。1797 年 2 月 14 日，英国 15 艘军舰在大西洋圣文森角对阵西班牙 27 艘军舰。战局胶着时，纳尔逊突然率“舰长号”脱离己方阵形高速向敌舰开去。“舰长号”冲进西班牙舰阵后，很快遭到 7 艘敌舰围攻。纳尔逊早有所料，毫无畏惧，身先士卒，先后登上两艘未投降的敌舰进行贴身肉搏……最后，英军赢了。纳尔逊的举动，不要说西班牙人吓坏了，就连他自己的战友也感到不可思议。

英军打赢这次海战，纳尔逊功不可没。不过，他的行动却引起了极大争议。

按照英国海军的《教范》[①]，“必须严格执行横队规定”，严禁任何军舰脱离队伍“单干”。1703 年，更明确了违反该条令的惩罚措施：“违者要受到严厉惩罚——轻者，当众申斥；重者，处以死刑。”[②]40 多年前，英国曾有一名海军上将违反这一规定，后来被处以极刑。[③] 这些情况，纳尔逊应该清楚，但他还敢这样干，真可谓胆大包天。

那么，如何处理纳尔逊呢？

纳尔逊运气很好，一个叫艾略特的爵士目睹了他的果敢行为并为他说话。随后，总部专门派一个上校去采访纳尔逊，为宣传“典型”做准备。纳尔逊自己也没闲着，把作战过程写下来寄回国内请友人帮忙扩大影响。很快，关于圣文森角海战和纳尔逊英勇举动的报道、书籍在英国铺天盖地，引起极大社会反响。一时间，纳尔逊成为全国上下热烈追捧的英雄人物。

纳尔逊的辉煌，才刚刚开始。

---

① 英国海军的《教范》包括两部：《航行中舰队良好队形教范》《战斗中舰队良好队形教范》。

②［美］A.B.C 惠普尔：《航海的人们：英法海战》，秦祖祥等译，海洋出版社，1986 年，第 28 页。

③ 赵阳春：《打败拿破仑舰队的独眼独臂将军》，《中国国防报》2008 年 3 月 11 日第 16 版。

终结者

作为欧洲大陆霸主，拿破仑毫不掩饰渡海攻打英国的野心。于是，拿破仑下令大造战船，一时间“在所有的法国港口中，都可以听到造船工场的敲打声”[①]。

英法两国海军斗法，高潮发生在1805年10月21日，地点在西班牙（法国盟友）南端，战役的名字叫特拉法尔加海战。这次海战是风帆时代最后一次大规模海战，也是“帆船时代最引人注目的海战”。

从纸面上看，对阵双方实力差不多，英军27艘军舰[②]，法国和西班牙联合舰队33艘军舰。当时，纳尔逊担任地中海舰队司令，对手是维尔纳夫中将。拿破仑很会用人，但在舰队司令的选人用人上绝对是个错误。尽管拿破仑也认识到所用非人，并对海军大臣说维尔纳夫是“不知耻的懦夫”且决定换将，但可惜的是换将还没完成，特拉法尔加海战就开始了。

维尔纳夫究竟有什么问题?

第一，维尔纳夫在海军总部上班很合适，是个合格的上司，可要去前线独当一面当海军指挥官，就是“鲁班出征”“关公伐木”。这是英国军事名家富勒说的。[③]

第二，维尔纳夫曾是纳尔逊的手下败将，有心理阴影。在7年前的阿布基尔海战中，法军大败，只有两艘军舰逃走，维尔纳夫就是其中一条船的舰长。当年，维尔纳夫领教过纳尔逊的厉害，又得知连法军舰队司令也被打死，故对纳尔逊充满恐惧。

第三，维尔纳夫怯战，勇气不足。在给友人的信中，维尔纳夫说如果英法海军交战，法军必败。特拉法尔加海战前，维尔纳夫在海上远远望见一支舰队，想当然以为是纳尔逊的人马，赶紧避之大吉。其实，那是法国舰队，正在找维

---

①［英］富勒:《西洋世界军事史》（第2卷），钮先钟译，广西师范大学出版社，2004年，第302页。

② 舰队另有6艘军舰奉命去保护一队开往马耳他的运输船，未参战。

③［英］富勒:《西洋世界军事史》（第2卷），钮先钟译，广西师范大学出版社，2004年，第304页。

尔纳夫会师。未战先怯，真打起来……

特拉法尔加海战前，纳尔逊召集各舰长开会，传达了自己的意图。他回忆当时的情况说：

> “当我开始向他们解释‘纳尔逊的果断手腕’时，那就像一次电击。有些人流下了眼泪，所有人都表示赞同……从上将往下，大家不断地重复着——‘这一定会赢，只要能让我们抓住他们！天哪，你是被你用信任激励起来的朋友们包围着的。’”①

不过，纳尔逊的伎俩居然被维尔纳夫准确预测了，还在战前的舰长会议上进行了传达，毕竟他吃过纳尔逊的亏。维尔纳夫对舰长们说：“英国舰队不会构成一个与联合舰队平行的战线。纳尔逊会企图切断我方的战线，包围我方的后部，然后集中力量来打击其可以孤立和切断的船只，愈多愈好。”②

既然维尔纳夫清楚对手会怎样出牌，那纳尔逊岂不是很危险？

可惜，维尔纳夫尽管知道纳尔逊打算怎么对付自己，却找不到对付纳尔逊的办法。

1805年10月21日11时45分，法西联合舰队射出第一炮，特拉法尔加海战开始。纳尔逊让副帅带队冲向法舰后卫，他自己则冲向法舰中军，想找对方司令单挑，“擒贼先擒王”。不过，纳尔逊并没有找到维尔纳夫，于是盯上了附近法军最大的军舰“布桑托尔”号③。纳尔逊认为，维尔纳夫很可能在这艘4层巨舰上（不过并没有）。

碰上纳尔逊这么不要命的主，“布桑托尔”号虽然个头更高，却不是对手。不过，拿破仑的兵也同样血性十足，法舰“敬畏”号上来挑战。“敬畏”号

---

①［美］杰弗里·帕克等：《剑桥插图战争史》，傅景川等译，山东画报出版社，2004年，第191页。

②［英］富勒：《西洋世界军事史》（第2卷），钮先钟译，广西师范大学出版社，2004年，第315页。

③ 又译为“布森陶尔”。

特拉法尔加海战一隅

是法舰中最小的一艘，但舰长吕卡和纳尔逊一样是个拼命三郎，并且拥有一批狙击高手。

下午1时许，纳尔逊为鼓舞士气，准备上到甲板上，还特意穿上海军大礼服，胸前挂了4枚勋章。有人觉得这身行头太招眼，容易成为敌军目标，十分危险，劝他不要穿。纳尔逊拒绝了："我光荣地得到勋章，我也将光荣地与它一起战死。"[①]

因为冒险，纳尔逊失去了一只眼睛和一只手臂，而这一次他将失去最重要的东西——性命。上甲板不久，纳尔逊就被对方一个狙击手盯上，一枪从左肩肩章处射入，贯穿左肺，射进脊骨。纳尔逊叹道："他们终于把我解决了……我的背脊骨已经被射穿了。"[②]被抬入船舱急救时，纳尔逊不忘用手帕蒙住自己的脸和肩上的勋章，以免被官兵们认出，影响士气。尽管纳尔逊没有马上见"上帝"，但已无药可救。凭着坚强的毅力，纳尔逊硬是撑了3个小时（13:30—16:30），直到听到海战胜利的消息才闭上双眼。临死前，纳尔逊最惦记的人是他的未婚妻艾玛，要人剪下自己的一缕头发连同订婚戒指一起带给她。纳尔逊的最后一句话是："感谢上帝。我已经尽到了我的职责。"[③]

这一年，纳尔逊47岁。纳尔逊死后，"胜利"号火炮进行了一次齐射，以示缅怀。战后，一名英军中尉乘快船赶回英国报捷，上岸后又换了19匹马才得以完成任务。当他见到海军部长时，第一句话是这样说的："报告，我们获得

---

① 赵阳春：《打败拿破仑舰队的独眼独臂将军》，《中国国防报》2008年3月11日第16版。

② [英]富勒：《西洋世界军事史》（第2卷），钮先钟译，广西师范大学出版社，2004年，第321页。

③ [美]A.B.C.惠普尔：《航海的人们：英法海战》，秦祖祥等译，海洋出版社，1986年，第139页。

了一次伟大胜利，但是丧失了纳尔逊勋爵！”①

法国人如愿以偿干掉了纳尔逊，却无法取胜，而且死伤惨重。下午2时许（14:05），维尔纳夫命令旗舰“征服者”号降旗投降（纳尔逊绝对不会做出投降的事情）。一名英军上尉登上“征服者”号，并记下了目睹的惨状：“到处都是死尸，景象是非常的凄惨。死伤总数在400人以上，死者多数都是没有头的。”②

维尔纳夫做了一年俘虏，然后被释放回法国。一天，维尔纳夫把自己反锁在屋子里自杀了，他在给妻子的遗书中写道：“真幸运，我没有孩子继承我这败将的臭名。”③可疑的是，维尔纳夫胸口有6处刀伤，所以有人怀疑是拿破仑派人把他杀掉的。

法国人为什么惨败？

不是兵力不够，也不是不够勇敢，而是其他原因。英国史学家认为：“英军更加职业化，而法西联军有勇无谋，缺乏经验。”④除了作战阵形僵化，法军还有一个要命的软肋——主动攻击精神太差。当法舰中军遭到纳尔逊攻击时，率领法军前卫10艘军舰的杜马诺瓦居然不知道回头帮忙，还继续往前开，因为杜马诺瓦没有看到维尔纳夫要他回援的旗语。这个细节暴露出法军的主动攻击精神有多差，完全不懂得随机应变。直到战斗快结束时（13:50），杜马诺瓦才看到维尔纳夫的旗语，赶紧回来助战。这个时候哪里是来帮忙，简直是来送死，直接给英国人的“饭桌上”多添了一道菜而已。法国人实在应该向对手纳尔逊学习，《特拉法尔加备忘录》记载了纳尔逊定下的一个“万用原则”——“万一看不到或看不懂信号时，尽管把战舰靠近敌人，这样做的舰长是不会大

---

①［英］富勒：《西洋世界军事史》（第2卷），钮先钟译，广西师范大学出版社，2004年，第324页。

②［英］富勒：《西洋世界军事史》（第2卷），钮先钟译，广西师范大学出版社，2004年，第321页。

③［美］A.B.C. 惠普尔：《航海的人们：英法海战》，秦祖祥等译，海洋出版社，1986年，第150页。

④［英］安德鲁·兰伯特：《回顾风帆战舰时代的辉煌——拿破仑战争时期的英国皇家海军》，谢江萍译，《国际展望》2005年第11期，第86页。

错的。”[①]

特拉法尔加之役，英军损兵近1700人，军舰未失1艘。法西联合舰队就惨了——损兵14 000余人（英军的8倍多），军舰损失20艘（12艘被俘，8艘完全作废）。

英国军事史学家富勒在《西洋世界军事史》中评价道：“无论从哪一方面来说，特拉法尔加会战都是一次值得记忆的会战，它对于历史具有广泛的影响。它把拿破仑的侵英梦想完全击碎了。它也使一百年来的英法海上争霸战从此告一结束。它使英国成为一个海洋帝国，这个帝国维持达一个世纪以上。”[②]

大赢家

纳尔逊魂归故里，英国为他举行了国葬。当覆盖着国旗的灵柩徐徐下落放入墓穴时，突然发生了一件让在场的所有人大吃一惊的事——“胜利”号几十个水手冲上前去把国旗撕成了几十块，并放入口袋永久收藏。

为纪念纳尔逊，英国复制了“胜利”号，每年特拉法尔加日，很多英国人登上这艘军舰缅怀英雄。有人说得好：“纳尔逊因为有了‘胜利’号而不朽，‘胜利’号因为有了纳尔逊而永存。”[③]

纳尔逊死了，但除了输掉性命，他在其他方面是个大赢家。

拿破仑野心勃勃，曾想横渡英吉利海峡“抓住那个横行海上的大海盗”[④]，把英国变为殖民地。他扬言：“只要能在海峡当上六小时主人，我们就能成为世界的主宰。”[⑤]

---

①［英］安德鲁·兰伯特：《回顾风帆战舰时代的辉煌——拿破仑战争时期的英国皇家海军》，谢江萍译，《国际展望》2005年第11期，第86页。

②［英］富勒：《西洋世界军事史》（第2卷），钮先钟译，广西师范大学出版社，2004年，第325页。

③ 沈毅敏：《说不尽的故事：纳尔逊和“胜利号”》，《现代船舰》2008年第6期，第52页。

④［英］约翰·霍兰·罗斯：《拿破仑一世传》（上卷），北京外国语学院英语系译，商务印书馆，1977年，第181页。

⑤ 凌立主编：《海战》上《战舰史话》，中国人民大学出版社，2004年，第37页。

纳尔逊弥留之际

可惜，结局是那么无情，法国海军把拿破仑的希望变成了失望，最后干脆变成了绝望。特拉法尔加海战中，拿破仑的海军撑了不到5个小时（11∶45—16∶30）。如果法国海军能把自己的陆军送上英伦三岛，只要拿破仑踏上陆地，英国必败无疑，但法国海军从来没有做到。拿破仑无奈地说："我的计划被纳尔逊舰队挫败了。"[①] 拿破仑表扬打死纳尔逊的射手说："如果军官们都像你一样勇敢，这场海战的结果就会完全不同。"[②] 不过，拿破仑还是很佩服打败自己的对手纳尔逊。纳尔逊死后，拿破仑命令法国每艘军舰都挂上纳尔逊的画像，让法军向他学习。[③]

英国则将纳尔逊视为"救世主"，历史学家送给他一个称号——"海上拿破仑"。纳尔逊虽然死了，但主动攻击的"纳尔逊精神"一直激励着英国海军。1811年里萨之战，威廉·霍斯特上校率领4艘军舰遭遇2倍于己之敌。危急时刻，威廉·霍斯特打出旗语——"记住纳尔逊"，最后打垮了敌人。

纳尔逊有很多英雄事迹流传下来，既为自己的形象加了分，也激励着后来人。其中，有一个故事是关于纳尔逊的坚毅和顽强，他右臂截肢时，没上麻药。军医在笔记里写道："纳尔逊忍受了极大的痛苦而没有出一点声音，事后才用了鸦片止痛。"手术后，纳尔逊居然还有心情对军医开玩笑："下次先把刀子用火

① 宋华：《海上骑士纳尔逊》，《人民文摘》2003年第7期，第39页。

② ［美］A.B.C. 惠普尔：《航海的人们：英法海战》，秦祖祥等译，海洋出版社，1986年，第150页。

③ ［英］富勒：《西洋世界军事史》（第2卷），钮先钟译，广西师范大学出版社，2004年，第324页。

烤一下，因为冰凉的刀子使人更加疼痛。”[①]

纳尔逊的影响，没有局限在英国国内，而是遍及全世界。多数人都见过海军帽子后面有两条黑色飘带，据说就是为纪念纳尔逊而设计的。纳尔逊战死后，英国皇家海军为其发丧，全体水兵都在帽子后面缀上了两条黑纱。自此，黑色飘带成为英国海军的标配。由于英国海军当时世界最强，其他国家在学习“样板”的时候把这两条黑色飘带也一起学了。

① 沈毅敏:《说不尽的故事：纳尔逊和“胜利号”》,《现代船舰》2008 年第 6 期，第 51 页。

军国主义的“鼻祖”

——山县有朋改革军制

1885 年，李鸿章对中日关系的未来进行了如下预测：“大约十年内外，日本富强必有可观，此中土之远虑，而非目前之远忧。”[①] 以 10 年为期就叫“远虑”，中堂大人的战略眼光未免“近视”。不过，他不幸言中——不到 10 年，甲午战争爆发，大清帝国这个泥足巨人被“蕞尔小国”日本这个壮实相扑掀翻在地，摔得鼻青脸肿，颜面无存。

大清帝国的洋务运动和日本的明治维新几乎同时启动，但甲午战争的实践结果证明了双方改革的成败。提到明治维新，有两个事实常常被忽略：

第一，很多人都知道黄海大战，其实甲午战争还包括朝鲜半岛和中国东北的陆战。从大清帝国陆军的表现看，似乎在与北洋水师比谁更差劲。

第二，很多人都知道伊藤博文，其实伊藤博文的影响主要在政界，在军事上贡献并不大。实现日本陆军“近代化转型”的关键人物，是另一个人——山县有朋。

山县有朋有两顶帽子：第一顶是“近代陆军之父”，这是世界公认的；第二顶是“日本军阀之祖”，这是日本学者给他戴上的。二战中，日本为什么和德国在一起？如果追溯“原罪”，山县有朋跑不掉。

山县有朋是谁？

1838 年，林则徐受命南下广州，即将掀起一场轰轰烈烈的禁烟运动。这一

① ［清］吴汝纶编撰：《李文忠公全书·译署函稿》第十七卷，清光绪戊申金陵刊本，第 8–9 页。

年，日本一个普通武士家庭诞生了一个小男孩。谁能想到，几十年后臭名昭著的“参谋本部”“皇军”“靖国神社”都会深深打上此人的烙印。

山县有朋

这个人，就是先后担任日本军事首脑和政治首脑的山县有朋。

山县有朋家庭条件并不好，既非大富，也非大贵。父亲是一名武士，日本搞世袭，因此山县有朋注定也是武士。所以，山县有朋常把一句话挂在嘴边——“我是一介武夫”。

山县有朋的父亲在武士中级别很低，名唤“足轻”。打仗时，这个级别的武士连冲到前面杀敌的资格都没有，只是一个扛旗的小角色。也就是说，山县有朋要想混出名堂，父亲的关系是指望不上了，得靠自己打拼。

“在家靠父母，出门靠朋友”，山县有朋只能走后一条路。20 岁时，山县有朋的人生有了转机。这一年，山县有朋成为日本思想先驱吉田松阴[①]的学生。在老师的教导下，他成长为日本的“进步人士”，从此踏上代表“正确方向”的革命道路。同时，他的同学里有好几个人日后都成了强人，如伊藤博文、木户孝允……同学关系成了山县有朋十分重要的人脉资源。

26 岁时，山县有朋经历了一次血与火的考验，世界观、人生观、价值观基本都颠覆了。明治维新之前，日本和大清帝国一样，都是被西方列强欺负。1864 年，英、法、荷、美四国联合舰队炮击日本下关，守军奋勇抵抗。山县有朋也在其中，表现非常英勇。可惜，“悍不畏死”的精神在对方坚船利炮下没什么用，反而搞得自己受了好几处伤。其时，在残酷事实的教训下，大清帝国

---

① 吉田松阴，日本德川幕府末期政治家、教育家、改革家，明治维新的精神领袖和理论奠基者。他提出“尊王攘夷”，主张“倒幕”和对外扩张。

的魏源提出了“师夷长技以制夷”，可惜只有他自己喊喊口号，其他人无动于衷。日本不一样，把这句口号牢牢记住了。山县有朋决心向强大的对手学习，不是用嘴说说，而是用脚行动。

成功推翻德川幕府后，明治天皇迁都东京

日本“倒幕”成功后，迫不及待派出使团到西欧“取经”，想把本国搞得像对手一样“小而强大”。1869年6月，山县有朋率团开始“西游记”，连续在英国、法国、德国、荷兰等国转悠了11个月。下关之战，山县有朋只是透过门缝看到西方的强大，而这次“西游”，他算是推开大门大饱眼福、大开眼界了。山县有朋自然而然地产生了两种强烈的感觉：一是自卑感——母国和西欧强国比起来，简直是十万八千里的差距；二是紧迫感，再不抓紧改革，日本就完蛋了。

1870年8月，32岁的山县有朋学成回国。随后，政府通知山县有朋做好充分准备，不日觐见天皇，谈谈考察西欧的收获和体会。一个下级武士的后人，居然能获得天皇召见，山县有朋十分兴奋，几乎夜不能寐。他对这事儿非常自豪，晚年回忆说：“以布衣之身，御前进言，实为空前未有之事。”①

说是“汇报工作”，实际也有“面试”的意思，天皇对山县有朋非常满意。不久，山县有朋接到任命——担任兵部②少辅，相当于军事部门的二把手。政府的意图很明显，要把山县有朋作为重用“海归”的典型隆重推出。

意外的是，山县有朋居然再三推辞。有官不当，什么情况？

这得提到另一个人——大村益次郎，兵部大辅，也就是军事部门的一把

①［日］大山梓编：《山县有朋意见书》，原书房，1966年，第380–382页。

② 1872年，兵部撤销，改组为陆军省和海军省。

手。[1]这个人没出过国，但思想很开明，想学洋人搞全国性的义务兵役制。过去，只有武士才能当军人。大村益次郎的意思，说白了就是取消武士的这个特权，让农民扔掉锄头拿起刀枪。

武士们当然不干，决定对大村益次郎进行刺杀。一天，大村益次郎外出巡查，在旅馆里被人冲进来乱刀砍死。刺客还留下“斩奸状”说：“让我等腰挎两把刀的武士跟农民一起扛枪开炮，着实是一种耻辱，想出这个法子的大村是一个武士魂已经腐烂不堪的国贼！”[2]大村益次郎就这样死了，但也走出了开创新式陆军的第一步，所以政府赐给他一个荣誉称号——“明治建军之父”。

军事首脑被刺杀，充分证明在这个部门工作危险系数极高。山县有朋出洋回来，当然明白学法国拿破仑搞义务兵役制代表正确方向，自己也想干一番事业，但如果要为这项事业付出生命的代价，他还是有点儿舍不得。不过，山县有朋不想干，政府却坚持要他干。

事已至此，山县有朋只有硬着头皮干。为了排除阻力，山县有朋提出一个条件——实行征兵制。政府同意了，山县有朋这才戴冠上任。他晚年回忆当时心迹，说：“余如唐突就任兵部少辅之职，不复能有作为，乃自明之事，此乃余所以固辞之故也。”[3]

山县有朋回国前，大村益次郎就被刺杀了，继任者叫前原诚一。前原诚一是个守旧派，政府任用此人貌似有安慰武士之意。山县有朋拒绝当前原诚一的副手，也有“道不同不相为谋”的考虑。不过，这个前原诚一基本上是“在其位不谋其政”，一年不到干脆主动请辞。于是，山县有朋顺理成章主管起兵部来，成为全国军事一把手。

---

① 兵部一把手名义上是“兵部卿”，大辅是二把手，少辅是把守，但由于“兵部卿”多由皇族担任，而他们仅仅是挂名，所以兵部实际上的一把手为大辅。

② 樱雪丸：《日本明治维新：维新之岚》，凤凰出版社，2010 年，第 224 页。

③［日］大山梓编：《山县有朋意见书》，原书房，1966 年，第 380–382 页。

最后的武士

山县有朋的第一个动作是继续消灭“武士”，为创立全国性的义务兵役制开路。在日本防卫研究所战史室的著作中，称其为“划时代的兵制改革”[①]。

前辈大村益次郎搞不成的事，山县有朋就能搞成？

德川幕府时代，天皇可怜得要命，除了没钱，幕府还给他规定了“两个不得”——不得拥有武装力量，不得参与政治。日本“倒幕”成功后，形成一个共识——必须组建中央政府直辖的军队。也就是说，天皇得有自己的“枪杆子”。目标是一致的，但办法有分歧：一派主张从各藩武士抽调，扛锄头的农民就不要掺和了；另一派则力主抛开武士，重新从农民中征召人马组建新军。山县有朋力主后者。

最后，双方进行了妥协。天皇的“近卫军”抽调各地武士精锐组成，但全国性征兵也同时实行。1872 年，在山县有朋主持下，发布了新的征兵令，规定年满 20 岁的日本国民都有服役 3 年的义务，然后转入预备役。意思是，从今往后，只要是日本人，不论你有钱没钱，也不管你有地位没地位，都可以当兵。同时，新军不再归各藩管理和指挥，而是交给兵部。这么搞下去，新军大有取代武士之势，对武士是大大的威胁。

武士们的失望还在继续。4 年后（1876 年 3 月），山县有朋又出台了一条著名新规——“废刀令”，强令武士们摘下象征其身份的佩刀。山县有朋的理由是：现在国家外有义务兵“卫国”，内有警察“保家”，就不劳烦武士们以个人名义“行侠仗义，为民除害”了。

财权、兵权、政权被收归中央后，各藩武士的待遇逐年下降，甚至经常被拖欠工资，如今连武士刀都不让佩带了。换句话说，武士们已经到了没有什么可以再失去的地步，到了所谓“逼上梁山”的时刻。于是，他们选择造反，并找上了在武士中享有崇高威望的萨摩藩实权派——西乡隆盛。

---

①［日］日本防卫厅防卫研究所战史室编:《陆军军战备》，朝云新闻社，1979 年，第 7 页。

西乡隆盛为难了：一方面他想看到国家像西方一样富强，另一方面他又希望保持武士的地位。这种愿望属于“既想马儿跑，又想马儿不吃草”，不可能两全其美。尽管如此，西乡隆盛还真想出了一个解决办法——征伐朝鲜。既解决了武士的再就业问题，还可以拓展国家利益。这个靠侵略转移矛盾的办法看上去“很美”，但被否决了。

最终，西乡隆盛选择了做“最后的武士”，起兵造反，小字辈的山县有朋亲自率兵镇压。[①] 山县有朋与西乡隆盛之间的这次“武斗”，在某种程度上也是“农民”与“武士”的较量。“政府军”只有 3.2 万人，而“叛军”则有 4 万人。因此，有人建议征召其他藩的武士平叛，可山县有朋拒绝了，理由是——如果这样干，“将从根本上破坏征兵制”[②]。最后，山县有朋赢了，逼得西乡隆盛切腹自杀。

兵役制改革前，山县有朋曾如此展望前景：“十九岁毕业，至二十岁编入军籍。如此数年，则举国无一男不为兵，无一民不从文。”[③] 同时，天皇有一句指示：要让北海道山林里一个佃农的小女儿上完小学。北海道是日本最穷的地方，又重男轻女，要实现最穷人家最小的女儿都能上学，想想日本的教育普及程度该有多广？日俄战争的时候，日本实现了这个目标，这是当时英国都做不到的。到九一八事变时，日本教育普及已经到了初中。受教育程度与军事素质成正相关关系，这也是日军为什么单兵作战素质高的道理所在。

从实施结果看，征兵制改革达到了预期效果。1895 年中日甲午战争，日本现役兵力仅 6 万余人，经过短期动员，一下子膨胀到 24 万余人。10 年后的日俄战争，日本现役兵力原本仅有 13.5 万余人，动员后总兵力竟达 108.8 万余人。

---

① 名义上，总司令是皇亲国戚栖川宫炽仁亲王，但他不过是挂名而已。

② 孙耀珠：《山县有朋研究》，博士学位论文，南开大学，2007 年，第 36 页。

③［日］大山梓编：《山县有朋意见书》，原书房，1966 年，第 51–52 页。

恶劣“皇军”的前传

如果以前的武士被称为“藩军”，新建日军则逐渐被改造成所谓“皇军”。作为山县有朋的前辈，大村益次郎曾提出剥夺各藩大名兵权，组织直属天皇的“皇军”，但没成功就被武士们刺杀了。山县有朋把新军这摊稀泥捏成了“皇军”这块泥疙瘩。

山县有朋非常重视对军队进行洗脑，灌输“忠君”思想，与1878年8月发生的一次兵变有关。

在镇压西乡隆盛叛乱中，炮兵立下赫赫战功，但其中一支驻扎在京畿的炮兵部队居然成为新的叛军。这支番号为近卫炮兵第1大队的260余人，突然造反，倒不是想推翻政府（也没那个能耐），而是向政府讨要拖欠的工资和奖金。这支炮兵部队自认功劳不小，但不仅没有及时得到奖赏（晚于文官），还被降了工资。他们认为罪魁祸首是管财政的大藏大臣（相当于财政部长）大隈重信，就在他家门口架起了大炮……这帮人当然成不了事，很快被赶来的军队镇压了。

有鉴于此，山县有朋于1878年10月发布了著名的《军人训诫》，把“效忠天皇”作为军人的天职。这份训诫其实就三个关键词——“忠实、勇敢、服从”。其中，山县有朋特别强调“服从”，专门写下这么一段：“身为军人者，遵守服从之义务，须臾不可间断。作为部下，其长官之命纵有认为不合理之事，亦决不可对之失去恭敬奉戴之仪，更何况乃是公务之事耶？故而，不得稍露愤怒之色、非议之言，无论其事如何，纵有认为不合理，也当立即服从，忍耐实施，且在事后不许陈述苦情。”[①]

山县有朋以陆军卿[②]身份颁布《军人训诫》后，仍有人顶风作案。他觉得可能是自己权威不够，就请准以天皇的名义，于1882年颁发了《军人敕谕》。

---

① ［日］大山梓编:《山县有朋意见书》，原书房，1966年，第81页。

② “陆军卿”，明治维新初期设立，首任陆军卿就是山县有朋，后来该职发展为陆军大臣——日本内阁政府中陆军省（陆军最高领导机关）的长官，也称“陆相”。

这份“敕谕”以天皇的口吻写成，说白了就是天皇教导军人的“课文”。山县有朋还提出一个硬性要求——想在陆海军机关继续混下去，必须把《军人敕谕》全部背下来。

山县有朋在陆军省内设立宪兵。宪兵最重要的任务之一，就是监视军人（包括军属）的一言一行、一举一动。谁要是犯事，宪兵就会高举小本子，翻到其中的处罚规定，毫不客气地付诸实践。例如，日本陆军刑法第 110 条规定：“凡上疏建议有关政治事项，或评说议论，或写成文书进行宣传者，处以一个月以上三年以下之轻监禁。”[①] 表面上，这似乎是限制军人干政，实际上不过是把军人变成无条件的绝对服从者。

日本学者藤村道生一语道破：改革后的日军并非“国民的军队”，而是“天皇的私兵”[②]。

日本向德国学了关键一招

兵源这些“手脚”都改头换面了，军事领导指挥体制这些“头脑”当然也要做“整容手术”。在日军领导指挥体制中，“参谋本部”名气很大，正是来源于明治维新中的军事改革。

日军的改革方向，本来是陆军学法国（拿破仑），海军学英国（纳尔逊）。但看到法国在普法战争中被德国打得灰头土脸，拿来主义和实用主义的日本人立马转向，陆军改学德国。

1874 年 2 月，日本陆军成立参谋局，局长正是山县有朋。4 年后，参谋局扩权，升级为参谋本部，并和陆军省分家，独立出来，主管军令。参谋本部由一名皇族担任参谋长，陆军部和海军部各一名大臣（将官）担任副参谋长。军部大臣拥有一项特殊权利——“帷幄上奏”，也就是直接向天皇请示。这样，

---

①［日］福地重孝：《军国日本的形成》，春秋社，1959 年，第 64 页。

②［日］藤村道生：《山县有朋》，《历史评论》第 40 期，第 104 页。转引自伊文成、马家俊等主编：《明治维新史》，辽宁教育出版社，1987 年，第 417 页。

就等于绕开政府和议会，把日本带入了“军国主义”的不归路。

山县有朋对“政不干军”还嫌不够，说服天皇“军要干政”。为保证这一目标实现，山县有朋量身定做了一项规定——在政府担任陆军大臣和海军大臣的，只能是现役军官。山县有朋心里门儿清：如果政府中的陆、海军大臣是非现役文官，很可能不会为军队发声，甚至对拨付军费这类事还有异议，而现役军官就不会。明治初年，军费只占年度预算的 20%，之后逐年上升，到 1897 年达到 49.4%。①

多管齐下

明治维新中的军事改革，上述三条是重点，但不是全部。山县有朋搞军事改革是全方位的，他要让日军脱胎换骨。

重塑军队性格，是山县有朋的重要目标。1888 年，山县有朋对部队编制体制挥下“手术刀”，将“镇台制”（相当于大军区）改为“师团制”（相当于野战军）。表面上，只是改了名字，其实完全改变了军队“性格”——由“分区防御”彻底改造为“机动进攻”。改革之后，日军共有 7 个常设师团（含 1 个近卫师团），直属天皇。

一个人再能耐，也不能“唱独角戏”，仅靠自己就把一项大事业给完成了。山县有朋说过：“当时创业之难以干部补充为甚。”② 改革需要许多帮手，特别是军事人才，而培养人才的重要平台则是军校。明治维新中，日军创设了各种军校，其中最有名的无疑是陆军士官学校和陆军大学。1874 年，陆军士官学校成立，主要培养初级指挥官。日本后来四处扩张，作为指挥骨干的陆军军官，无论是将军还是少尉，几乎都曾在这里学习过，其中 6 人担任内阁首相。8 年后

① [日] 藤村道生：《山县有朋》，《历史评论》第 40 期，第 51 页。转引自伊文成、马家俊等主编：《明治维新史》，辽宁教育出版社，1987 年，第 418 页。

② [日] 大隈重信等著：《日本开国五十年史》第三册《陆军史》，商务印书馆，1929 年，第 13 页。

（1882 年），5 年制的陆军大学[①]成立。为提高教学质量，日本特地从德国的普鲁士军事学院“挖人”，请来名将老毛奇（1800—1891）的学生梅克尔 Klemens Wilhelm Jacob Meckel 少校担任教官。该校出身的军官常常把“菊花与星”的毕业生徽章挂在胸前显摆身份，从这所军校走出来的有不少战争狂人：石原莞尔、东条英机、松井石根、土肥原贤二……

“工欲善其事，必先利其器。”人有了，还得有武器。“倒幕”关键战役——伏见、鸟羽之战中，政府军只有 5000 人，面对 3 倍于己的幕府军还能取胜，主要就是靠手上有英国的先进武器。日本尝到使用西方先进武器的甜头，同时大清帝国也尝到西方先进武器的苦头，双方都决定学西方自强。不过，大清帝国的北洋水师基本是“买来的”，日军也有买，但同时非常重视国产。日本近代有著名的“四大兵工厂”，都是明治维新期间出炉的——东京兵工厂、横须贺海军工厂、石川岛造船所、海军兵工厂。1888 年，东京兵工厂造出了“二十二年式”连发步枪（二十二年，即昭和二十二年），最大射程达 3100 米。在甲午战争中，该型步枪投入实战。

1879 年 6 月，山县有朋把东京招魂社（1869 年设立）改为靖国神社，归陆海军省管辖，并请天皇亲自参拜，彰显重视。

扩张，扩张，扩张

1872 年 2 月，山县有朋在《军备意见书》中写道：“兵部现今之目标在内，将来之目标在外。”[②]明治维新时期的军事改革，相应经历了两个阶段。

第一个阶段，模仿西方军事体制，奠基日军。1877 年，新建日军面对造反武士，双方连续打了 7 个月仗（2—9 月），新军将军旗插到了对方的大本营，

---

① 报考陆军大学的资格至少有三条：第一，日本陆军士官学校毕业；第二，在部队两年以上经历；第三，未满 30 岁的中、大尉军官。

② 张文木：《日本问题与亚太和平——日本地缘政治战略：底线和极限》，http://www.wyzxwk.com/Article/guoji/2015/10/352322.html。

战胜了拥有百年历史的武士，证明了改革是成功的。

新军打败武士，有倚仗人多的因素，但改革成果也是显而易见的。例如，在具有转折性的田原坂（位于今熊本县）之战中，新军之所以取胜，主要优势有两个：第一，新军手中的步枪不怕雨淋，而对手的步枪则“见雨死”，在战役关键时刻恰恰是大雨帮了忙。第二，大炮给力，新军有大炮1400门，对手不超过200门，7∶1，占据了“绝对优势”。山县有朋对新军的表现表示满意：“既战则士兵不必优于民兵，教练有序、军纪严明则民丁反优于壮兵。”①

第二个阶段的改革开始体现日本特色，瞄准对外战争。征伐朝鲜、甲午战争、日俄战争，日军面对东亚三个邻居，取得三连胜战绩，证明其第二阶段的军事改革也非常成功。日本打败俄国，造成了世界性影响，这一事件被斯塔夫里阿诺斯写入了《全球通史》：“历史上第一次有一个亚洲国家战胜了一个欧洲国家，而且是一个大帝国。这对整个亚洲均产生了鼓舞人心的影响。”②随后，中国留学生大量进入日本学习“取经”，与这场战争有很大关系。

新军打败国内武士后，山县有朋开始将重心放在对外扩张上。1888年，也就是在大清帝国北洋水师成军之年，山县有朋上了一份奏折，对中日关系进行预判：“‘支那’若是改革兵制，至其军备整顿之日，难保对我不展示大国之威。”那么，日本怎么办？山县有朋建言道：“如要扩张我国国权，保护我国国利，使我国国威光耀海外，受万邦尊重，除了兵力之外，有何可恃？”③

甲午战争中，山县有朋表现得特别兴奋和积极。他在大本营待不住，一定要到前线冲锋陷阵，并亲任第一军司令。为了“过足瘾”，山县有朋经常不听命令，擅自行动，并对部下说“兵在于势，需独断专行”。在武力上，山县有

---

①［日］大隈重信等著：《日本开国五十年史》第三册《陆军史》，商务印书馆，1929年，第15页。

②［美］斯塔夫里阿诺斯：《全球通史》（下），董书慧等译，北京大学出版社，2005年，第589页。

③［日］大山梓编：《山县有朋意见书》，原书房，1966年，第179页、第185页。

朋不愿收手，主张“尽全力攻陷敌之首都，使彼为城下之盟”[①]。山县有朋的行为遭到了老同学、贵为首相的伊藤博文的反对。伊藤博文从大局和政治上考虑，命令军队停止行动，还将山县有朋调回。山县有朋没打败仗，把他从前线调回需要理由。日本用了一个最常见的借口——以天皇的名义，要山县有朋司令回国治病。

山县有朋充满了不舍和遗憾，回国前写下这样一首诗：“马革裹尸无所期，出师未半岂空回？无奈天子召何急，临别阵前泪满衣。”在回国的船上，山县有朋仍不忘给天皇建言献策，表示要当天皇的左右幕僚，以达到“屠敌国之首都，迅速结束战乱”[②]的目的。

褒贬不一

1922 年 2 月，84 岁的山县有朋去世，享受了国葬待遇。另一位主管过财政的重臣大隈重信比山县有朋先去世（同年 1 月去世），却未能享受国葬待遇。

国葬要花公款，得议会讨论通过。会议上，有议员提出反对意见，理由是山县有朋破坏宪政，为他举行国葬乃是“强奸民意”。“反对意见”的原始记录是这样的：“有国民认为，山县有朋是阻碍了宪法政治的进步、发展的政治罪恶的首脑，是宪法的窃贼。倘若进行国葬，则等同于强求这些国民对山县公开进行礼拜”，实在要举行葬礼，“应由以政府为中心的官僚、军阀实施，与全体国民几乎毫无关系”。[③]

“反对意见”有理，但反对无效，国葬提议还是通过了，死后的山县有朋花掉了 8 万日元纳税人的钱。不过，民众们“用脚投了票”。在山县有朋的葬礼上，不仅文武高官去得少，老百姓也很少。与此形成鲜明对照的是，未安排国葬的前大藏大臣（相当于财政部长）大隈重信举行葬礼时，有 70 万人自发

---

①［日］大山梓编：《山县有朋意见书》，原书房，1966 年，第 226–227 页。

②［日］大山梓编：《山县有朋意见书》，原书房，1966 年，第 227 页。

③［日］藤村道生：《山县有朋》（新装版），吉川弘文馆，1986 年，第 265–266 页。

参加。因此，有报纸讽刺说，山县有朋的国葬“是在多数国民不参与的情况下举行的。虽名曰国葬，实乃官葬、军葬……”[①]。

天皇派人送来挽词，对山县有朋进行“盖棺论定”。其中，有这样几句话[②]：

“于陆军之建制，功不可没”；

“出则为将，入则为相”；

“国家股肱之臣”；

…………

①［日］藤村道生：《山县有朋》（新装版），吉川弘文馆，1986年，第266页。

②［日］冈义武：《山县有朋——明治日本的象征》，岩波书店，1966年，第193页。

把全世界打蒙的军二代

——古德里安军事改革

二战中，公认的德军最心狠手辣的将领是三个——隆美尔、曼施坦因、古德里安，并称“德国三大名将”。

在欧洲，德国打败十几个国家，歼灭 800 余万军队，自己只付出 60 万人的代价，而且这些战绩是在 180 天内取得的。什么概念？德军每天至少歼灭 4.3 万人，一个德国兵至少对付 13 个对手！如此规模和速度，比当初拿破仑横扫欧洲还猛。德军的“闪击战”（又名“闪电战”）留下了“四个惊”——“世界惊诧”“欧洲惊傻”“大国惊呆”“小国惊栗”，一时“战败，逃亡，投降”成了欧洲各国的“主旋律”。

“德国三大名将”中，对“闪击战”贡献最大的是古德里安。著名军事理论家利德尔·哈特认为：“没有他，也许希特勒在刚刚发动战争的时候，就可能早已失败了。”[①]

坦克是英国发明的，“闪击战”思想也是英国人率先提出来的，但被称为“现代坦克战之父”的不是英国人，而是德国人古德里安。古德里安的特殊成就在于，他不仅在思想上站在英国人的肩膀上更进一步，而且在实践中把“闪击战”运用得炉火纯青。

① [德] 古德林（今译古德里安）:《闪击英雄》，钮先钟译，战士出版社，1981 年，第 1 页。

误入“正”途

1888年，是中国晚清北洋水师成军的年份。这一年，德国一个陆军中尉军官家庭被一个小男孩呱呱坠地的哭声吸引，几十年后大半个世界将被他轰隆隆的坦克声惊醒。这个人，就是古德里安。

父亲没有实现的愿望，往往会寄托在儿子身上，不仅中国人如此，西方人也这样。古德里安的父亲只做到营长，没有实现人生理想，打算让儿子接力。于是，古德里安很早就进入预备军官学校，后来又在德国中央陆军军官学校学习——这是德国陆军系统最好的大学。毕业时，古德里安得到校方这样的评价：“知识水平和业务能力十分优秀……才华出众，积极进取，忠于职守。”[①]

作为军人，26岁的古德里安不可避免地卷入一战。战争期间，古德里安干过师机关参谋和基层部队营长，参加了著名的凡尔登战役和索姆河战役。1918年初，在参谋军官的考核中，古德里安成绩优异，随后进入德国陆军总参谋部，成为机关里最年轻的参谋。

一战结束，战败的德国被迫接受“屈辱条件”，只允许保留10万部队和1000名军官。古德里安不仅留下，还被选调运输兵总监部。古德里安并不想去——毕竟运输部队是搞服务保障的，不是战斗部队，没多大前途。虽然古德里安说自己在摩托化运输上完全是个“菜鸟”，但总监部总监柴希维兹认定他很有“钻研精神”，执意召其入帐，古德里安只好服从分配。不过，后来的事实证明，这是古德里安军旅人生中“歪打正着”的一步。

19岁的古德里安

①［德］施塔贝尔·泽德勒：《古德里安：横扫欧陆的闪击怪杰》，张晓光编译，京华出版社，2004年，第12页。

德国的一支摩托化步兵部队

写到这里，不得不说一下一战。

提到一战，很多人会联想到三个字——“绞肉机”，这是这场战争留给人们最深刻的印象。面对由堑壕、铁丝网、机枪、速射炮联手组成的铜墙铁壁，进攻显得苍白无力。不管是谁，只要胆敢向堑壕冲锋，除了像韭菜一样被割倒一茬又一茬，留下一具又一具尸体外，什么也捞不着。

如何突破堑壕，成为一战后所有军人苦苦思索的难题。

两个强人想出了对策，并不是古德里安，也不是其他德国人，而是英国人。

一个是富勒。他认为，“坦克”是实施突破的利器，并主张以装甲部队为核心，建立机械化部队，然后实施集中而突然的进攻。另一个是利德尔·哈特，提出了著名的“力矩原则”。他认为，进攻的成效与进攻的速度、深度成正比。也就是说，进攻一方推进速度越快，打得越远，攻击效果就越好。

可惜，富勒和利德尔·哈特的新思想在英国并未引起重视，反倒是被德国拿去发挥得淋漓尽致。在这一点上，他们和中国魏源的命运还真是有点儿像。

站在富勒和利德尔·哈特肩膀上的德国人，正是古德里安。到运输兵总监部履新后，古德里安比较清闲，注意到富勒和利德尔·哈特的军事理论，对坦克产生了浓厚兴趣。首先，他觉得要保证运输车辆的安全，得披上装甲。接着，他又“异想天开”，认为装甲兵完全可以摆脱运输兵的角色，脱胎换骨为战斗兵，担任未来战场的主角。

对于古德里安的想法，运输总监部的总监们缺乏自信，认为运输兵就是运输兵，怎么可能当上战争的主角，说古德里安的建议“简直是一个乌托邦的幻梦”[①]。尽管遭到上级否决，古德里安仍然坚信自己是对的，甚至有“众人皆醉我独醒”的超级自信。古德里安在回忆录中写道：“在一个盲人的国家中，一只眼睛的人也就有资格做皇帝。因为还没有别人研究这些问题，所以不久我就居然有专家之称了。”[②]

在军事创新领域，只有那些卓尔不群的人眼睛是雪亮的。问题是，如果这个人不是元首，不是总理，也不是统帅，他的创新就可能湮没无闻；如果这个人又不善于“推销”自己的创新思想，那就更没戏了。古德里安恰恰就是这么一个人，正如利德尔·哈特所说：“古德里安生性坦率、心直口快，不会在上司面前闪烁其词、曲意逢迎。”[③]

显然，古德里安需要遇到一个“懂”自己的人，他很走运，遇到了战争狂人——希特勒。利德尔·哈特说：“只要上司重才识货，古德里安并非像人们所描绘的那样是一个‘桀骜不驯’的下级。”[④]

坦克与步兵“分家”有多难

以堑壕战为主要作战样式的一战打完后，各国都得出同一个结论：进攻一方付出惨重代价，而防御一方则纹丝不动。以索姆河战役为例，英军对德军阵地进行炮火覆盖后，14 个师冲了上来。结果怎样呢？一名德国观察家十分形象地描述道：“恰如波浪撞上悬崖，被一次次地反弹回来。”[⑤]

一战中，一些新式兵器登台亮相，其中最让人眼前一亮的就是坦克。1918 年 8 月的艾敏斯会战中，英国一次就投入 558 辆坦克。在德军眼里，坦克简直

---

① [德] 古德林（今译古德里安）:《闪击英雄》，钮先钟译，战士出版社，1981 年，第 18 页。

② [德] 古德林（今译古德里安）:《闪击英雄》，钮先钟译，战士出版社，1981 年，第 13 页。

③ [英] 李德·哈特（今译利德尔·哈特）:《山的那一边：被俘德国将领谈二战》，张和声译，上海人民出版社，第 34 页。

④ [英] 李德·哈特（今译利德尔·哈特）:《山的那一边：被俘德国将领谈二战》，张和声译，上海人民出版社，第 36 页。

⑤ [英] 杰弗里·帕克等:《剑桥插图战争史》，傅景川等译，山东画报出版社，2004 年，第 280 页。

是怪物，子弹打在上面就跟挠痒痒似的。德军以纪律严明著称，但在坦克震慑之下居然有人溃逃，以致多处防线被突破。可惜，英军分散使用坦克，未能巩固突破口和扩张战果，被德军预备队夺回，双方重新回到堑壕战状态。

有种说法是，上一次战争的胜利者往往比较保守，而失败者却敢于创新。那么，一战后各国的反应是否如此？

法国的结论是，固若金汤的防御是未来战争的主要样式，搞出了“马其诺防线”（以当时陆军部长名字命名），认为谁要是胆敢来犯就是自杀。法国还生产了当时世界上最先进的“夏尔”B1重型坦克，即使德军炮弹砸在上面也造成不了致命伤害。遗憾的是，法国并未批量生产这种重型坦克。法军总司令甘末林说：“坦克的唯一任务是为步兵的直接和眼前利益行动。”[①] 换句话说，坦克是为步兵“打酱油”的角色，没必要搞那么多。

与法国相比，英国也好不到哪儿去。按理，英国人写出的答案应该比法国人得分高，但结果是NO。发明坦克的是英国，提出组建坦克集群的也是英国，世界上最先成立实验性机械化部队的也是英国（1927年），但英国人没有沿着这条路继续走下去。为什么？因为英国是个岛国，不太重视陆军。当时英国和法国一样保守，认为坦克只是步兵的配角。

一战中，坦克点燃了耀目的火花，但很快又熄灭了。绝大多数将军看到的是，坦克未能歼灭堑壕中的步兵，故认为坦克新则新矣，却不能推翻堑壕和步兵决胜的原则。德国不同，军官们一致认为，战争的永恒法则没有变，仍然是两个字——“进攻”。但如何进攻才能突破堑壕？当时的绝大多数德国军官也无计可施。

1931年是中国的不幸之年，发生了“九一八事变”。但这一年是古德里安的幸运之年，他升官了，被任命为摩托运输总监部参谋长。过去，古德里安是一个参谋，只能在杂志上发表文章，鼓吹装甲集群和“闪击战”。现在，古德

① 安田：《闪击战及其历史教训的几点新探索——纪念世界反法西斯战争胜利三十五周年》，《南充师院学报（哲学社会科学版）》1980年第4期，第90页。

里安有权力了，可以在一定程度上付诸实践了，于是准备组建装甲部队。

德国人的脑子虽然比法国人和英国人要“进步”，但大多数德国军官也只是“进步”那么一点点而已，脑子里仍然被传统观念填充，认为步兵才是“战争中的皇后”，装甲兵不过是新型勤务兵种。古德里安的上司甚至讽刺这位“异想天开”的部下说：“见鬼，什么战斗部队！他们只配装运面粉。”①

坦克出现后，身份低微，只是作为步兵的配属编在步兵师里。按照古德里安的设想，坦克和步兵要“分家”，坦克不仅要自立门户，单独组建装甲部队，而且还应该在作战中当主角，其他兵种负责配合。这意味着什么？差不多就是“丫鬟造反当女主人”“农民翻身做地主”，步兵等只能当坦克的“伴郎”。说白了，就是要对陆军编制进行彻底改革，这必然损害其他兵种的利益。结果，古德里安的建议遭到国防部长弗里奇和总参谋长贝克一致反对。

古德里安富有想象力的建议看上去夭折了，但两年后居然“死灰复燃”。因为，古德里安受到一个重要人物的赏识，这个人就是希特勒。希特勒是反人类的战争狂人，但军事上有一定预见性。在希特勒《我的奋斗》中，希特勒表现出对“闪击战”的认识：在下一次战争中，摩托化将以一种压倒性和决定性的姿态出现。当然，希特勒只会想不会做，他需要一个人帮助他实现这种设想，恰好遇到了古德里安。

1933 年初，希特勒就任总理不久，参观了一次新兵器会演，其中一个“节日”的表演者正是古德里安。古德里安用 1 个坦克排、1 个摩托车排和 1 个反坦克排，做了十分出彩的战术表演。这次战术表演，改变了古德里安的命运，也改变了德国的走向。会演后，希特勒十分兴奋，一再说：“这就是我所需要的东西！这就是我所需要的东西！”②

希特勒妄图以“转动地球仪的速度”③将欧洲甚至整个世界收入囊中，古德

---

①［德］古德林（即古德里安）：《闪击英雄》，钮先钟译，战士出版社，1981 年，第 14 页。

②［德］古德林（今译古德里安）：《闪击英雄》，钮先钟译，战士出版社，1981 年，第 25 页。

③ 京雨：《因坦克而“暴得大名”——古德里安》，《国外坦克》2005 年第 12 期，第 53 页。

里安让他看到了希望。1934 年，希特勒新建装甲兵司令部，古德里安摇身一变成为该部参谋长。次年，德军组建了 3 个装甲师，古德里安出任其中一个师的师长。注意，古德里安是当时最年轻的上校师长，其他两位师长都位阶中将。其间，一名外国坦克专家参观了古德里安的部队，认为独立使用坦克部队太危险。古德里安回答说："这种观点太陈旧了，已经过时了。"①

1937 年秋，德国装甲部队建设初见成效。希特勒十分得意，进行了公开表演，并邀请外国军事同行观摩，而古德里安担任这次表演的裁判。表演结束后，英国元帅第弗内尔向古德里安请教摩托化的意见。英国人这样做只是出于习惯性的礼貌，因为第弗内尔听了古德里安"把许多的战车集中在一起使用"的建议后，"不太相信这是可能的"。②

1938 年 2 月，古德里安以火箭般的速度从上校跃升为中将，并升任第 16 装甲军军长。搞笑的是，希特勒没提前通知，古德里安居然是从报纸上看到自己的任命令。这是因为，希特勒要古德里安去做个冒险的"试验"。

胜利震惊希特勒

1938 年 3 月 12 日上午，古德里安接到命令——占领奥地利首都维也纳。对此，古德里安毫无思想准备，也没有行动准备，但他居然在第二天凌晨 1 时就率第 2 装甲师开拔，并在暴风雪中奔袭 420 英里后顺利抵达维也纳。两天之内，德军不费一枪一弹就吞并了维也纳。

这只是古德里安"闪击"表演的热身。

1939 年 9 月 1 日，出任第 19 装甲军军长的古德里安牛刀再试，率军突袭波兰，以每天 60 公里的速度狂飙突进，半个月就得手。古德里安向希特勒报告战况时说："波兰人的勇敢和坚强是不可低估的，甚至是令人吃惊的。但在这

---

①［英］李德·哈特（今译利德尔·哈特）:《山的那一边：被俘德国将领谈二战》，张和声译，上海人民出版社，第 34 页。

②［德］古德林（今译古德里安）:《闪击英雄》，钮先钟译，战士出版社，1981 年，第 47 页。

次战役中我们的损失之所以会这么小，完全是因为我们的坦克发挥了高度威力的缘故。”[①]10 月 27 日，51 岁的古德里安得到希特勒亲自授予的武士级铁十字勋章。

古德里安在指挥车上

下一个被古德里安的坦克碾轧在脚下的是法国。古德里安率先头部队 3 个装甲师正飙得起劲儿，突然接到兵团司令克莱斯特要他暂停待命的命令。古德里安经过力争，赢得 24 小时“行动自由”，但又怕上司反悔，干脆关闭了无线电通话，改专用电话线指挥各师作战。为此，古德里安不止一次委屈地抱怨：有时候，我跟我的上级打架比跟法国人打仗还艰难！古德里安率装甲部队 10 天内长驱 400 多公里，俘虏法军 25 万人，创下罕见奇迹。对俘虏，古德里安让法军的散兵游勇趁他没后悔赶紧放下武器逃跑，并告诉这些心胆俱裂的法国人：“我们没有时间俘虏你们！”[②]对部下，古德里安则下达了这样的命令：“直到最后一滴汽油都用完了才停止。”[③]

德军闪击法国得手，不仅让法军回不过神来，连希特勒也感到不可思议。为此，希特勒专门打电话向古德里安求证，问是不是把地址搞错了。古德里

① 侯鲁梁编译:《二战 16 大战役战事秘档全公开》(上)，京华出版社，2005 年，第 52 页。

②［德］施塔贝尔·泽德勒:《古德里安：横扫欧陆的闪击怪杰》，张晓光编译，京华出版社，2004 年，第 12 页。

③［德］古德林（今译古德里安）:《闪击英雄》，钮先钟译，战士出版社，1981 年，第 122 页。

安得意地回答说："一点都没有错，我本人现在就在瑞士边境上的潘塔里城里面。"① 这一天恰好是古德里安的生日。

从纸面上看，法国坦克不比德国差，特别是火力和防护力还更强。可当德军来袭，拥有 300 万陆军的法军稀里哗啦败了，然后投降了。这还是出过拿破仑的法国吗？法国顶着"欧洲大陆第一军事强国"的帽子，竟然这么快这么容易就被德国打败，全世界的人都瞪大了眼睛。法国人的坦克都干什么去了？分散配置在步兵师，这儿几辆，那儿几辆，零星投入作战，成了德军的活靶子，最后被对方坦克集群的"狼群战术"吞掉。

德军的胜利来得太快太轻松，连希特勒都感觉有些不踏实，认为有侥幸的成分。在这种情况下，希特勒犯下一次愚蠢的错误——1940 年 5 月 22 日，他命令古德里安停止进攻，导致敦刻尔克的 30 多万盟军（其中英军 22 万人，法军 8 万余人，其余是比利时军队）撤到英国。希特勒为什么下达这个命令？这成为后世争论不休的问题。《剑桥插图战争史》的答案是，希特勒得到了高级将领们的保证——"步兵和空军完全能够粉碎北线盟军防御的任务"②。原来，空军司令戈林嫉妒古德里安，想把最后一口肉吃到自己嘴里，所以通过希特勒抢古德里安的功劳。然而，德国空军没能将敦刻尔克海滩的几十万盟军炸成肉酱，只俘虏到 4 万余法军，绝大部分盟军撤到了英国，这虽然无法挽救法国，却足够让英国战斗下去。古德里安不无遗憾地说："不幸得很，这个大好机会却给希特勒个人的神经质弄糟。"③

德军中，古德里安的部队很特别，每一辆坦克、汽车甚至摩托车上都涂着一个大大的"G"——他名字的首字母。显然，他十分自得和自恋。战事结束后，古德里安又升官了，成为陆军一级上将。即将离任时，古德里安对装甲军官兵发表告别演说，自信满满地宣称这次行动"将成为战史上，用机动部队实行突

---

①［德］古德林（今译古德里安）:《闪击英雄》，钮先钟译，战士出版社，1981 年，第 145 页。

②［英］杰弗里·帕克等:《剑桥插图战争史》，傅景川等译，山东画报出版社，2004 年，第 310 页。

③［德］古德林（今译古德里安）:《闪击英雄》，钮先钟译，战士出版社，1981 年，第 132 页。

破的一个英勇战例”[1]。

尽管有敦刻尔克的瑕疵，但那不是古德里安的错。清点战果时，古德里安想必得意扬扬：

征服波兰，27 天；

征服丹麦，1 天；

征服挪威，23 天；

征服荷兰，5 天；

征服比利时，18 天；

征服法国，39 天；

…………

法国之后，希特勒还想把英国征服。不过，由于德国海军不行，古德里安的坦克再厉害，开不过去也无用武之地。接着，希特勒又把矛头对准苏联。古德里安当然知道拿破仑当年在俄国折戟沉沙的历史，决定马不停蹄地杀向苏联首都拿下莫斯科。

古德里安出任第 2 装甲兵团司令，作为中央集团军“先锋”，5 天内奔袭 320 公里，与第 3 装甲兵团一起合围 30 万苏军。然后再接再厉，攻克斯摩棱斯克，打开了莫斯科的“大门”。此时，古德里安的名头更响，并获得一个绰号——“飞毛腿”。

苏联和其他欧洲国家没什么两样，一点儿不经打，古德里安觉得自己要重现欧洲的辉煌了。的确，战争初期，苏军被德军的闪击战冲得七零八落。举两个例子足以说明：第一，苏西方面军司令巴甫洛夫[2]居然不知道自己的副司令

① [德] 古德林（今译古德里安）:《闪击英雄》，钮先钟译，战士出版社，1981 年，第 151 页。

② 图哈切夫斯基元帅被处决后，巴甫洛夫为了自保与图哈切夫斯基“划清界限”，曾请求斯大林把 500 辆坦克一个集群的坦克部队解散，以坦克营的编制配置到步兵师。败于敌军后，被斯大林处决。

波尔金率领的一个集团军到哪儿去了；第二，苏军总参谋长朱可夫竟然无法通过自己人了解前线情况，而要依靠德国广播电台。

闪击战闪了腰

就在古德里安摩拳擦掌，打算一鼓作气摘下莫斯科这个最耀眼的明珠时，希特勒的一纸命令拽住了他的手——参加基辅会战，这就意味着他得放弃莫斯科，转身折向西南。古德里安十分不解，两次当面向希特勒进言，但无果。

基辅会战，德军再次大胜，仅俘虏的苏军就有 66.5 万。可惜，有时候战役战术上的胜利再辉煌，也无法弥补战略上的损失。希特勒这次“捡了绿豆，丢了西瓜”，因为德军在基辅狂欢的时候，苏军在莫斯科已经做好了充分的迎战准备。

等德军回头再扑向莫斯科时，他们的好运到头了。之前无往不利的闪击战，在莫斯科“闪了腰”。古德里安很清楚，莫斯科一时半会儿拿不下来，建议暂时后撤整军再战，甚至建议希特勒解散现在的统帅部，抽调前线有经验的人换班。对此，希特勒极为不快。第一，希特勒认为古德里安反复无常，这个人本是一直主张装甲部队不顾一切以最快的速度冲向莫斯科，现在为什么谨慎起来？第二，希特勒认为古德里安觉得自己不行，否则解散统帅部是什么意思？

毛泽东曾评价说：“希特勒这样的法西斯国家的政治生命和军事生命，从它出生的一天起，就是建立在进攻上面的，进攻一完结，它的生命也就完结了。”[①] 希特勒也明白这一点，所以拒绝了古德里安的建议，并在陆军元帅面前评价古德里安说：“此人不可信。”[②]1941 年 12 月 25 日，古德里安被解职，解职命令被形容为“无情的圣诞卡”。古德里安赋闲期间，“沙漠之狐”隆美尔刚好

---

① 毛泽东：《第二次世界大战的转折点》，1942 年 10 月 12 日，载《毛泽东选集》（第一卷），人民出版社，1991 年，第 256 页。

②［英］李德·哈特（今译利德尔·哈特）：《山的那一边：被俘德国将领谈二战》，张和声译，上海人民出版社，2011 年，第 38 页。

也因病休息，他曾向希特勒建言让古德里安代理自己的职务，但被否决。[①]

闪击战为什么不灵了？

希特勒选错了对手。除了苏联特殊的地理和天气因素是德军失败的主要原因外，还有以下三个因素：

第一，高层指挥不智。德军在前期能够神挡杀神、佛当杀佛，所向无敌，离不开灵活的指挥方式——“委托式指挥”。统帅部给前线的命令只有作战的目标和意图，至于具体怎么干，由一线指挥员做主。名将蒙哥马利有一句名言：“我喜欢上司只告诉我任务是什么，然后放手让我去干。”[②]“委托式指挥”就是这个意思。但到战争后期，希特勒和统帅部被胜利冲昏头脑，大概也有抢功的私心，对前线和下级的行动具体干预越来越多，造成不少失误，导致闪击战威力渐失。

第二，坦克数量不足。如果你是指挥官，面临如下选择：A. 让部分人手持精良武器，同时让部分人空着手；B. 让所有人都拿着较为粗糙的装备；会怎么选？在二战的参战国中，德国的选择与众不同——前者。“德国造”质量过硬，世界闻名，在事关生死的坦克制造上更是如此。德军攻到莫斯科，遇到苏军大名鼎鼎的 T－34 坦克，对手穿甲能力相当不错，使德军坦克吃了大亏。之后，德军研制新型坦克时特地增加了装甲厚度和质量，坚持“宁缺毋滥”的原则。德军的新型坦克在防护上相当出色，常常以更少的坦克抵挡数量上占优势的盟军坦克，但要害在于这是以牺牲战略主动权为代价的。坦克装甲增厚，必然影响速度，再加上产量少，德军只能将坦克集中在狭窄的正面，导致进攻难以扩大战果，防御又难以避免被包围。总之，难以实施大规模战略动作，只能被动挨打。

第三，对手顽强不屈。欧洲人的意志不怎么样，法国人最具代表性，几十天就被打败投降了。但是，这种事绝对不会发生在俄罗斯民族身上。当年，俄

① [德] 古德林（今译古德里安）：《闪击英雄》，钮先钟译，战士出版社，1981 年，第 328 页。

② [英] 罗纳德·卢因：《蒙哥马利》，熊秉慈、杨林庚等译，解放军出版社，1990 年，第 102 页。

国人为赶走拿破仑，居然放火烧毁自己的房子，大火映红了整个莫斯科。拿破仑无奈地感叹：“这是个什么民族啊！”现在，希特勒遇到同样的民族，同样无能为力。德国人的《国民观察报》写道：“苏联士兵视死如归的精神，胜过我们西方的敌人。忍苦耐劳与听天由命的精神，使苏联士兵坚守阵地，以至于与阵地共存亡，或与敌人死斗到底。”①

希特勒兵败莫斯科，这才想起赋闲在家的古德里安，遂请他重新出山。但此时德意志第三帝国大厦将倾，岂是一个古德里安能扶住的！古德里安又是出了名的“难弄的部下”，又与希特勒起了冲突，再遭解职。

1945 年 5 月 10 日，古德里安在慕尼黑家中被美军俘虏，3 年后释放，于 1954 年 68 岁时病逝。有句话对古德里安的评价十分到位：“醉心的是坦克，投身的是坦克，兴衰的是坦克，著述的是坦克，一个为坦克而生、因坦克而‘暴得大名’的人。”②

---

① 滕昕云：《“闪击战”与“包围歼灭战”：1941 年德苏战争初期德军克敌制胜战法之探讨》，《国际展望》2007 年第 14 期，第 57 页。

② 京雨：《因坦克而“暴得大名”——古德里安》，《国外坦克》2005 年第 12 期，第 55 页。

越富越战，越战越强

——罗斯福军事改革

拜二战所赐，美国取代英国成为新科世界霸主。

早在1872年，美国的经济实力就超过了英国。不过，此时离美国把英国赶下霸主的位子还要等上73年。大英帝国在经济实力上尽管被挤下No.1的位子，但军事实力仍长期保持世界第一。

二战中，希特勒把英国这个最后也是最重要的优势打翻在地，间接帮助美国提前登上了世界霸主地位。如果没有两次世界大战的破坏，英国维持世界霸主的日子会更久一些。

美国能够上位，要感谢外力——德国人两次帮忙，也离不开自己的努力——美军在二战中进行了一系列改革，远远走在了世界前列。

二战中，美军军事改革是“集体智慧的结晶”，用“罗斯福军事改革”命名似嫌勉强。不过，美国历届总统都是三军总司令，罗斯福又是总统中很少懂军事的，所以也说得过去。

兵力从18万到1212万

美国左拥大西洋，右有太平洋，坐享两条天然“护城河”，南北又是弱国。在这种地理环境的影响下，那时的美国人形成了“孤立主义”的情节和传统，满足于过自己滋润的小日子。德国和日本在外面掀起滔天巨浪，美国人不为所动。但罗斯福等有识之士觉得这样“不作为”下去很危险，可绝大多数人仍沉浸在安宁祥和之中，觉得外面打得再热闹都与自己无关。

二战期间美国征兵海报

德国入侵波兰后，美国做了个民意测验，主张立即参战的人只有10%。[①]显然，美国人想继续过自己的逍遥日子，邻居着火再大，只要没烧到自家，不用多管闲事。

二战爆发前，美国陆军不到20万人，与近1000万平方公里的国土相比，很不相称。美国常备军长期以来为什么仅维持在区区20万左右的水平？这得从美国的源头说起。美国人的先祖来自英国移民，他们对独裁者克伦威尔[②]的军队充满厌恶，认为数量过多的常备军既威胁民主自由，又浪费大量国库银子。

看到德国闪击波兰，美国多少有些触动，开始扩军。不过，美国扩军的步子走得扭扭捏捏，步幅小，步速慢。在宣布进入“有限”紧急状态后，美国开始扩充正规军和国民警卫队，分别增加1.7万和3.5万。这样，美国正规军达到22.7万人，国民警卫队达到23.5万人。这只是象征性地扩军了而已，完全不是参加世界大战的样子。国会出来解释说：“这是公众所准备接受而不致引起过分不安的全部数字。”[③]

法国沦陷后，美国有些紧张了，不能不警惕。于是，罗斯福准备扩军3倍，达到140万人。对罗斯福的建议，国会这次不再走“小碎步”了，表决同意。注意，这创造了美国历史上的一个“第一”——第一次在和平时期征兵。尽管美国没有遭遇外敌入侵，但21～35岁的男子仍要登记在册并接受一年军训，“有效期”10年。

---

① 黄安年编：《美国历史纲要》（上），据1954年英文版译，北京师范大学历史系，1986年，油印本，第286页。

② 克伦威尔，近代英国贵族，组建著名的“新模范军”，战胜王党军队，并处死英国国王查理一世，成为实际上的国家元首，实行独裁统治。

③［美］阿伦·米利特（Allan R. Millett）、彼得·马斯洛斯金（Peter Maslowski）：《美国军事史》，军事科学院译，军事科学出版社，1989年，第481页。

二战爆发两年（1941 年）后，美国人遭遇珍珠港事件，自己也挨了打，才彻底抛弃“孤立主义”尽全力扩军。登记年龄起点下调 3 年到 18 岁，上调 19 年到 64 岁，其中 22～44 岁的男子必须应征入伍。1941—1945 年，美军兵力呈直线上升趋势，依次是 180 万、286 万、904 万、1145 万、1212 万。[①]1212 万是什么概念？与一战比较就印象深刻了。一战中，美国动员军队 474 万，差不多只有二战的 1/3。[②]值得注意的是，二战服役的美军中仅女兵就有 33 万余人。[③]

美国参谋长联席会议师以英国

美军参谋长联席会议，赫赫有名。不过，它能到今天的地位够曲折，不容易。

军种之间闹矛盾是世界各国的普遍问题，美国也一样。早在西奥多·罗斯福总统时期，为解决陆、海军之间彼此扯皮，互不配合的问题，于 1903 年专门成立了“陆军和海军联合委员会”。不过，8 人组成的委员会只是“咨询性质”的机构，权力十分有限——可以提出建议，但没有执行力。后来，美军参加一战，“陆军和海军联合委员会”形同虚设，没发挥什么作用。

珍珠港事件后，美军卷入二战打“群架”，主要与英国“结伙”。为解决两家配合问题，罗斯福与丘吉尔商议，成立了“英美联合参谋会议”。英国当时虽然被德军打得憋屈，但毕竟是 100 多年的“日不落帝国”，军事上积累了许多优势。例如，英国人有参谋长团，不仅提出的作战计划和战法非常高明，而且有效解决了军种之间的分歧，效率极高。美国加入英美联合参谋会议后，向英国学习并成立了自己的“参谋长团”，为了和英军区别便把名字改了，叫作“参谋长联席会议”。

---

① [美] 阿伦·米利特（Allan R. Millett）、彼得·马斯洛斯金（Peter Maslowski）：《美国军事史》，军事科学院译，军事科学出版社，1989 年，第 414 页。

② 军事科学院战略部编：《战争与战略理论集萃》，军事科学出版社，1988 年，第 276–279 页。

③ [美] 杜普伊（R. Dupuy）等：《美国军事遗产》（英文版），纽约，1956 年，第 637 页。

美军参谋长联席会议首任主席、海军上将莱希

1942年7月，美军参谋长联席会议正式成立，主要负责三项任务：指挥美军作战，协调陆、海军之间的军事行动，为总统提供军事咨询。首任参联会主席叫莱希，是一名海军上将。当时莱希已退休，居然能重出江湖出任要职，这在美军不多见。莱希能够东山再起，主要是因为他和总统罗斯福私交非常好。一战期间，罗斯福还是海军部助理部长时，两人有过生死之交。另外，莱希和中国还有“渊源”——当年八国联军侵华，他就在美军队伍中。

有趣的是，美军参谋长联席会议并未取代已经30多岁的陆军和海军联合委员会，后者继续存在。那么，如何分工呢？参谋长联席会议“主外”，解决美国在英美联合参谋会议中与美国有关的大战略；陆军和海军联合委员会“主内”，解决美国各军种联合问题。级别上，双方平起平坐。

美军参谋长联席会议的架子是搭起来了，但很不成熟，在英美联合参谋会议上常常吃亏。1942年，英美联合参谋会议下属的计划部对“火炬”计划[①]进行讨论，英方提出一个统一而出色的计划，而美方竟提交了三份计划，分别来自美国陆军航空队、海军航空队以及一些陆军代表。最后，美国只好接受英国的计划。1943年，英美联合参谋会议在卡萨布兰卡开会讨论作战战略，美国方面仍然无改进。为此，一个参会的美国官员无奈地表示：“我来了，我听到，我被战胜。”[②]

美军一看，这样下去不行，改！很快，参谋长联席会议改革的几条措施出台了。

措施简单而“粗暴”：一是“加人”，二是“扩权”。

---

① “‘火炬’计划”，英美联军计划进攻北非，驱逐那里的德国和意大利军队，为从南部登陆西西里岛重返欧洲做准备。艾森豪威尔为联军总司令，半年多后的1943年5月实现既定目标。

② 马小宇：《美国参谋长联席会议创立与发展（1942—1947）》，硕士学位论文，东北师范大学，2009年，第20页。

参谋长联席会议成立之初，只有三个子机构（联合计划部、联合情报委员会、联合武器分配委员会）。现在，事多人少咋办？增设机构。经过几轮改革，子机构越来越多，到二战结束时已经让人有些“目不暇接”：联合参谋部、助理参谋长联席会议、联合军备运输局、战略服务局、联合后勤委员会、联合军需调查委员会……以增设的助理参谋长联席会议为例，专门负责与其他文职机构打交道，大大缩短了行政工作中的沟通协调时间。

机构多了，会不会叠床架屋，降低效率呢？改革设计者已经注意到这个问题。因此，美军既做“加法”，增设子机构，同时也做“减法”，精减不必要的机构和人员。例如，联合参谋部人员从 11 人压缩到 4 人。所谓“人多嘴杂”，以前 11 个人，每个代表要为自己的军兵种争取利益，很难达成一致。现在，只有 4 个人，就容易达成共识、取得一致了。

此外，工作机制也进行了改进。以前，各机构每周固定时间开会，表面上挺正规，实际上牺牲了效率，造成有的事情未及时处理。改革后，开会时间根据文件数量和拟解决问题的性质来定，针对性和实效性都增强了。

盟军总司令艾森豪威尔说过：“战争虽在陆、海、空三个方向进行，但这个三个方面不是彼此分离的。如果这三个方面不能有效地结合和采取协同行动以打击一个经过适当选择的共同目标，它们的最大潜力就不能得到发挥。”[①] 参谋长联席会议就是为解决这个问题量身定做的，在协调陆、海、空三军联合作战上，发挥了重要作用。

不过，参谋长联席会议毕竟是战时产生的临时性机构，二战结束后还有继续保留的必要吗？这成为美国激烈争论的议题。战时，参谋长联席会议曾为自己争取“名分”，想通过法律形式稳定下来，但罗斯福没有点头。[②]1947

---

① 世界军事思想宝库编委会编:《世界军事思想宝库》，济南出版社，1992 年，第 485 页。

② 罗斯福作出如下回复：“我仔细考虑了此问题，我认为参谋长联席会议现在无须行政指令来使其合法化，无须任何指令指挥约束作战行动，阻止作战的灵活性，所以我认为行政指令是多余的，如果后期形势发展需要，将予以考虑。”

年，参谋长联席会议终于通过《国家安全法》，成为永久性机构，“活”了下来。相反那个比参谋长联席会议早生几十年的陆军和海军联合委员会，则寿终正寝。

美军二战制胜密码

“工欲善其事，必先利其器。”如果战争双方武器装备水平相当，要比拼的主要便是人的因素：一是兵员素质，二是指挥艺术。有一天人们惊讶地发现，当有一个因素介入进来后，兵再多，艺再高，似乎也不好使了。

什么因素这么厉害?

科技。

二战的高科技武器，最令人瞩目的当然是原子弹。日军在败局已定的情况下继续抵抗，美军丢下两颗原子弹，天皇违背“军意”立刻投降。美国人预估过，如果不是这两颗原子弹，美军至少还要投入 100 万才能“占领”日本本土。

原子弹是特殊的高科技武器，美国人一枝独秀。在常规的高科技武器方面，美军也不遑多让。

二战中美军给人的印象，武器装备既好又多。但如果去查看一下战前美军的装备情况，估计会大跌眼镜——简直太差了。道理很简单，美国人向来精打细算，平时不会养一支“白吃食”的常备军。

战前，美国空军现役飞机 1000 多架。多还是少？来看看日本和德国，对比一下就清楚了。日本年产飞机 2400 架，德国更是达到 8295 架，分别是美国的 2 倍和 8 倍多！[①]

空军如此，海军又怎样呢?

美国海军有 300 多艘舰艇，仅为德军的 1/3（德军 1000 多艘）。面上，美

---

①［美］阿伦·米利特、彼得·马斯洛斯金:《美国军事史》，军事科学院译，军事科学出版社，1989 年，第 462 页。

国海军比不上德军；点上，比不过日军。以主力航母（非护航航母[①]）为例，美军8艘，日本10艘。

二战时美军的航母

好在美国的潜力和后劲巨大，一旦战争机器开动起来，日本和德国很快就被甩得老远。

飞机少，那就造。一年之内，美国造出了5万架，是德国的6倍、日本的20多倍，更是美国自己现役飞机的50倍！到1944年，美军飞机年产量更是近10万架。美军飞机在量上实现了“大跃进”，在质上也突飞猛进。特别是改进雷达后[②]，飞机突破了白天行动的瓶颈，晚上也可以出动，从而实现全天候轰炸，并用金属箔条干扰对方雷达。此外，美军还通过数据统计和分析，提高轰炸精确度，增强轰炸效果。1943年，美军轰炸准确度仅为15%，1945年提升至60%，两年提高4倍。[③]

与对手比较，美军优势立显。日本“零式”战机很有名，也很先进，但二战期间几乎没有进行升级改进，到1943年大大落后于美军。“零式”战机过于强调飞机性能，不太重视对飞行员的保护，机身居然采用了不少木质材料，只是在外面蒙上一层皮。结果，“零式”战机被击中后，即使油箱没被打中，也容易起火造成机毁人亡。战后，日本承认：“空战的失败使我们打输了这场战争。”[④]美国空军迅速变强，“受害者”除了日本，还有德国。德国元帅凯塞林和龙德施泰特都认为，打败德国的是盟军对德国后方的战略轰炸，有系统地摧毁

---

① 主力航母和护航航母最重要的区别在于舰载机数量：主力航母上可以有100多架，护航航母上一般只有20～30架。

② 发明雷达的是英国人。

③［美］杜普伊（R. Dupuy）等：《美国军事遗产》（英文版），纽约，1956年，第642页。

④［美］瓦格纳：《美国战斗飞机史》，三机部628所，1975年，第208页。

了德国的工业。[①] 美军对德国的轰炸，既摧毁了其工业，还取得了良好的心理效果。1944 年初，77% 的德国人就认为战争要输了，到次年 5 月，大多数德国人则完全丧失了信心。[②]

美国海军看到空军大出风头，不甘人后，也加速改革。以前，造一艘“自由型”轮船要 242 天；改革后，41 天就完成了。英国海军长期是世界 No.1，经过二战一折腾，海上霸主不得不交棒给美国人。到 1945 年，美国仅航空母舰就有 27 艘，远远地把英国甩开。此外，美国海军还发明了潜水用温深仪和各种先进的声呐、无线电高频测向仪、深水炸弹、音响鱼雷等，作战效率大为提高。

至于美国陆军的先进装备，不管书里还是网上，讨论就更多了。由于坦克是陆战之王，因此美国陆军最出彩的改革成果大概要数 76 毫米穿甲弹，它可以击穿任何一种德军坦克的装甲。

作战人员比保障人员还少

速战速决靠指挥艺术，持久作战靠后勤保障。莫斯科城下，要是德军后勤保障到位，苏联恐怕就沦陷了；北非战场，如果隆美尔汽油管够，谁能打败他？

二战中，德军靠爆发力，美军靠耐力。不过，在二战初期，美国后勤系统一团乱麻：一是多头管理。负责后勤的至少有两个“头儿”——总参谋部军需部和陆军总司令部；二是缺乏应付世界大战的经验，物资分配上一塌糊涂。总参谋部军需部是个大部，有 200 多人，但完全陷入具体工作，没有制订总体而周密的计划，导致工作千头万绪，杂乱无章。

这样的组织和状态，如何参加世界大战？为此，美军把陆军总司令部砍掉，解决了“政出多门”的问题。陆军后勤统一由一个叫萨摩维尔的中将司令负责，

---

① ［美］戴维·佐克等：《简明战争史》，军事科学院外军部译，商务印书馆，1982 年，第 367 页。

② ［美］阿瑟·林克等：《1900 年以来的美国史》（中），刘绪贻等译，中国社会科学出版社，1984 年，第 225 页。

他受双重领导：采购方面请示陆军部长，需求和分配上请示总参谋长。

二战不是一次战役，而是一场旷日持久的战争，这就决定了后勤支援能力的重要性。其中，诺曼底登陆的后勤保障最具代表性。为准备这次史上规模最大的登陆战，后勤保障准备工作提前 2 年便已启动。这次保障非常不易，也非常成功，被称为“战争史上最惊人的后勤计划之一”[①]。

到 1945 年，在美国陆军 830 万人中，作战部队 400 多万，后勤部队也是 400 多万，[②] 占据半壁江山。可见，美军对后勤保障投入之大。德国与苏联是二战中的军事强国，但他们的后勤保障基本停留在铁路水平。美国除了地勤，更有“天勤”——C47 运输机“蜂群”，而且美国大兵还享受着每天 2 美元（相当于现在 30 元人民币）的伙食。

美军后勤保障之好，还有不少令人印象深刻的细节。

后勤保障，最主要的是“吃”。这方面，罐装斯帕姆午餐肉大名鼎鼎，是美军后勤部门经典的代表作品之一。这种罐头食品营养价值低，几乎没有维生素和矿物质，吃久了、吃多了还会导致胆固醇增高和发胖。所以，美军抱怨：“这鬼东西准是走后门混进口粮里来的。”但不可否认的是，这种罐头肉拥有最重要的优点——维持体力，成功做到了“一俊遮百丑”，故而十分流行，肉香味从英国伦敦一直飘到了日本东京。美军觉得罐装斯帕姆午餐肉是垃圾食品，但对盟国（不管英国还是苏联）来说，简直是人间美味，能得到已经感激涕零。据说，这种罐头肉受欢迎的程度，不亚于美国运去的坦克和吉普车。[③] 与午餐肉齐名的，还有香烟、口香糖和可口可乐。在二战影视剧中，经常可以看到美国大兵给当地人分发口香糖的镜头。一向高贵的西欧人被战争摧残成“破落户”，看到美军这些东西，简直两眼放光。

---

① 陈海宏：《美国军事史纲》，长征出版社，1991 年，第 312 页。

②［日］乡田充：《空中力量发展史及战术的演变》，张健等译，中国人民解放军学院研究部，1983 年，第 36 页。

③ 吉普车曾被艾森豪威尔赞誉为“赢得战争的三大武器”之首。

盟军士兵脚下，就是大名鼎鼎的斯帕姆午餐肉盒子

除了吃的，还有用的。塞班岛战役是美军打得最艰苦的一仗，但在激战的恶劣环境下，美国大兵居然照常收到国内寄来的包裹。运送这些包裹的成本，远远超出包裹的价值，但美国人根本不在乎。除了显示政府对普通士兵的关爱，也离不开强大的后勤保障能力——换了其他国家，想打“飞的”送包裹也办不到。

强大的后勤保障能力，不仅令美军十分提气，还让对手非常泄气。阿登战役[①]期间，一名德国士兵把缴获的美军蛋糕拿给军官看。蛋糕不仅新鲜，而且是来自美国本土的家乡味。怎么送来的？飞机空投。战时，飞机不用来打仗，竟用来运蛋糕这种“奢侈品”，也许全世界也只有美军才这么财大气粗。德国军官看了蛋糕，又看了一眼旁边堆积如山的美军汽油桶，说：“我们要输了这场战争！”

这么强大的后勤保障能力，德国、日本只有望洋兴叹的份儿。

不差钱

美军建军以来形成了这样一种观念：未来战争短促，只需保持一支数量有限、训练有素、“可扩大”的军队，就可以应付突发战争了。但第一次世界大战表明，现代战争已非单纯军队之间的较量，而是综合国力的比拼。

早在1872年，美国经济总量就领跑全球。美国经济上的优势，在长期的“世界大战”中充分体现出来。1941—1945年，美国的国民生产总值从910亿美元

① “阿登战役”，二战末期在欧洲西部战场比利时的阿登地区爆发的一场战役，又称突出部之战。此役，德军逆势反攻，先胜后败。不过，这也是美军在二战中阵亡人数最多的战役（1.9万人）。

增加到 1660 亿美元。[①]1940 年 7 月到 1945 年 8 月，美国的预算开支共为 3367 亿美元，其中直接或间接用于国防开支 3044 亿美元，占 90% 以上。[②]

“世界大战”对美元的需求极为“旺盛”。美国在“开源”增加总收入的同时也搞“截流”，从老百姓口袋里掏钱，甚至不择手段。

第一个办法，征税。1941 年，国会专门通过“加税法案”。据此，个人所得税起征点调低，意味着更多人得交税。同时，提高税率，这意味着美国人要比以前交更多的税。政府仍不满足，还向富裕企业征收超额利润[③]，“敛财”不少。这样一套“组合拳”下来，共征得税款 1396 亿美元。这是什么概念？相当于国防总开支的 45%！

第二个办法，以政府的名义向全国人民“借钱”——增发公债。1941—1945 年，美国发行的公债从 490 亿美元增至 2600 亿美元，增加了 5 倍以上。与收到的个人所得税 1396 亿美元相比，多了 2 倍！

第三个点子有些“流氓”，颇有利用公权变相抢劫老百姓的意思——增发货币。1938 年，美国的货币流通量只有 65 亿美元，1945 年增至 267 亿美元，增加了 3.1 倍。[④]换句话说，美国人的财富在 7 年里缩水 1/3。

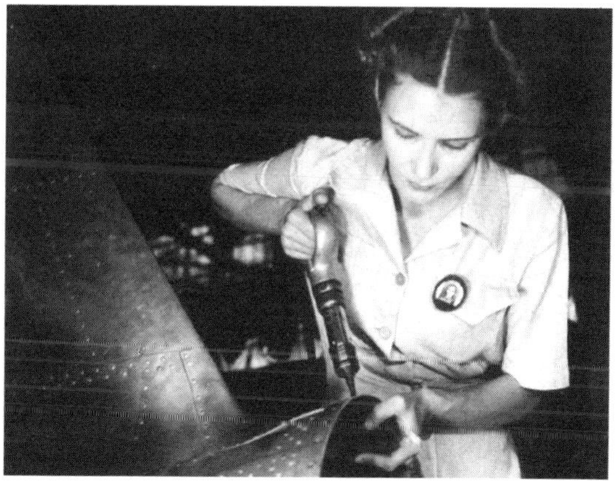

女人也加入战时生产大军中来

综合施策之下，美国国力直冲云霄，特别是和日本的实

① 刘宝坤:《二战期间美国的军事改革》，硕士学位论文，山东师范大学，2010 年，第 8 页。

② 同上。

③ “超额利润”，经济学概念。要理解这个概念，先要理解另一个概念——平均利润，即一个行业内或者地区内部大致上有个平均利润率，且相对稳定。如果投资这个行业或地区的产业，大致上就能获得这个比例的利润。但有一些企业特别出色，利润率要高过平均利润率，而高出来的这一部分就叫作超额利润。

④ 刘宝坤:《二战期间美国的军事改革》，硕士学位论文，山东师范大学，2010 年，第 8 页。

力一对比更加醒目：

国民收入，美国是日本的 7 倍；

钢产量，美国是日本的 5 倍；

煤炭产量，美国是日本的 7 倍；

汽车产量，美国是日本的 80 倍；

…………

单从军事指挥艺术和战法上看，美军不如德军。德军的闪击战打得太漂亮了，尽管进攻苏联被胜利冲昏头脑最终失败，但那是在战略上失败，在战役层面还是非常成功。为什么是德军而不是美军发明了闪击战？这与地理因素有莫大关系。德国地盘不大，经济潜力有限，而且处在欧洲中央，四面临敌。德国人为环境所逼，非常注重机动能力，追求速战速决。换句话说，德国人玩不起消耗战。

北非战场上，隆美尔与蒙哥马利的较量堪称经典。鲜为人知的是，美军也在这里和德军比试了一番，对阵双方是美军指挥官弗雷德纳尔和隆美尔，时间是 1943 年 2 月，具体地点在卡塞林，结果美军大败。不得不说，美国人玩战法真不是德国人的对手，但在经济上则“碾轧”德国。二战中，美军实施的诸多改革都建立在一个基础上——不差钱。美军与其说是靠军事改革赢得战争，不如说是靠巨大的经济实力压垮对手。当年，美国有一个响当当的荣誉称号——“民主国家的兵工厂”[①]。

有人挖苦美军，说他们在二战中只有战略思想和战术，没有战役理论，这话不无道理。不过，也许巴顿是个例外。巴顿在指挥阿登反攻时，表现出无与伦比的战役指挥艺术，但他同样非常依赖火力。陆军参谋长马歇尔承认：“我

① 何顺果:《美国史通论》，学林出版社，2001 年，第 256 页。

们使用密集的重炮火力远比德国人的办法有效，并且显然大大地超过了日本人……我们使用这些武器的方法，一直是我们在全世界进行地面战役的决定因素之一。”① 强大的火力需要强大的装备，强大的装备需要强大的经济，美军的胜利离不开雄厚的经济实力。

有句话说得好，没有最好的战术，只有最实用的战术。美军的战术尽管缺乏美感和艺术感，但根据自己的优势量身定做，无可指摘。难道要美国人放弃强大的经济基础和工业能力的独特优势与对手玩战法？那是傻子才干的事。换一种更简单的说法，如果你手里有枪，难道非要找把刀和敌人对砍比试武艺？所以，美军在加强强大后勤保障的同时，毫不留情地摧毁德军的石油储备和日本小作坊生产的军工厂零件商，限制其机动能力，使其机械化部队无用武之地。

美军不差钱，还有一个很典型的例子——训练时，子弹随便打，教官只规定打出子弹的下限，不规定上限。反观日本，就太小气了。《东史郎日记》中可以看到这样的话：“子弹像金币般值钱。”② 所以，日本人很少用冲锋枪，觉得太浪费子弹。美国人才不管，冲锋枪普遍装备，在近战中乃是大杀器。

1943 年德黑兰会议上，斯大林举杯感谢罗斯福在苏联卫国战争期间给予的战略物资援助：“为美国的生产干杯，没有美国的生产，这场战争就会失败。”③ 马歇尔在回忆录中也自豪地写道：“我国与其他国家相比，工业生产能力首屈一指，这也是我国能在这次大战中获胜的主要筹码之一。”④

---

①［美］拉·韦格利：《美国陆军史》，丁志源等译，解放军出版社，1989 年，第 459 页。

②［日］东史郎：《东史郎日记》，张国仁等译，江苏教育出版社，1999 年，第 86 页。

③［美］威廉·曼彻斯特：《光荣与梦想》，朱协译，海南出版社，2006 年。其实，斯大林感谢错了，要是他知道美国人的真实想法，一定会暴跳如雷。美国在二战中的策略其实是：“如果当我们看到德国要胜利时，我们应该帮助苏联；如果苏联要胜利时，我们则应该帮助德国。这样一来，让他们相互尽可能地残杀……”（James Chance and Carr，*American Invulnerable: The Quest for Absolute Security from 1812 to Star Wars*，p. 230）。

④《马歇尔回忆二战美军人力动员》，http://www.360doc.com/content/15/0619/13/13530469_479191753.shtml。

现实世界里的“小强”

——四句话揭秘以色列军事改革

有这样一个国家：

领土——仅仅 2.5 万平方公里，还不如中国海南省陆地面积（3.5 万平方公里）；

人口——全国才 800 多万人，仅为中国上海的 1/3；

资源——除了沙漠，就是死海。

但这个国家成了“小国中的超级强国”，赢得了全世界的钦佩、赞叹与尊重！

这个国家叫以色列，在世界地图上找这个国家不是那么容易，因为它太小了。以色列没有前线与后方之分，只要一打仗，炮弹可能落到任何人的家门口。以色列前国防部长、独眼将军达扬说：“整个国家就是一条边境线。以色列的安全有着罕见的地理上的脆弱性，这种脆弱性由于阿拉伯邻国的严重敌对性而大大加深了。”[①] 以色列则完全暴露在敌人的火力射程之下。在这种情况下，以色列不仅活了下来，还活得挺好，“小强”的成色的确好。

灭国千年后还能复国，犹太人太不容易了。一个死而复生的人会倍加爱惜自己的生命，一个死而复生的国家会更加珍视自己的国运。仅仅珍视远远不够，以色列自建国以来屡战屡胜还有更多“秘诀”。

---

① 李梅：《兵之国——以色列的国家安全战略及挑战》，《兵器知识》2014 年第 5 期，第 43 页。

“每一个公民都是士兵，每一个士兵都是公民”①

在不少人印象里，似乎只有草原游牧民族才搞全民皆兵，而这种军民一体制在现代国家已经不合时宜，早已退出历史舞台。吊诡的是，以色列却“逆流而动”搞全民皆兵，成为国家生存和发展的关键因素。

没办法，被逼的。草原民族往往人口不足，搞全民皆兵才能生存下去，不然就会被人家给灭了。以色列国小人少，也只能如此。1948 年，以色列宣布建国，但周围的阿拉伯国家不同意，打算将这个新生儿掐死在摇篮里，直接从地球上抹掉。这就是著名的“第一次中东战争”，一打一年多。以色列尽管手忙脚乱，但总算撑住了，事后盘点总结时确立了“全民皆兵，迅速动员”的国防体制。

在以色列，只要年满 18 岁就得依法服兵役，男生服兵役 4 年，女生服兵役 3 年——除非你是残障人士。注意，这个“法”不是一般的法，而是最高法——《宪法》。不要以为当完几年兵就没事了，如果你是男生，服完现役之后转入预备役，直到 41 岁，而女生则到 34 岁。②预备役期间，每年得用一个月时间参加军事训练或战备执勤，如果遇到打仗，更是直接上战场。所以，以色列人常常这样定位自己——“11 个月不在岗的士兵”。以色列常备军只有约 20 万，但预备役还有 40 多万，这对一个总人口才 800 多万的国家来说，已经够多了。也许其他国家的动员能力不比以色列差，但在下面这一点上怕是没法儿和以色列比——他们把国防动员做到了全世界。早在 2001 年，以色列就在全球设置了兵站，战事一旦扩大，这些兵站便负责把世界各个角落的犹太人组织回国参加卫国战争。

站岗军人持枪，这在全世界司空见惯，但军人休假回家还随身带枪，就是以色列独有的风景了。去以色列会发现该国与众不同，走在大街上见得最多的是三种人：穿军装的人、挎枪的人、女军人。如果在别的国家看到这种景象，

---

① 江凌飞、林东：《以色列国防军建设观感》，《外国军事学术》2004 年第 10 期，第 64 页。

② 同上。

多半是要打仗了，可在以色列是常态。一方面这表现出以色列人枕戈待旦的忧患意识，另一方面也反映了以色列遍地皆兵的现实。

现在，以色列的国防动员今非昔比，效率高得令人咂舌。直接以数据说明：战事发生后，18 小时，全体预备役领取武器；24 小时，机动到位；36 小时，投入战斗。[①] 这是理论上的数据，也是最低标准，真正打起仗来效率更高。再以战例说明：1973 年第四次中东战争，埃及和叙利亚利用“赎罪日”[②] 对以色列发动突然袭击，以军一个预备役装甲旅从接到动员令到投入战斗仅仅用了 8 个小时，比标准时间提前了整整一天！这个装甲旅尽管是“预备”性质，但到位速度极快，而且战斗力也很强——上去戈兰高地后，顶住了叙利亚 4 个精锐装甲师的凌厉攻势！从这次战争整体看，战争爆发 15 分钟后，动员令发出；20 小时后，两个预备役师抵达西奈半岛指定地域；48 小时后，预备役 30 万人全部到位。事后，有西方军事评论家指出：“如果称埃及强渡运河是这次战争的第一大胜利，那么以色列的动员则是第二大胜利。”[③]

“坦克的任何一部分模块都是可以搬动和改进的，但人是不能替换的”[④]

以色列人中工资最高的官儿是谁?

他的职务以“总”字开头，但既不是总理，也不是总统，而是总参谋长。

一个以色列上校军官的收入比部长多——还是在不计算各种补贴的情况下。

在以色列，军人的待遇和地位很高，且不局限在某个年代，而是“一直”很高。国防预算中，42% 用来给军人发饷。只要你是以色列军官，每年可以带家人出国旅游一次，费用公家报销。职业军人退伍后的养老金与公务员相比，

① 此据以色列国防学院前院长雅德林证实。

② “赎罪日”，犹太人新年过后的第 10 天，是他们一年中最重要的圣日，要到教堂祈祷，以期赎回过去一年中所犯的或未来可能犯下的罪过。这一天，全国放假（包括军人），不仅不吃东西不睡觉，还不能使用武器、电子器材、引擎、通信设施等。也就是说，赎罪日这一天是以色列一年中战备最脆弱的时候。

③ 顾海东:《战争动员——以色列之特别关注》,《国防》2001 年第 10 期，第 46 页。

④ 林东:《以色列军队为何如此强悍——访问以色列国防军见闻》,《中国青年报》2006 年 8 月 3 日。

是后者的2.5倍。军官有保障，士兵安排也不赖。如果作为普通一兵退役，"阿提迪姆启动项目"将提供教育资助，直至找到工作，而且是"满意的、永久性的"工作。工资低怎么办？无妨，国家保险公司会提供额外生活补助。美国对军人的各种保障是各国学习的标杆，其实以色列比美国做得还要好。

那么，以军对得起这么高的俸禄吗？

俗话说，拿人钱财，替人消灾。如果雇佣军得到以军那么好的待遇，肯定都拼老命了，何况是家国一体的以色列公民。以军单兵素质之高，世界公认。有一个非常有代表性的例子：1960年，以色列一所航校送走了一届毕业生，但只有一个人，因为只有一个人合格。别误会，不是以色列飞行学员素质低，而是校方要求太严，淘汰率太高，高到90%以上。在这方面，连美军都自叹弗如，说以军的飞行员选拔超过美国的宇航员，选拔标准之严超乎想象。没有对比就没有"伤害"，美国空军再次出动的时间为20分钟，而以色列空军却缩短到7分钟[①]，比美国空军还快了近3倍！

以色列空军强，陆军也同样厉害。炮兵出身的第36装甲师师长会操作全师所有轻重武器，带外国代表团到戈兰高地，身边没有一个参谋，也未事先安排，自个儿展开地图找几块石头压上，把车上天线卸下来当教鞭，对着地图熟练地讲战例。

有句话说，当领导的，平时要看得出来，战时要冲得上去。以军虽没有这样的口号，却实实在在落实到行动中了。军官和上级必须身先士卒，这一点尽管未明确写入条令条例，但已成为以军的传统。1949年4月的"纳赫肖恩"行动中，以军一个旅决定撤退，奉命断后的连长发出了一道著名的命令："士兵全部撤退，指挥人员全部留下担任掩护！"[②]最后，士兵们全部安全返回，而指挥员中3名排长和8名班长阵亡，只有1名班长活下来。1976年，以色列发起震惊世界的"乌干达解救人质突袭行动"，200名突击队员只死了1人——领头的

① 刘亚洲：《以色列之剑》，《领导文萃》2005年第2期，第99页。

② 王春生：《以色列军情内幕》，新华出版社，2002年，第74页。

突击队队长。另据以色列驻华武官拉米上校回忆，2002年，在进攻伯利恒巴勒斯坦激进分子的战斗中，他时任旅长，但指挥位置比一线连长还靠前。战斗结束后，他撤了一个连长的职，不是因为对方指挥不行，而是其指挥位置总在士兵之后。据统计，在历次战争中，以色列军官的伤亡比例要高于士兵的伤亡比例，而且高得吓人——4倍！[①]将不畏死，兵何惧哉？

以色列是不是太不把军人的性命当回事了？恰恰相反，以军相当重视每一个军人个体，为了一个军人的性命，可以用几十个、上百个敌军战俘去交换。这样做亏不亏？不亏。在战后交换战俘时，埃及军队曾提出一个“无理”要求：以军得用几十个埃军战俘才能换回一个以军战俘，因为埃军战俘文盲居多，而以军战俘基本是大学生。2011年，以色列为换回一个叫沙利特的大兵，放走的巴勒斯坦战俘数量居然达1027人之多！以军官兵有这样的“好东家”，有什么理由不拼命呢？

以色列军官素质过硬，与其特殊的选拔方式很有关系——公示制度。对军官的晋升初步决定后，将对外公示，时间长达1个月之久。其间，如果没人有意见倒好，要是有人提出异议，那“升官”的事儿基本就黄了。[②]公示制在很大程度上避免了军官晋升完全由上级说了算，实现了同级和下级监督。以色列战事频繁，没有人想与一个无能的同级并肩作战，也没有人愿意跟着无能的上级白白送死，所以同级和下级的监督非常管用。

以军不仅把数量增加到极限，更把质量提高到无限，故能产生极强的战斗力。

“勇气无法克服技术差距”[③]

有一种商品叫武器。当今世界，哪些国家在卖武器？

大多数人的答案也许是两个国家——美国、俄罗斯。没错，按照承接的军

---

① 同上。

② 江凌飞、林东：《以色列国防军建设观感》，《外国军事学术》2004年第10期，第66页。

③ 此为以色列格言。参见王涛：《解读以色列军事工业》，《现代军事》2014年第10期，第71页。

火订货协议排名，冠军和亚军非美、俄莫属。那么，季军是谁？

以色列。早在 2002 年，以色列武器出口就进入前三，并长期占据世界前列。

如果觉得以色列是因为有美国才能走到今天，没什么了不起，那就大错特错了。不错，以色列的崛起离不开美国的帮助，但主要还是靠自力更生，尤其是军事装备上的独立自主。

看几个相关数据[①]：

25%——国防经费占国民生产总值的比例；

50%——对国防工业的投资占整个工业投资的比例；

40%——军事高科技产值占工业总产值的比例。

数据是枯燥的，但也是最有说服力的。2003 年后，以色列军事工业的运行基本上维持了上述数据，有增无减。

以色列的军事工业出了名的好。建国伊始至今，这个国家一直非常重视武器装备的改革，而且特别强调两个字——“独立”。国防工业起步没几年，以色列就造出代表性武器“乌兹”冲锋枪，名噪一时，成为国际军火市场的抢手货，几十年来卖出了上百万支，为其刚刚起步的军工企业提供了急需的大量资金。大约 20 年后发生的一件事，更是充分证明了以色列选择“独立军工”战略的正确性。1967 年“六日战争”期间，法国对以色列实施武器禁运。受此强烈刺激，以色列更坚定了独立自主研制生产武器装备的决心。20 世纪 80 年代末，以色列每年的军火销售额占到整个工业出口总值的 1/3。如今，以色列制造的武器装备 60% 出口，销往世界 70 多个国家，总销售额位居世界第六。

军工自力更生不仅使以色列保持了军事的强大，还促进了经济的发展。由于战争常态化，以色列正常的经济发展受到严重影响，但仍能保持高位运行。

① 胡综漠：《以色列何以称雄中东》，《高科技与产业化》2003 年第 3 期，第 121 页。

究其原因，军火贸易贡献甚巨。每年 30 多亿美元的军火出口额，可净赚 10 亿美元！难怪以色列银行行长摩西·曼德尔鲍姆直言："在外债和通货膨胀严重的情况下，只有一个因素使以色列免遭破产，那就是输出军火赚取美元。"①

以色列的军工产品大赚其钱，靠的是品质和口碑。在这一点上，以色列不像有的国家，只倾销自己淘汰的武器装备，以色列是只要有市场也出售"高大上"的产品（如航空电子设备、预警机、无人机等）。美军的武器装备够厉害，可有的重要部件其实是从以色列进口的。1985 年，美国就从以色列购买过电源装置。当时，美国空军使用的是一次性模块电源装置，如果出了问题只能换新的，成本很高。以色列军事工业公司研制的电池在以军已经使用了几年，既省钱又好用，所以美军买去装在"响尾蛇"发射架上。如今，著名的 F－16 战机和 B－52H 轰炸机挂载的激光制导炸弹，也是以色列著名军工企业拉斐尔公司的产品。

既能卫国又能赚钱，以色列军事工业就这样从一穷二白实现了互利双赢。

"两个犹太人有三个脑袋"②

"两个犹太人有三个脑袋"，这句话不仅表示犹太人很聪明，更表示犹太人不盲从，追求创新。作为一个社会人，不盲从不难，但作为一个"以服从命令为天职"的军人，以军也能做到"不盲从"吗?

能。

俗话说，"官大一级压死人"，军队给人的刻板印象之一，就是等级森严。为维护上级权威，下级不能质疑上级的决定，当然更不得抗命。然而，以军在一定程度上颠覆了这一传统。在以军，就算你是低级军官，只要对高级军官的话有疑惑，可以随时打断提问。这种情况，在很多国家的军队是被禁止的，而在以军却得到提倡和鼓励。质疑权威并非以色列军队特有的现象，而是全体以

① 万安民、任翔宇:《以色列军事工业日渐崛起》,《解放军报》2001 年 2 月 7 日。

② 此为以色列俗语。参见王冲:《两个犹太人有三个脑袋》,《协商论坛》2008 年第 5 期，第 55 页。

色列人从小就养成的习惯。据前国防部长佩雷斯回忆，他小时候放学回家，母亲不是问他学到了什么，而是问：今天你在学校里有没有问出一个问题令老师回答不上来？[①]

在学校，学生质疑老师；在军队，下级质疑上级，尤其体现在战后的复盘检讨环节。美军对败仗的研究和检讨是出了名的，其实以军走得更远。美军的检讨是“封闭”的，一般在内部进行，而以军的检讨是“开放”的，所有人包括普通一兵都可以参与进来。同时，以军这种开放式检讨绝不仅仅是走走形式、做做样子，而是较真碰硬、抓铁留痕。1967 年的“六日战争”，以军打得够漂亮了，但仍有高级将领被炒鱿鱼。为什么？战后复盘，有人指出有高级将领指挥不给力，不仅有理而且有据。在这种环境和氛围下，上级简直如履薄冰，除了在指挥上争取尽善尽美，没别的办法。

不盲从的表现，基于平等的理念。平等是以色列人的普遍“福利”，就收入而言，这个国家的清洁工与国家总理相比也差不了多少。在等级森严的部队，以军是世界上把平等理念贯彻得最好的军队，预备役制度使侄儿指挥叔叔、穷人指挥富人成为可能。在战场上，你也许年龄小，也许没有钱，但只要你具备足够的能力，就可以指挥那些岁数比你大、口袋比你鼓的人，在另一个维度上实现了人的平等。这种平等体现在时时处处、点点滴滴。在以色列国防部训练基地，一堆军官坐在一起讨论问题，如果大家想喝咖啡，起来服务的不是职务最低的，而是离咖啡壶最近的。所以，经常可以看到以军高级将领为基层军官倒水，但这在其他国家的军队（包括美军）几乎不可能出现。

不盲从，质疑只是第一步，有自己独创性的主见是第二步，也是更重要的一步。为此，以军设计了与众不同的军官层级。一般来说，军官层级呈金字塔状，职级越往上数量越少。现实中，不少国家的军队并未完全照此落实，以致军官比例过大，结果下级可能面对多个上级的指示，一条条落实下来都来不及，

① 施一公：《你敢提尖锐的问题吗》，《天天爱学习》2016 年第 4 期，第 7 页。

脑袋里哪有地方去发挥主观能动性并创造性执行。以色列军官层级较好地解决了这个问题，其高级军官数量是世界上最少的。不妨与号称世界最先进的美军做个比较：美国高级军官占军官比例的 1/5，以军更少，低到 1/9。高级军官少有什么好处？发号施令的人少了，更能发挥下级的创造性。以军这种特殊的军官体系也带来另一个与众不同：几乎没有人去问上级该怎么办，因为他们已经养成了随机应变，自己解决问题的习惯。为了鼓励创见，以军简直“无所不用其极”，甚至在服役年龄上做文章，如硬性规定退役年龄为 40 岁。因为人上了年龄容易保守，不说提出新思想了，就是接受新事物都不那么容易。

1973 年的一次战斗中，一向优势在握的以色列装甲部队损失惨重。原来，对手发明了一种先进武器，可以对坦克进行精确瞄准和打击。以军很快想出了办法，瓦解了敌军的优势。别以为是多么“高大上”的招，其实简单得不能再简单——所有坦克开动起来，造成战场上沙尘四起，这样敌军无法看清目标，也就难以精确瞄准。想出这个办法并果断下令执行的，连基层军官都不是，仅仅是一个班长！

有人也许会问：军队没了规矩，那怎么行？

不以规矩不成方圆，军队当然得有规矩，以军也不例外。但以军例外的是，条条框框只是针对基础训练中的士兵，如果你已经是军官，就必须得有自己的脑袋，要学会独立思考，解决遇到的问题。在以色列，有句话家喻户晓：“我们没有石油，只有太阳、死海和脑袋。”①

当初那些要把以色列干掉的阿拉伯国家，许多依然处于动荡和不安的局势之中，“溃疡面”一样持续着。

以军为什么那么成功？

以色列的军事改革内容多为老生常谈，并没有多少“新鲜”元素。他们之所以能打，是因为把事情做到了极致，把简单变成了不简单。

---

① 胡综漠：《以色列何以称雄中东》，《高科技与产业化》2003 年第 3 期，第 120 页。

说了以军许多厉害的地方，难道以军就没有问题、没有软肋、没有缺陷?

当然有。

以军在建国以来的历次战争中都取得了胜利，这是事实；但除了主战坦克之父梅卡瓦和前总理沙龙，并未出现世界级军事将领，也没有产生影响全球的军事思想和军事理论家，这也是事实。对屡战屡胜的以军来说，这未免有些尴尬。

为什么会这样?

很简单，以军往往重视经验、直觉和战术，让军事理论、军事历史和战略思想靠边站了。

不过，以军真要是为了后者放弃前者，那就太蠢了。有句话说得好，适合自己的才是最好的。

变革六机

有句话说:“五百年必有王者兴。”[1] 大概 500 年一个周期，中国王朝的历史上会出现新一轮改革——没办法，问题积累到一定程度，需要用改革或者革命的办法来解决，然后出现新的王者。从数量上看，与革命相比，改革明显要少，而成功的改革更少。

变革的惰性

“压力就是动力”，军事改革最好地诠释了这句话的含义，因为它往往在陷入困境或遭遇危机的情况下被迫展开。这就是现在常说的“问题倒逼”，直到不改不行，才开始动手术治疗顽疾。对此，鲁迅先生早就看透了，在《坟·娜拉走后怎样》中写道:“中国太难改变了，即使搬动一张桌子，改装一个火炉，几乎也要血;而且即使有了血，也未必一定能搬动，能改装。不是很大的鞭子打在背上，中国自己是不肯动弹的。”[2]

司马穰苴说过一句很有名的话:“天下虽安，忘战必危。”[3]“居安思危”的道理谁都懂，但往往做不到。似乎也可以理解——在 5000 米田径比赛中，如果领先对手 1000 米，有如此巨大的优势，还有动力加速吗?龟兔赛跑的现实情况往往是这样的:兔子睡醒了，还看不见乌龟追来的影子。也就是说，在相当长的时间内，兔子很难看到改革的必要性，日子久了自然惰性就会强大和顽

①《孟子》卷四《公孙丑下》，万丽华、蓝旭译注，中华书局，2007 年，第 96 页。

② 鲁迅:《坟·娜拉走后怎样》，载《鲁迅全集》(第一卷)，人民文学出版社，2005 年，第 171 页。

③《武经七书·司马法》，骈宇骞等译注，中华书局，2007 年，第 140 页。

固到甩都甩不掉。

商鞅变法是中国历史上比较早的一次军事改革，按理，当时还没有多少传统的历史包袱，但改革仍遇到很大阻力。秦国重臣甘龙、杜挚反对改革的理由是："缘法而治者，吏习而民安之。"①

孟子有一句名言："五百年必有王者兴。"

看了秦这个"头"，再来看清这个"尾"。第一次鸦片战争是 1840 年，洋务运动是 1860 年，为什么要浪费 20 年光阴才开始改革？这中间都干什么去了？旁观者清，洋人有个形象的比喻："这个硕大无朋的巨人，有时忽然跳起，哈欠伸腰，我们以为他醒了，准备看他做一番伟大事业。但是过了一阵，却看见他又坐了下来，喝一口茶，燃起烟袋，打个哈欠，又蒙眬地睡着了。"

被逼到墙角才改革，不只中国人如此，洋人也一样。

当拿破仑在欧洲称王称霸的时候，普鲁士和其他欧洲国家一起结伙反对。不料，在 1806 年的一天内，普鲁士连败两仗，主力被歼，连首都柏林都丢了，怎么会这样？因为普鲁士还在沿用 50 多年前腓特烈二世的经验。腓特烈二世的确强，拿破仑对他也十分崇拜。问题是，拿破仑已经超越了腓特烈二世，普鲁士却还在沿袭腓特烈二世，胜败在战前其实已经决定了。惨败之后，普鲁士进行了著名的"沙恩霍斯特军事改革"，赫赫有名的参谋部就是这次改革最耀眼的成果。沙恩霍斯特何许人也？普法战争中的普军参谋长。败给拿破仑后，德国痛定思痛，专门成立"军事改革委员会"，沙恩霍斯特担任主席。对了，沙恩霍斯特还是克劳塞维茨的恩师。

和德国人一样，美国人在军事改革上也曾惰性十足。一战打到后期，美国

①［西汉］司马迁：《史记》卷五《秦本纪第五》，中华书局，1999 年，第 1764 页。

对腓特烈二世的盲目崇拜，导致普鲁士军队的保守

人才加入战团，表现并不算好，但自我感觉很好，结果就是满足和保守。美国陆军航空队副队长米切尔准将提出一个石破天惊的理论：巨舰重炮过时了，海上决胜力量将是海军航空兵。为说服组织，米切尔在1921年搞了一次演习，很成功。问题是，政府没什么反应。米切尔不甘心，两年后又搞了一次演习，同样成功。令他哭笑不得的是，政府还是没反应。看样子，政府的脑袋不是榆木就是石头做的。美国人不开窍，日本人倒开心。米切尔组织演习时，有一个日本人在旁边观摩，非常兴奋。他“剽窃”了米切尔的军事理论带回日本，并付诸实践。这个日本人的名字叫山本五十六，当时是日本使馆武官，1935年成为日本联合舰队司令。二战初期，美国海军并非日本海军对手，改革后才逐渐扭转太平洋战争的不利局势。二战胜利后，美国又志得意满，再陷保守，结果在越南深陷泥沼。之后，美军吸取惨痛教训，进行脱胎换骨的改革，才有了海湾战争的胜利。

当然，在没有太大危机和压力的情况下进行军事改革也不是没有过，汉武帝军事改革就是其中之一。汉武帝即位后，以西汉的军事力量，虽不足以发动攻势灭了匈奴，但采取守势挡住匈奴绰绰有余。汉武帝的想法和汉文帝、汉景帝不同，不甘心被动防御，打算主动出击将匈奴从地球上抹掉。为此，汉武帝开展了卓有成效的军事改革，发动了名垂青史的汉匈大战。

如今，美国成为主动改革的新典型。腿上好像装了“永动机”，一直不肯停下军事改革的脚步。如果汉武帝看到今天的美国，一定“羡慕嫉妒恨”。当年，汉武帝为了灭掉匈奴，准备了很长时间，几乎倾尽全国之力。西汉在军事上大量投入，得到了边境安全，但在经济上几乎没什么回报。美军则越打越强，国家越打越富，实现了军事和经济的良性循环。

变革之难

改革由国家一号人物主持，难度会小很多，因为谁也不敢说三道四，如赵武灵王、汉武帝、成吉思汗主持的改革就很成功。当然，这并不是说由国家元首亲自主持改革就一定能够成功。相反，如果元首失策犯错，加上保守势力强大，也可能失败。光绪皇帝的下场，大家都看到了。国外也有类似的教训：18 世末至 19 世纪初土耳其那场流产的军事改革，因为保守势力过于强大，连领导改革的苏丹塞里木三世都被废除，军队也遭解散，改革派大臣更是死的死、逃的逃。

一个有趣的现象是，皇帝和宰相往往是“强弱配”，皇帝强则宰相弱，宰相强则皇帝弱。从量上看，能干的宰相往往比能干的皇帝要多。皇帝虽然有许多皇子作为候选人，选好以后还有帝师一对一“开小灶”教本事，但有一点他们始终比不过宰相：宰相的经历和阅历往往更为丰富。

宰相们“能干”，不等于“能干成”。梁启超指出：“在专制政体之下，其政治家苟非得君之专，而能有所建树者，未之闻也。”[①]改革的主持者，如果得到皇帝长期而坚决的支持，有望成功，反之则容易流产。最典型的人物，当数商鞅和王安石。秦孝公对商鞅的信任和支持，不仅空前，而且绝后。秦孝公临死前，居然主动向商鞅提出由他即位。试问，古今中外的改革家，有哪个像商鞅那样得到国君如此信任和厚爱？再看王安石，待遇就不行了。王安石的军事改革为什么失败？措施没多大创新性不说，而且也没能得到宋神宗坚决的长期支持。

国家元首亲自主持改革尚且有风险，如果由大臣来主持，事情就更难办了，搞不好不仅会功败垂成，而且连改革者都可能殉葬。商鞅就是代表人物，在他之前有吴起，在他之后有张居正。至于王安石，要不是宋朝有“不杀士”的祖制，他能不能保住脑袋还难说。王安石没有像吴起和商鞅那样惨死，却比不上

① 梁启超：《王安石传》，东方出版社，2009 年，第 87 页。

他们两位。吴起主持变法期间，军事改革是成功的。商鞅死了，改革成果还在。王安石呢？人在任，改革就漏洞百出，卸任后，改革措施基本被废止。

张居正需要重点剖析，因为他是个十分特别的改革家。特别在什么地方？他没当过地方官，甚至也没在中央政府的衙门当过一把手。在当帝王师入阁之前，张居正只在两个地方干过：一个是翰林院，一个是国子监，相当于现在的社科院和北京大学，先后在里面做研究员和教务长（国子监司业）。张居正缺乏地方和中央为官的履历，此乃致命缺陷，按理不可能入阁。然而，张居正不仅入阁，还成为首辅，而且干得很好。为什么？从踏入翰林院开始，张居正一直研究如何治国安邦、富国强兵，在这方面没有人比他懂得更多。

张居正是个“工作狂”，每天工作十几个小时。张居正 58 岁英年早逝，改革措施除“一条鞭法”保留外其他都基本废除，全家被抄斩。张居正死后 40 年不到，明朝认识到其改革的价值，为他平了反。值得玩味的是，为张居正平反奔走呼号的人，居然有被他打击过的反对派。其中，一个叫邹元标的，曾骂张居正“禽兽”，挨了 80 多棍，打烂了屁股，发配到南方。几十年后，大明王朝风雨飘摇，邹元标想起张居正治下国家强盛，方生悔念，拖着一条瘸腿为其说好话。张居正总算得到了公正评价，《明史》赞道：“中外乂安，海内殷阜，纪纲法度莫不修明。功在社稷，日久论定，人益追思。”① 张居正完全对得起这个评价。改革前，国库亏空 700 多万两银子；改革后，国库有 1300 多万两银子。如果与清朝的康、雍、乾盛世比照，更显得张居正了不得。乾隆皇帝最盛时期，清朝国库的银两只有张居正改革的 2/3。要知道，那是康熙、雍正、乾隆三代皇帝共同努力的结果，而张居正一个人只用了 10 年就做得更好！

和张居正比，王安石就差远了，死后 700 年间都没有得到多少正面评价。直到清末，梁启超才为他说了几句好话。

还有一个重要问题是，道德对改革家重要吗？

---

①［清］张廷玉等：《明史》卷二一三・列传第一〇一《张居正》，中华书局，2000 年，第 3767 页。

商鞅和张居正的道德问题被人翻来覆去讲好多遍了，如商鞅言而无信，张居正贪赃枉法，只有王安石的品质几乎“无瑕”，连他的政敌都找不到“黑子”。问题是，改革成功的恰恰是商鞅和张居正，失败的偏偏是王安石。

为什么？

改革和改革家本人的道德并没有直接关系，而主要取决于执行力。

改革都会遇到反对派，而反对派一般是两类人：一是既得利益者，二是所谓的“清流派”。既得利益者是改革对象，基本上不会站到改革一边。“清流派”不同，是改革家争取的对象，以扩大改革阵营。不过，在用人推行改革时，改革家们却不太会用那些只会耍嘴皮子的“清流派”，而是用那些能干实事的人。对后一种人，有一个专门术语——“循吏”。中国有“三立”之说，即立德、立言、立功，此乃儒家传统。对改革家们来说，这个顺序恰恰需要颠倒过来，要以“立功”为先，踏踏实实做实事。

王安石为什么打退堂鼓？除了觉得皇帝宋神宗对自己的支持不够坚挺和持久，还有就是对家人身家性命的忧虑。王安石自己可以义无反顾，但不想连累家人。弟弟王安国曾在他面前哭诉：“吾家灭门矣！”[①] 同时，其他人也拿秦之商鞅、汉之张汤等教训劝王安石。久而久之，王安石就不再那么坚持了。虽然商鞅和张居正都被认为“工于谋国，拙于谋身”，但恰恰是这种义无反顾的献身精神，成为他们改革成功的关键。

变革之障

改革或曰变革，往往磕磕碰碰，很少顺顺利利。

到底为什么？

旧传统的约束，老经验的束缚。梁启超说过：“中国人民，以保守为天性，遵无大为动之教。”[②]

---

①［宋］李焘：《续资治通鉴长编》卷二二七，神宗熙宁四年，中华书局，1995 年，第 5532 页。

② 梁启超：《王安石传》，东方出版社，2009 年，第 4 页。

与传统束缚相比，改革的最大障碍是既得利益群体。这一点，早在先秦时期就被孟子看透了，他说过这样一句话："为政不难，不得罪于巨室。"[①] 作家熊召政也讲过一件亲历的事：一次他到福建，有人"坚决"认为张居正不是东西，后来他才知晓原委——此人的祖先在张居正年代官至侍郎，在吏治改革中被张居正赶到福建，从此没落。[②] 也就是说，若非张居正，该侍郎的后代可能是另一番好得多的光景。对张居正的怨恨竟持续了几百年之久。可以想见，既得利益群体对改革的抵制会多么顽固。

梁启超曾感慨："除旧弊之一事，最易犯众忌而触犯众怒，故全躯保位惜名之人每不肯为之。"[③] 改革者不敢改，被改者不愿改。俄罗斯前国防部长谢尔久科夫（2007—2012 年在任）表示："某些人试图以各种方式坚守岗位，这不是出自对祖国的热爱，而是害怕失掉久居并靠之谋私利的职位。"[④]

美军的改革较为顺畅，但也免不了既得利益群体的阻碍。1947 年，时任陆军参谋长的艾森豪威尔提议建立"总参谋部"，统一部队指挥权。然而，一向喜欢单干的海军坚决投了反对票，理由看起来很有道理的样子：总参谋部相当于日本在二战时期的参谋本部，美国这么干是要走上军国主义道路，违反了"文官治军"的政治原则，是对民主制度的威胁。[⑤] 结果，艾森豪威尔的提议落空。

改革，必然伴随着对利益分配的重新洗牌。很多人都清楚改革是正确方向，认为应该改革，可一旦改革要动到自己锅里的肉，就会拼命抵制。艾森豪威尔碰壁的事儿不是孤例。20 世纪 80 年代，美军打算建立新型的更有战斗力的旅级战斗组织，对现行的旅进行缩编。不料，改革结果竟背道而驰——削减的是战斗部队，增加的是旅级司令部。为什么？一些上校军官需要有地方安排职务。[⑥] 英国

---

①《孟子》卷七《离娄上》，万丽华、蓝旭译注，中华书局，2007 年，第 150 页。

② 熊召政：《危世沉吟：谈张居正改革》，《上海文学》2009 年第 1 期，第 85 页。

③ 梁启超：《戊戌政变记》，载《饮冰室专集》（第一册），中华书局，1911 年，第 84 页。

④ 凌弘毅：《艰难转身：俄罗斯二十年军事改革历程透视》，《现代兵器》2009 年第 10 期，第 15 页。

⑤ 吴鑫：《近代以来大国军事改革的主要做法》，《学习时报》2014 年 11 月 17 日第 7 版。

⑥ 汤俊峰：《现代军事改革的内在困境》，《学习时报》2015 年 8 月 6 日第 7 版。

也类似，20 世纪初海军规模不断缩小，士兵减少 31.5%，伴随着的却是行政人员的膨胀，增加了 80%！[①] 换句话说，减法变相做成了加法。

既得利益群体反对改革，不会说改革会损害自己利益，而是去找一些冠冕堂皇、“政治正确”的理由，而传统和经验成为其最有力的挡箭牌。

对此，改革家们该如何应付？

打口水战，改革派永远不是保守派的对手。

保守派的论据是过去的经验，看得见、摸得着，而改革派的论据则只有逻辑或者未来的可能结果，说服力不足。

怎么办？

四个字——“少说多做”。为什么商鞅只搞了一场著名的“凝聚共识”运动（变法廷议），随后又规定只做不说，就是这个理儿。在商鞅那里，一旦改革决策定下来，就不允许再讨论，说改革不好当然不行，连说改革好也不行，违者下场很惨。

事实证明，要压制住改革反对派，光靠嘴皮子没用。明代有个叫赵用贤的反对张居正改革，被廷杖六十，当着文武百官的面使劲打。谁看了不心惊胆战？谁还敢跳出来反对改革？张居正实行“恐怖”政策，效果不错，史载：“虽万里外，朝下而夕奉行。”[②]

商鞅和张居正已经够狠，还有一个人比他俩更狠，这个人就是俄国的彼得一世。但凡成功的军事改革，主持者多为铁腕人物，为实现改革目标，可以毫不留情搬掉一切障碍。彼得一世“狠”到什么程度？连亲儿子反对改革，他也下令杀掉。

王安石其实想学商鞅，不料却成了“画虎不成反类犬”。王安石改革，从开始到结束一直伴随着争论。反对者，除了在中央政府为官的大人物，还有不少地方官。这些人反对新法的理由十分有趣：并非维护自身利益，而是为了国

---

① 同上。

②［清］张廷玉等：《明史》卷二一三·列传一〇一《张居正》，中华书局，2000 年，第 3762 页。

家前途。

在北宋改革集团里，也有人建议挑几个反对改革的人杀一儆百。其中，王安石的长子王雱更是直接点名："枭韩琦、富弼之头于市，则法行矣。"然而，王安石断然否决，理由是——"儿误臣！太祖遗训，不杀士人，若开此例，则朝堂成刑场矣！"①

如果反对改革不会挨板子，更不会掉脑袋，反对的声音当然会多，分贝自然会更高。一次，太原判官吕陶上了一道奏折，建议废除王安石的"理财"之说。宋神宗让王安石读，王安石不肯，又命反对变法的冯京读，然后宋神宗表示奏折说得有理。宋神宗一开始很支持王安石，后来为什么动摇？从心理学上讲，一个人反对变法，宋神宗肯定不为所动，但如果反对改革的声音淹没了改革的声音，久而久之，宋神宗就犹豫动摇了，王安石也心灰意冷了。

改革家只有一个办法——阶段性推出改革成果，并用务实的制度安排适度照顾既得利益集团的长远利益，让反对派没有话说。新事物诞生后，需要尽快证明自己，否则可能夭折。20世纪30年代中期，苏联提出先进的"大纵深战役理论"，并且发展出重型和中型坦克。不过，改革派还没来得及在实践中证明自己，总参谋长图哈切夫斯基等将领就遭到清洗。骑兵出身的保守派将领上台后，排斥装甲车，反其道而行之，大力发展过时的骑兵，使骑兵编制数量在5年间（1934—1939年）增加了52%。②试想，如果苏军按照机械化的路子发展下去，后来也不至于被德军打得那么惨。直到波兰被德军闪电灭亡，苏联才意识到机械化的价值，赶紧恢复发展。亡羊补牢，苏联总算没被德国狼吃光，但损失的羊是没办法挽回了。

与苏联相比，法国的教训更为典型，也更为惨痛。一战后，法国不是没认识到组建机械化部队的价值，甚至坦克一度达到3000多辆。为什么没有继续这种发展势头？因为一次失败的演习。1932年，法国新建的机械化团进行实验性

① 徐问笑:《大宋的胸怀》,《学习时报》2015年11月16日第6版。

② 吴鑫:《近代以来大国军事改革的主要做法》,《学习时报》2014年11月17日第7版。

演习，如果成功，就扩大规模组建师一级的机械化部队。不幸的是，演习效果恰恰不佳。[1] 这下可好，失败的演习刚好给了保守派极佳的口实，群起攻击。结果，法军缩回到一战老经验的壳子中，费劲修了所谓固若金汤的“马其诺防线”。

如果把改革仅仅理解为“利益蛋糕”重新分配，就狭隘了。经济学家许小年提出两个概念：一是“突破型”改革，二是“修补型”改革。[2] 所谓“突破型”改革，就是增加“大河”的水，“小河”自然也就满了。换句话说，通过“增量”的办法让绝大多数人都受益，最大限度上减小改革阻力。“修补型”改革，顾名思义，就是李鸿章那种“裱糊匠”式修补房子，外面看起来光鲜，屋子的主体架构却腐朽如故。从这个意义上，许小年认为中国历史上成功的改革只有两次：一次是商鞅变法，一次是邓小平的改革开放。

王安石改革是哪一种呢？不少人认为，王安石的改革是把老百姓口袋里的钱掏出来放进国家的口袋里，是“修补型”改革。值得玩味的是，就是这种“修补型”改革，在反对王安石变法的那帮人眼中仍然走得太远。司马光认为，大宋好比还能住的房子，只需修补一下就 OK 了。但王安石偏偏要拆掉重建，可又缺乏好的工匠和建筑材料。[3]

时间之问

商鞅改革，20 余年；

王安石改革，16 年；

张居正改革，10 年；

…………

① 傅立群：《近现代军事改革与军事思想的地位作用》（二），《军事历史》1988 年第 2 期，第 23 页。

② 许小年：《东方历史评论》讲座上的发言，北京，2013 年 11 月 3 日。

③ 欧阳一法：《思想超前的改革家王安石》，《文史天地》2006 年第 2 期，第 43 页。

改革是良药不是猛药，很难一步到位实现药到病除，需要一个逐渐发酵和慢慢见效的过程。商鞅变法是中国历史上最成功的改革，但秦国并未迅速灭掉六国，也是“奋六世之余烈”[①]，等商鞅变法的效果继续发酵，最后水到渠成统一天下。

商鞅死后，楚国等诸侯国认为，秦国的改革必然人亡政息。但出乎他们意料的是，商君去了，商君之法却留了。

商鞅改革搞了两次，前后20多年，秦国人已经完成了从不适应新法到习惯新法的转变，而且尝到了新法的甜头，要回到从前反而不愿意。这说明，改革不可操之过急，需久久为功，才能巩固改革成果。如果像戊戌变法那样，一天发下去100多条新法，谁执行得过来？那是典型的读书人的理想主义做法，完全不考虑实际操作性。清廷海关总税务司赫德形象地评价戊戌变法：“皇帝的方向是正确的，但是他的顾问康有为和其他人等都缺乏工作经验，他们简直是以好心肠扼杀了‘进步’——他们把足够九年吃的东西，不顾它的胃量和消化能力，在三个月之内都填塞给他吃了。”[②]

很多时候，改革方向是对的，措施也没问题，结果却事与愿违。究其原因，乃是步子过快过大，急于求成，想一口吃成大胖子，反而“欲速则不达”。军事改革讲究“行为艺术”，在合适的时机推出相应的改革措施，循序渐进，分步完成。

在这方面，日本明治维新时期的军事改革领导者山县有朋拿捏得不错。当时，山县有朋需要解决的问题是：废除各地军阀“私军”，建立中央常备军。这种事要是追求“一步到位”，必然遭到强烈反弹，很可能导致改革半途而废。山县有朋很聪明，决定一步一个脚印慢慢来：第一，从各藩抽调部分精兵，组成中央军。各藩不反对，因为他们觉得可以在天皇身边安插自己的军队。其实，山县有朋是借此削弱各藩军事实力。如此，双方都有所得，容易达成妥协。第二，实行全民征兵，逐渐代替“私军”。为了减轻地方反抗，没有把武士一

①［西汉］贾谊撰，阎振益、钟夏校注：《新书校注》卷一《过秦论·上》，中华书局，2000年，第2页。

②［英］马士：《中华帝国对外关系史》（第三卷），张汇文等译，商务印书馆，1960年，第165页。

脚踢开不管，而是让他们“再就业”当警察，或者直接给钱养起来。

对改革家来说，当然想尽量缩短过程，尽快看到效果，但改革规律往往不是如此。改革需要理论指导和顶层设计，更要根据现实情况来规划。俄罗斯的“休克疗法”式改革失败，就是非常典型的教训。

英国人赫德对戊戌变法失败原因的评价太形象了

财政与金融的支撑

克劳塞维茨有句话，战争是“双方精神力量和物质力量通过物质力量进行的一种较量”[①]。他的意思很明了——没钱，啥都干不了。还有句俗话说得好，钱不是万能的，但没有钱是万万不能的。也许也可以这样说，有钱，军事改革未必能成功；但没有钱，军事改革一定不能成功。

战国时期的秦赵之争，有点儿类似后来的美苏之争，秦国和美国能够“笑到最后”，要感谢自己雄厚的国力。商鞅明确提出：“国之所以兴者农战也。”[②] 为发展农业，商鞅想尽了一切办法，如开荒种地人手不够，就大胆出台优惠政策，招徕外国人到秦国垦荒。赵武灵王改革，基本局限在“胡服骑射”四个字，经济上几乎没有什么作为。当时，赵国的粮食产量、财政收入只有秦国的 1/3[③]，而且赵国能产粮的地区本就不多，恰恰又总打仗。秦国则不存在战乱破坏农业的问题，因为六国连函谷关都进不了。在关键的长平之战中，赵国为什么急于求战？因为相持 3 年后，赵国已经没法给前线部队供应粮草，向齐国借，人家又不肯。试想，如果赵国的经济实力可以支撑，不急于决战，长平之战的胜负

① [德]克劳塞维茨：《战争论》(第一卷)，中国人民解放军军事科学院译，商务印书馆，1978 年，第 101 页。

② 高亨译注：《商君书注释 · 农战三》，中华书局，1974 年，第 56 页。

③ 罗杰：《秦国全面超越》，《领导文萃》2016 年第 5 期，第 46 页。

尚未可知。

汉匈大战经常被津津乐道，但大多数人看到的只是汉匈大战的前半段，而没有看到汉匈大战的后半段——后半段非常失败。汉武帝虽然取得漠北大战的辉煌胜利，但在后期汉匈大战中吞下的是“三连败”的苦果。说到底，还是差钱闹的。为筹措军费，汉武帝竭泽而渔，出台了一系列向老百姓“抢钱”的措施：除了常见的滥发货币、政府垄断生产经营，还鼓励民间告发富户，并将富户一半财产奖励给告发者。汉武帝不在增加“经济总量”上想办法，只是千方百计把老百姓口袋里的钱抢来揣进自己腰包，最后弄得民怨沸腾、天下动摇，险些重蹈秦朝短命而亡的覆辙。

苏联解体后，俄罗斯继承衣钵，军费下降不少，但好歹还有 83 270 亿卢布。到 1999 年，这项数据就惨不忍睹了——50 亿美元。如果比照美国的军费支出 2680 亿美元，俄罗斯那点儿军费更是“毛毛雨”，不忍直视。再来看这区区 50 亿美元军费怎么花的：85% 用于人头费，剩下的 15% 用于装备、训练、后勤，大家都要挤破头来抢一点儿。[①] 严重差钱，军事改革怎么搞？不仅改革搞不下去，连维持稳定都成问题。俄军有的部队不听指挥，甚至出现陆军副司令带头、550 余名军官集体辞职拒绝参加第一次车臣战争的事情；还有的军人把坦克开上大街，抗议拖欠工资；再有的，甚至以自焚的方式表达不满。

唐朝魏征说过一句话，“藏富于国，民必反之；藏富于民，民必安之”。这话从建立和谐社会的角度来说，当然不错。不过，改革家们恐怕不愿意——国家手里没钱，如何投资军事改革？所以，财富分配是门精致的学问，如何在国家与老百姓之间掌握平衡，使国家有钱办大事，又使民众手里掌握一定财富过得好，要拿捏得恰到好处。

---

① 王凤琴：《近年来俄罗斯军事改革的基本启示》，《东欧中亚研究》2002 年第 6 期，第 53 页。

士兵的角色

魏征关于“富国还是富民”的思考值得借鉴

吴子说：“人常死其所不能，败其所不便。用兵之法，教戒为先。”①

克劳塞维茨说：“锻炼使身体能忍受巨大的劳累，使精神能承担极大的危险，使判断不受最初印象的影响。通过锻炼就会获得一种宝贵的品质——沉着，它是下自士兵上至师长所必须具备的，它能减少统帅在行动中的困难。”②

恩格斯认为，随着军事体系的演进和武器装备的发展，士兵必须具有“更高的文化水平”。③

毛泽东则说过一句集大成的话：“军队的基础在士兵。”④

军事改革，别忘了最重要的一环——士兵。

秦军为什么能成为六国惧怕的“虎狼之师”？

商鞅军事改革最成功的地方，在于把士兵的战斗力完全释放出来了。六国中，在武力上可与秦国相比的只有赵国。但长平一战，赵军为何大败？原因很多，有一点常常被忽略——秦军统帅白起是从平民一步一步靠战功起来的，而赵军统帅不管是先前的廉颇还是后来的赵括都出身贵族。到了北宋王安石，既要抵御外侮，又要防着内乱，等于“又要马儿跑，又要马儿不吃草”，不敢放手发动人民群众，必败无疑。

一战中，美国黑人士兵为什么能打？

当时，美国政府破天荒允许部分黑人参军，并给予一些承诺，把黑人的战

① 《武经七书·吴子兵法》，骈宇骞等译注，中华书局，2007年，第109页。

② ［德］克劳塞维茨：《战争论》（第一卷），中国人民解放军军事科学院译，商务印书馆，1978年，第99页。

③ 中国人民解放军军事科学院编：《马克思恩格斯列宁斯大林军事文选》，解放军出版社，1975年，第17页。

④ 毛泽东：《论持久战》，1938年5月26日—6月3日，载《毛泽东军事文集》（第二卷），军事科学出版社·中央文献出版社，1993年，第340页。

斗力充分释放了出来。由于美军所受训练不多，又缺乏实战经验，在欧洲战场遭到盟国耻笑。在这种情况下，黑人士兵的表现成为亮点，因为美军统帅潘兴让白人美军独立于英法军队之外，只让黑人团参加盟军。虽然这种安排本身带有强烈的歧视意味，但黑人士兵有机会表现出色。例如，美军安排到法军的4个黑人团，有3个被法国授予“十字勋章”，这可是法军的最高集体荣誉。此外，唯一完全由黑人组成的美军第29师，在和德军作战时也表现得很出色。1918年9月，这个黑人师与德军发生遭遇战，双方打了个平手——德军俘虏了两名黑人美军，黑人师也俘虏了几个德军。①

普法战争中，虽然普鲁士有总参谋部，但这场战争很大程度上不是军官而是士兵打赢的。在战场上，士兵们不听军官指挥，反而取得了胜利。什么情况？军官要求士兵集中，士兵们在枪林弹雨下不肯这么做，而是自行分散为群，大大减少了伤亡，才保持了进攻的有生力量。实践证明，士兵们的做法是对的，正是他们催生了散兵阵形这种正确的战斗样式。对此，恩格斯指出：“兵士又一次表现得比军官聪明。”②

据说美军提出过“全能型军队”，标准如下——“中国的士兵、德国的参谋、日本自卫队的少佐和美军的将军”。中国士兵上榜，因为他们最能吃苦耐劳。

对士兵来说，除了吃苦精神，文化素质也很重要。毛泽东说过：“没有文化的军队是愚蠢的军队，而愚蠢的军队是不能战胜敌人的。”③

日俄战争，日本为什么能打败俄国？日本天皇一语道破玄机——“感谢日本的小学教师”。明治维新改革中，天皇提出一个普及教育的目标——“让北海道农家的小女儿都能上小学”。当年，北海道还是基本上没怎么开发的穷苦边远地区，如果那儿的农家女都能上小学，就标志着日本普及了全民教育。到

---

① 张云等：《一战期间美国黑人士兵民权运动分析》，《广东石油化工学院学报》2015年第2期，第80页。

②［德］恩格斯：《步兵战术及其物质基础》（1877年），载《马克思恩格斯全集》（第二十卷），人民出版社，2006年，第695页。

③ 毛泽东：《文化工作中的统一战线》，1944年10月30日，载《毛泽东选集》（第三卷），人民出版社，1969年，第912页。

日俄战争前，这一目标实现了。社会结构的变化，直接反映到军队结构的变化——基层士兵文化素质的提高。反观俄国，90% 以上的人都是没有受过任何教育的农奴，他们在进行军事训练时的接受能力明显不行。

抗战期间，蒋介石决定从知识青年中征召士兵，提出“一寸山河一寸血，十万青年十万军”，实际招到 8 万余人。由于兵源素质高，接受能力强，训练起来也更容易，效果更好。史载：“仅三个月完成初步训练，其知识水准之高，接受能力之强，实为我建军史中之创举。”[①]

把士兵的最大潜能激发出来，美军走在了前面。美军提倡士兵要有司令的思维，不仅仅是指要领会司令的意图，而且要学会像司令那样独当一面地处理各种情况。在美军中，士兵质疑命令的情况越来越多，甚至成为一种习惯。不过，士兵们质疑命令并不是要搞对立，而是“对于追求尽善尽美非常感兴趣”[②]，使上级的命令更加完善。

---

① 程晴:《青年军与民国兵制改革》,《中学历史教学研究》2014 年第 1 期，第 47 页。

② 杨久敏:《美国陆军着手新兵训练改革》,《环球军事》2012 年第 12 期，第 41 页。

后　记

笔者第一本书《这才是美军》于2017年出版后，口碑和市场都还不错。不少读者询问第二本书何时出版。现在，《兵道》终于和诸位见面了。

本书以“改革”为中心，以“军事”和“历史”为两个基本点，对古今中外21次重大军事改革进行了回顾与反思。由于横向涉及世界各国，纵向涉时数千年，笔者阅读了大量资料，全书近1000个注释只是笔者直接引用的资料。

这里，要特别感谢支持和帮助过笔者的人。

首先，非常感谢乔良老师、余戈老师为本书作序，也非常感谢王洪光中将、任国强大校、姜鸣老师、江晓原老师、杨浪老师对本书的认可与推荐。

其次，还要特别感谢家人和“许述工作室”团队的兄弟姐妹。大学毕业后，因工作关系很少回家乡，19年来甚至没能陪父母过一次生日，2018年从南京转业回成都定居后终于完成这个愿望。本书能够写成，也是因为牺牲了陪伴父母、照顾父母、孝敬父母的时间。同时，创业初期举步维艰，幸得不少志同道合朋友的帮助和支持，勠力同心，不仅出谋划策，还分担了很多具体工作。在此，非常感谢团队的每一个人，是你们让我有了坚持下去的信心和底气。

现在，笔者正在撰写《这才是美军》续集，与第一本相比，除了保持轻松幽默的文风，在内容上会更加深入，希望对部队建设发展有所助益，也希望大家喜欢。

作者
2019年冬